中大珠海哲学教程系列

论语广义

秦际明 著

中国社会科学出版社

图书在版编目（CIP）数据

论语广义 / 秦际明著. -- 北京 ：中国社会科学出版社，2024.10. --（中大珠海哲学教程系列）.

ISBN 978-7-5227-4147-5

Ⅰ. B222.25

中国国家版本馆 CIP 数据核字第 2024CB9060 号

出 版 人	赵剑英	
责任编辑	韩国茹	
责任校对	张爱华	
责任印制	张雪娇	

出　　版	中国社会科学出版社	
社　　址	北京鼓楼西大街甲 158 号	
邮　　编	100720	
网　　址	http://www.csspw.cn	
发 行 部	010 – 84083685	
门 市 部	010 – 84029450	
经　　销	新华书店及其他书店	

印　　刷	北京君升印刷有限公司	
装　　订	廊坊市广阳区广增装订厂	
版　　次	2024 年 10 月第 1 版	
印　　次	2024 年 10 月第 1 次印刷	

开　　本	710×1000　1/16	
印　　张	22.25	
插　　页	2	
字　　数	330 千字	
定　　价	128.00 元	

目　录

导　　论

随着时代变迁，如何理解儒家是一个颇为复杂的问题。其难点在于，如何提炼儒家的主要思想及其思维方式来思考时代问题。在教学实践中，我们发现许多学生难以在中国古代典籍的学习中找到问题意识，不能作专题化的深入思考，这非常不利于人才培养。其中的一个原因是，许多儒家典籍不是专题式的论文，需要读者自己去归纳其思想主旨，以形成关于儒家的知识系统。另一个原因是，古代儒家的思想言说针对的是古代社会问题，而现代社会所面临的许多问题，以及现代学术的话语系统、思想方法及问题意识，都与古代儒家差异巨大，如何将古代儒家的思想与现代学术对接起来，这也是一个具有挑战性的任务。因此，在现代社会的语境中解读《论语》需要回应现代社会问题，也需要回应现代学术中与之相关的思想主张与问题，故而有必要结合当前的儒家文化教学实践和时代问题来重新编撰一本《论语》阅读指南，以帮助学习者更好地理解《论语》的思想世界及其与现代社会的关系。

深入理解儒家的一个先决条件就是理解儒家与中国古代社会及现代社会的关系。反过来，要理解这组关系，又须以深入理解儒家为前提。这就构成了解释的循环，不过，在当前多元的文化思想环境下，我们更应先理解儒家与现代社会的关系。孔子云："名不正，则言不顺；言不顺，则事不成；事不成，则礼乐不兴；礼乐不兴，则刑罚不中；刑罚不中，则民无所错手足。"（《论语·子路》）是以正名为先，而后知学。

一　儒家的现代诠释问题

中日甲午战争，中国战败，引起了很多学者对中国失败原因的反思，一些学者认为是中国伦理与文化导致了中国社会的诸多弊病，由此引发了对儒家与中国传统文化的批判。如果考察 19 世纪至 20 世纪上半期的世界史，我们会发现，在西方文明的强大冲击下，文化选择是后发展国家所面临的普遍问题，如日本、土耳其、伊朗、印度、泰国等，我国也不例外。这些后发展国家在西方现代文明的刺激下，一般会产生三种文化主张，即文化保守派、全盘西化派与文化调和派。不少国家的文化发展经历了从西化派到保守派的更替，如土耳其与伊朗。三派并存是很多后发展国家的社会文化现状，我国近现代的社会文化大致也是如此。只是，清末民初反传统思潮中所形成的学术话语对中国现代学术思想的影响极为深远，远非文化保守派与调和派可比。中国现代学术对儒家的理解与诠释也是在这样的基础上形成的。

近现代以来儒家思想现代诠释的第一个主题是基于现代价值观念对儒家伦理进行批判，将儒家的三纲五常塑造为现代价值观念的对立面。这里面的理论问题其实非常复杂，如果我们深入考察汉代人所持的三纲之说，就会发现，三纲的核心是一种道义，而这种道义恰恰是人格的挺立，而非人格的屈从。换言之，儒家传统与现代价值观念有差异，但并非对立。遗憾的是，晚清民初的一些学者过于仓促地将中西文化对立起来了，形成了反传统的思潮及其话语体系，影响至今。

既然近现代反传统思潮否定了儒家思想，那么，随之而来的问题是，用什么来建构新时代的社会文化？在这方面，清末民初兴起了两股思潮，填补了儒家退场之后所空出的位置，一是佛教的复兴，康有为、章太炎、谭嗣同、梁启超、欧阳竟无、梁漱溟、马一浮、熊十力等这些在中国近现代思想史上有重大影响力的人物皆受到佛教思想深刻的影响；二是现代西方文化的东传。这两股思潮交织在一起，对儒家的现代诠释产生了决定性的影响，儒家伦理批判是其中一种表现，另一种是对儒家的哲学诠释。西方哲学传至东方，与佛教复兴思潮遭遇，形成了现代中国哲学独特的宇宙论、本体论等形而上学理论，运用这些理论将儒家思想哲学化，既形成了熊十力、冯友兰、汤用彤、任继愈、牟宗三、徐复观、唐君毅等现代哲学家的儒学理论，也影响了范文澜、萧公权、侯外庐、翦伯赞等现代史家的思想史诠释。儒家的伦理、政治及社会文化意义被否定之后，其思想以现代中国哲学的方式进行了创造性的诠释与转换，成为现代中国哲学的重要内容。然而，我们需要反思的是，既然儒家的伦理、政治、社会文化意义被否定了，而以现代中国哲学的面目重现于世，其意义是什么呢？这样的理论框架其实给儒家留下的位置相当狭窄，所以我们可以看到，港台新儒家的理论创造难以逾越心性论的范围。但问题在于，既然儒家传统的天道观与伦理被舍弃，哲学化的心性论如何构成社会文化？例如，在儒家传统的婚礼中，新人跪拜天地，而在现代中国哲学的诠释中，天被转换成了"本体"，我们能想象新人一拜"本体"吗？如果"本体"这样的中国哲学概念无法转换为社会文化，那么这样的儒家哲学或中国哲学有什么意义呢？

至此，我们就能够理解，为什么人们在学习现代中国哲学的时候难以产生问题意识，从而难以在其学习中形成专题化的思考。现代中国哲学本身的问题意识是从西方哲学中嫁接过来的，在相当程度上，是在用中国传统的一些思想文化来表达西方哲学中的主题，这显然不如用西方哲学术语来表达来得直接。所以，我们在哲学学科的教学实践中发现，外国哲学专业的学生可以更容易地使用西方哲学术语来思考问题，而中国哲学专业的学生更难以使用现代中国哲学学科的术语来思考问题。究其根源，在于中国传统的文化思想，如儒家、道家、墨家、法家及道教与中国佛教，其理论兴趣与西方哲学迥异。就儒家而言，儒家志在究天人之际而致天下太平，与西方哲学对存在问题、认识论问题的思考极为不同。将儒家诠释为一种儒家哲学，就会使儒家失去原有的焦点。因为对不上焦，所以儒家在现代哲学学科中呈现出来的印象就模糊不清，学生更多是被动接受，而非自主思考。

既然儒家的哲学诠释存在不足，那么应当作什么样的诠释更好？

儒家思想中当然也蕴含着对哲学问题的思考，不过，用传统的术语来说，儒家思想包括天道与人道两个方面，换成现代术语，这其实就是一种文明的人类社会建构，因此，现代儒家诠释应当放在文明论的视野中进行，而不仅仅放在哲学学科中。

二　儒家与文明论

文明这个词既是对英文 civilization 的翻译，也是一个固有的汉语词，《尚书·舜典》曰："浚哲文明。"孔颖达疏云："经纬天地曰文，照临四方曰明。"《周易·文言》曰："见龙在田，天下文明。"可见，在中国古代经籍中，文明意味着圣人的教化大行于天下，使人类社会达到了极高的道德与智慧。现代汉语中的文明一词继承了这样的用法，意指社会发展达到了极高的水平，或指一个人的修养达到了极高的水平。作为 civilization 的翻译，文明又指称一个相对独立地发展起来的社会实体，包括这个社会所创造的物质与精神文化的全面成就。文明论包含了文明概念的这两个层次：一方面意指一个社会实体的社会构造方式及其成就的独特之处，另一方面意指这些成就所具有的价值。

其实，上述对儒家伦理的批判与哲学诠释就已经蕴含了一种文明论，且正是基于其文明论观念对儒家做出的诊断。在当时很多人的理解中，西方现代文明与其他文明不是平等的关系，而是取代关系，只有西方现代文明才是真正的文明，其他文明都是野蛮的或半开化的。既然新的更高级的文明已经被创造出来，过去的一切文化或文明都只能称为旧物，应当予以废除。1930 年，中华民国立法院院长胡汉民召集蔡元培、吴稚晖等人研究民法修订事宜，其核心议题有三个，是否要有姓、是否要有家庭、是否要有婚姻。他们一致认为，在不久的将来，这些氏族社会之物将会消失。① 北京大学的学生领袖傅斯年挂在

---

① 赵妍杰：《家庭革命：清末民初读书人的憧憬》，社会科学文献出版社 2020 年版，第 1—2 页。

宿舍墙上的条幅上写着"四海无家，六亲不认"①，要求以新道德取代旧道德。

如果人类社会进化到无姓、无家、无婚姻，这将是怎样的文明？与破除家庭相应的政治思潮则是破除阶级，废除私有制，追求大同。20世纪初中国涌现出无政府主义、世界主义、天下为公的政治思潮，与儒家传统中的大同理想不无关系。康有为、章太炎、吴稚晖、刘师培、孙中山、蔡元培、熊十力等这些近现代有影响力的人物，看似有着极为不同的思想主张与政治立场，但在下面这一点上是一致的，即人类社会无论经过什么样的发展阶段，迎来的最终阶段是相似的，那就是无家庭、无国界、无族群、无阶级、无政府的大同之世。近代以来，西方科学与社会进化论、民主思想、无政府主义、社会主义等思潮东来，与中国儒家传统的大同理想相结合，形成了大同说、世界主义、无政府主义及社会主义等诸多政治思想形态。如果对世界文明的进步抱有这样的期待，以三纲五常为核心的儒家政教尚有何价值可言？因此，民国时期将经学视为"国故"和古代政治统治工具的做法，究其根本，源于一种文明论的意识，即相信现代文明将有极大之进步，而以中国古代为故旧的、不合时宜的文明。②

人类社会的文明将往何处去？这个问题极为复杂，这不仅与价值判断有关，也与社会存在蕴含的客观规律有关，人们提出的价值理想并不一定能够在人类社会中普遍实现。考虑到人类社会的一些客观特性，我们就会发现，在人类社会的发展过程中，物质技术与社会组织技术取得了长足的进展，但人心结构与总体的社会结构并没有显著的变化。这就意味着，社会竞争只是从古代社会形态转向现代社会形态，基于人性与人心需要而有的社会制度可能会改变形式，但不会消失，除非人性也发生了根本的变化。就此而言，所谓现代文明与古代诸种文明也就没有本质的区别，人性不一定会随着技术的进步与制度

---

① 王汎森：《傅斯年：中国近代历史与政治中的个体生命》，生活·读书·新知三联书店2017年版，第44页。

② 秦际明：《文明共识与近代经学观念兴替》，《中山大学学报》（社会科学版）2022年第6期。

的变迁而进化。

中国古代社会所呈现出来的制度与伦理状况，其原因并不一定是中国人的人性如此，或是因为中国文化如此，而与当时的生产力水平及族群关系这样的社会条件有更深刻的关系。例如，《二十四孝》中所展现的儒家伦理以现代的眼光来看有其残酷的一面，这并不能证明儒家伦理本身是残酷的，《二十四孝》体现的是生活物资极为匮乏的条件下人所能设想的伦理生活。如果要将儒家伦理与现代伦理作比较，则应基于相近的物质生活条件的假设。在生活物资不足以养活一家人的条件下，现代伦理有更好的解决方案吗？因此，由古及今所取得的社会进步，究其实，未必是伦理的、人性的进步，而是外在的社会生活条件进步所带来的社会道德状况的改善。而生活条件的改善对社会道德状况改善的影响是有限度的，它无疑可以避免"郭巨埋子"式的悲剧，但难以解决社会不平等问题。

另外，儒家在古代社会条件下所展现的伦理精神，并不仅仅为解决生存问题而发，其中包含的君子修养恰恰是要求人们摆脱物质生活条件对精神修养追求的限制。孔子要求，"君子食无求饱，居无求安，敏于事而慎于言，就有道而正焉"（《论语·学而》）；"君子无终食之间违仁，造次必于是，颠沛必于是"（《论语·里仁》）。这种追求道义更胜于物质生活享受的思想，产生于物资匮乏的时代，但其精神价值是超越时代局限的。因此，文明论的内涵在于，人类社会生活的内容（如物质生活条件，法律与社会制度等）是变化的，而社会结构不变，即一个社会固有其物质、精神与制度要素，这些要素的组合构成一个完备的社会体系。这些要素之间有相互关联的一面，也有相对独立的一面。我们今天研究儒家，就需要剥离儒家中的历史性要素与超历史维度。由此我们就可以理解，现代社会生活改变的是社会生活的一些内容，而中国的社会结构，中国人的世界观及其价值追求，在近现代的社会变革中展现出了极强的稳定性。例如，现代中国电影电视剧对主角的道德要求，与中国传统的儒家对君子人格的要求，有某种内在一致性。

儒家与中国历史社会的互动已成为当代儒家研究的一个重要方向。干春松在《制度化儒家及其解体》《重回王道——儒家与世界秩序》《制度儒学》《儒学的近代转型》等著作中较为深入地揭示了儒家与中国社会变迁的关系；陈壁生《经学、制度与生活——〈论语〉"父子相隐"章疏证》一书深入剖析了儒家伦理在中国传统社会中的价值意义与组织作用；陈明《儒家文明论稿》一书则向我们敞开了儒学研究的广阔视域。在儒家与政治方面，近现代以来，人们往往将儒家与君主专制联系在一起，将儒家作为君主专制的思想统治工具而加以批判。中国历史社会非常复杂，运用西方术语及西方思维方式未必能够将中国历史社会的特点揭示出来。儒家经历了封建制、郡县制及现代共和制漫长的历史阶段，即经历了极为复杂的制度变迁，不同时代的儒者有不同的政治主张与制度设计，难以用某一种特定的制度形式来概括儒家的政治主张。就秦汉以降的郡县制而言，君主专制是否准确地体现了这一段中国历史的政治过程呢？钱穆在《中国历代政治得失》中对用君主专制来概括中国古代政治的做法提出疑问，任锋在《立国思想家与治体代兴》一书中将中国历代政治变迁中所展现的中国政治思想概括为治体论，这比君主专制论更全面地总结了中国历史政治中的诸要素及其运作机制。此后，任锋又用"中心统合主义"的理论深入地刻画了儒家社会一体化的整合机制。这些研究表明，当代的儒学研究已经摆脱了清末民初以来对儒家贴标签式的研究方式，已经能够深入中国历史社会结构与变迁机制来把握儒家思想的精深领域。这对我们重新解读《论语》一书具有重要的启发。

三　孔子与圣人

圣人是理解孔子与《论语》的重要概念。这也是古今思想差异非常重要的一个方面。今人读《论语》，多欲还原历史上那个有血肉、有情感的真实的人。当然，这样的一个人与作为圣人的孔子并不必然矛盾，只是侧重点不一样，前者更多地强调孔子也是凡人，只不过他的道德学问高于常人。譬如李零曾提出"去圣乃得真孔子"的说法。"天纵之圣"的观念在现代已相当陌生。那么，今天应如何理解圣人呢？司马迁《史记·孔子世家》云：

《诗》有之："高山仰止，景行行止。"虽不能至，然心向往之。余读孔氏书，想见其为人。适鲁，观仲尼庙堂车服礼器，诸生以时习礼其家，余祇回留之不能去云。天下君王至于贤人众矣，当时则荣，没则已焉。孔子布衣，传十余世，学者宗之。自天子王侯，中国言六艺者折中于夫子，可谓至圣矣![1]

司马迁说，古往今来的王侯与名人不知有多少，都不过是历史长河中的匆匆过客，唯孔子一人以布衣之身而名传后世。其人其德，令他心生仰慕，徘徊于孔子故里，久久不能离去。孔子何以至于斯？

司马迁的概括是"六艺折中于夫子"。六艺者，六经也。六经即《诗》《书》《礼》《易》《乐》《春秋》，是古代王官之学，是华夏文明的载体。按照《汉书·艺文志》的说法，诸子百家皆六经之"支与流裔"，也就是说诸子百家的思想皆源自六经。虽然《艺文志》所说的诸子百家是整合进天下治理体系之后的形态，但也可以说明经学在中国传统中的核心地位。《庄子·天下》也说："《诗》以道志，《书》以道事，《礼》以道行，《乐》以道和，《易》以道阴阳，《春秋》以道名分。其数散于天下而设于中国者，百家之学时或称而道之。"百家之学所称而道之者不过是六经之一端，而非六经之全体。诸子百家的出现，恰恰是六经离散的结果，即"后世之学者，不幸不见天地之纯，古人之大体，道术将为天下裂"（《庄子·天下》）。所以，诸子百家并不足以代表中国文化——华夏文明，诸子百家恰恰源自华夏文明这个母体。在古人的理解中，只有六经才能够作为华夏文明的载体与象征。而孔子，是参与创制、传承六经的"集大成者"（《孟子·万章下》），是六经之义理的折中者，所以，孔子作为圣人，就意味着他是一种文明的象征。宋人称"天不生仲尼，万古如长夜"[2]，此之谓也。

在孔子之前，有尧、舜、禹、商汤、文、武这样的圣王，但除了

---

[1] （汉）司马迁撰：《史记》，中华书局1982年版，第331页。
[2] （宋）黎靖德编，王星贤点校：《朱子语类》，中华书局1986年版，第2350页。

孔子，中国历史上没有第二个人更能代表华夏文明。晚清廖季平在区分今古文经学时提出，汉代古文经学以周公为圣人，而孔子只是先师。而其所标举的古文经师刘歆在其《移让太常博士书》中说："昔唐虞既衰，而三代迭兴，圣帝明王，累起相袭，其道甚著。周室既微，而礼乐不正，道之难全也如此。是故孔子忧道不行，历国应聘，自卫反鲁，然后乐正，雅颂乃得其所。修《易》序《书》，制作《春秋》，以记帝王之道。及夫子没而微言绝，七十子卒而大义乖。"①"圣帝明王"是集体名词，独孔子矫正礼乐，修序制作，而特显其名。在汉代纬书中，孔子是黑帝所感生的圣人，向人间传达天意，这是汉代人看待孔子的侧面写照。

　　一种文明，必须由一个圣人来代表吗？在不同的宗教与文明观念中，不一定有圣人的观念，但一定有与中国之圣人功能相类的象征者，如先知。与一神信仰不同，圣人是人可以通过不断地修养与进步而达成的，正如荀子所说："圣人也者，人之所积也。"（《荀子·儒效》）所以圣人的成就应理解为中华文明的成就。如果说圣人是人积累自己的知识、修养而达成的，并且，宋明儒学以成圣为最高目标，但自孔子后为什么中华大地上再无圣人？孔子之积，非个人之积，而是集先王先圣之大成，是文明之积，是中华文明至春秋而展现出其更丰富的可能性。孔子以其过人的天赋不懈地学习、求索，将自己所得贯注于五经的整理中，传授于门弟子。于是五经与《论语》成为中华文明最核心的经典。孔子的成就标志着中华文明的成熟。

　　儒家所着重论述的人情、欲望、性理、礼制与修养方法，揭示的是人类自身的问题。这些问题在其他宗教与文明中也同样存在。儒家刻画了人从一种初始状态到理想状态的转变过程及其发生机制，从而具有一定的普世性。儒家首先是一种人伦养成的社会教化，是中国从原始走向文明的文化载体。正是因为中国社会建构与国家建构所需要的条件与儒家的功能相契合，这就决定了在中国历史上，其社会文化形成了以儒家为主导，以诸子及佛教、道教为辅助的格局。晚近一两

---

① （汉）班固撰，（唐）颜师古注：《汉书》，中华书局 2005 年版，第 1528 页。

百年来西学东渐，中国开始了现代化的历史进程，在这个过程中，中国社会与中国文化的结构哪些部分发生了改变？哪些部分是中国社会与中国文化结构中的稳定性因素？对这些问题的回答取决于我们对人类社会共同体建构的理解深度。

四 研读《论语》的方法

《汉书·艺文志》云："《论语》者，孔子应答弟子、时人及弟子相与言而接闻于夫子之语也。当时弟子各有所记，夫子既卒，门人相与辑而论纂故谓之。"① 盖言《论语》是群弟子分别所记夫子之言，没有严格的主题与章次，孔子言说时的时间、地点与情境大多亦不可考，《论语》诸篇也只有大致的主题分类。所以《论语》显然不是分科之学，而是对孔子言行的杂记，在古代属于"传"，泛论大义，是通《五经》的入德之书。这就涉及我们今天读《论语》需要什么样的知识准备的问题。

第一，古汉语知识。《论语》的文句不算艰涩，但也有不少文义难解之处。尤其是古汉语的字义和使用习惯与现代汉语往往有微妙的差异，这就需要拓展我们的古文阅读和理解能力。

第二，历史背景及相关的礼仪制度。《论语》是有历史语境的，深入历史中能让我们更好地把握《论语》文本的准确含义。我们先要走进历史，然后才能走进《论语》的思想世界。当然，这并不意味着《论语》仅仅是历史的，我们需要在历史中去把握《论语》思想的永恒性。孔子在作《春秋》时说："我欲载之空言，不如见之于行事之深切著明也。"② 《论语》虽然是孔子及其弟子对话的记录，但其内容与春秋历史密切相关。理解历史，有助于我们理解思想的实践意义，离开历史的思想易成空言。

第三，需要对人类学、社会学、政治学、宗教学、经济学等社会

---

① （汉）班固撰，（唐）颜师古注：《汉书》，中华书局2005年版，第1361页。
② （汉）司马迁撰：《史记》，中华书局1982年版，第760页。

科学有深入理解。《论语》的思想观念距离当今之世已经很远了，但又确实是中国社会文化心理的重要基础。理解《论语》的思想意义，需要我们对人类自身的追求与信仰、人类共同体的组织原则及其实践经验有丰富的知识和深入的理解。《论语》是进入《五经》的"传"，属经学义理通论，所以要深刻理解《论语》，须对《五经》的义理与礼制系统有所了解。而《五经》作为华夏文明的核心经典，内容包含现代社会科学的诸门类，如政治、经济、历史、地理、教育、伦理、哲学、文化与宗教等。

第四，《论语》所展示的是古代世界中的社会与思想，同时它也提出了修德的境界与方法。研习《论语》需要我们以德充实自我，成就君子人格，方能更真切地体会、涵泳孔子之言。

第五，对《论语》的古代注疏文献的阅读与了解也是必不可少的。在现代学科分类中，儒家属于中国哲学的一个研究领域，《论语》自然就是中国哲学文献。若要走进《论语》的思想世界，借助于西方哲学观念作用不大。流行的西方哲学理论以宇宙论、存在论或本体论、认识论为框架，《论语》一书无所谓宇宙论、存在论、认识论问题，至多算是一种实践哲学。德国著名哲学家黑格尔就认为《论语》不过是一些庸俗的伦理说教，称不上哲学著作。他还建议为了维护孔子的名声，最好不要阅读《论语》。从西方哲学入手读《论语》有可能像黑格尔一样毫无所得。

那么，从中国哲学的角度如何理解《论语》呢？什么叫中国哲学？如若按照胡适、冯友兰先生的定义，中国哲学就是按照西方哲学的概念系统与理论体系来整理中国文化的材料，来讲述中国思想，那么《论语》一书远不如《老子》《孟子》等来得系统。如若将中国文化思想中关于道器、理气、仁义、性情、阴阳五行等重要主题视为哲学，则更贴近中国传统对《论语》的理解，后世儒者也往往从理气、性情及修养工夫的角度来注解《论语》，这也是一条门径。但这条门径不如从经学的角度来理解《论语》全面。

现代人所理解的哲学与伦理学，往往不是为了寻求答案，而是提出问题，理解问题，质疑标准答案。《论语》中的孔子与苏格拉底不一样，孔子并不专门去挑战流俗之见，质疑百姓日用有什么问题，恰恰相反，孔子经常会给出一些人伦规范的答案，如"孝乎惟孝，友于兄弟"（《论语·为政》），"君使臣以礼，臣事君以忠"（《论语·八佾》），"己所不欲，勿施于人"（《论语·颜渊》）。尤其是，孔子几乎言必称礼，要求克己复礼。从这个角度来看，孔子不是思辨性的哲学家，而更像是一位立法者、文明规则的制定者。这其实是王者之事，但人们并不以孔子为僭越，因为孔子集历代圣王之大成，手定六经，有资格来制定文明的规则。所以，哲学家、教育家、思想家皆不足以尽孔子，这样来看，还是"圣人"的称号最合适。而自孔子之后，"圣人"之号也成为孔子专属了。

本书立足于当今时代来理解《论语》，理解儒家中的一些核心义理，作为进入《论语》和儒家思想的一个导论。所论往往超出《论语》本身，而论及古今中西社会变迁与思想文化的比较，是谓广义。书中《论语》原文及标点以中华书局 1983 年版《四书章句集注》为准。

学而第一

1.1　子曰："学而时习之，不亦说乎？有朋自远方来，不亦乐乎？人不知而不愠，不亦君子乎？"

【注解】

子：男子之通称；又，五等爵名。先秦时，其学术为人所尊，则称子，如孔子、墨子、孟子。如不加姓氏只称子，则专指孔子，盖孔子之尊在诸子之上。

学：觉也，效也，从未知到有知，从未能到有能。

时：时时，时常。

习：鸟数飞貌，温习，练习。

说：通"悦"，喜悦。

朋：同志之人。

愠：怒。

君子：成德之名。

【广义】

人生无知，犹在黑暗之中，困而不能。学而后有知，如见光明，豁然开朗，心中自然生起喜悦之情。学而按时或时时温习、践习，则其学坚固，能收为学之效。

有志趣相合的朋友自远方而来，相与论学，使人快乐。孔子认为，学而有得本身就是一件使人快乐之事。人生而无知，深受其苦。我们也常有这样的经验，在学习中遇到无法解决的难题，心生苦闷，一旦豁然贯通，明白其中的道理，油然而喜。因为获得知识、通达道理而快乐，这是君子之乐。尤其重要的是，君子对事物之道理的探求应当是开放的，孔子云："知之为知之，不知为不知，是知也。"（《为政》第二）人生天地间，自然会问关于世界与人生的终极性问题，每一种文明都会塑造一种世界观体系来回答这些问题。一个文明的世界观体系往往是封闭的，即所谓有止的，同时也具有一定的开放性。儒家的知识体系也是如此，其开放性表现在，儒者并不肯定自己所知即终极的知识，而强调其只是人所体察到的道理。人对事物之道理的探究是无止境的。《大学》云："止于至善。"人之所止在于伦理实践，这一实践分两个层面，在道德情感上满足于忠孝仁义，而在事物之道理的探究上，则须不断地"格物"以"致知"。

如若别人不知道、不理解我所学所求之道的快乐，而我并不以此为愠，这是君子的修养。上言朋友与我共乐此学习之道，下言不知我们所学所乐者，我亦不以为愠。推而论之，此亦是恕道。世上有君子，有小人，君子贤其贤而亲其亲，小人乐其乐而利其利。君子有君子的快乐，小人有小人的快乐。君子不以小人不知君子的快乐为愠，不必夺人之爱而强人所难，必欲使之与己同好。

当今之世多元宗教并立，提倡宗教间、文明间的对话、交流和互鉴。儒家行忠恕之道，有来学，无往教。慕我之道而来学，则教以学习、礼让、忠孝仁义之道，此为"有朋自远方来，不亦乐乎"。不慕我之道而自信其教，则我亦不往教而必欲使之同于我，各行其道，各乐其乐，此为"人不知而不愠，不亦君子乎"。人各有其所好，若不是伤天害理、干犯他人，君子亦乐见其所乐，不为其不知我之乐而愠。

《礼记·学记》云："建国君民，教学为先。"人生而懵懂，须学而后有知。学而有知，如星火之燃烧，如源泉之畅达，不可阻遏，成人之始也。在儒家的思想体系中，学是基础，《论语》以学作为主题开篇不是偶然的。在原始社会，人类直面洪荒之世，处处都有生存的危机。人生而有知觉之后，必须要对天为什么会打雷，刮风下雨是怎么回事，黑暗何时能够过去，春天什么时候到来，什么样的食物是安全的，如何抵御野兽等问题有所认知，有所应对。从生存的角度来说，知识对于人类，如空气和食物一样重要。人是有知觉的动物，人有知之后，在世界上生活就需要一种知识的确定性，回答我们从哪里来，到哪里去，应该如何生活，这个世界怎样才是安全的，等等问题。如果这些问题不能得到回答，那么人将生活于惶惶不可终日的状态中。所以说，求知是人类的本能。

当然，对未知问题的回答方式可以是多种多样的，人类知识具有多样性。现代社会所理解的科学知识基于实验与逻辑自洽的理性，而在人类历史上，人类所得到的知识除了实证经验与理性来源之外，同样重要的是还来自信念。宗教构成了人类信念的重要内容。伦理之知则兼有历史社会经验与思想文化信念的性质。孔子之所谓学，其内容主要指的是道理，包括为人的道理与一切事物的道理。没有知识与道理的指导，人类实践就是盲目的。

汉代儒家学者扬雄在《法言》中写道："圣人之于天下，耻一物之不知。"[1] 这里的物，即指事物与事物的道理。汉代崔瑗《河间相张平子碑》："一物不知，实以为耻。"[2]《南史·陶弘景传》："读书万余卷，一事不知，以为深耻。"[3] 后世又概括为"一物不知，儒者之耻"。这些提法皆体现出儒家一向有求知的传统。并且，儒家之所谓知，即指事物的道理，是可验证的、可实践的道理，而非子虚乌有之说，不可杜撰臆造。在人类不可知的领域，比如关于天道与鬼神这样的终极性问题，孔子认为我们应该沉默，保持谦虚，不可有理性的狂妄。"子不语怪、力、乱、神。"（《论语·述而》）又子曰："知之为知之，不知为不知，是知也。"（《论语·为政》）

1.2 有子曰："其为人也孝弟，而好犯上者，鲜矣；不好犯上，而好作乱者，未之有也。君子务本，本立而道生。孝弟也者，其为仁之本与！"

---

① 李守奎、洪玉琴：《扬子法言译注》，黑龙江人民出版社 2003 年版，第 194 页。
② （清）严可均校辑：《全后汉文》卷四十五，《全上古三代秦汉三国六朝文》，中华书局 1958 年版，第 719 页。
③ （唐）李延寿撰：《南史》，中华书局 1975 年版，第 1897 页。

【注解】

有子：孔子弟子，名若，即有若。

《论语》除孔子称子外，有子（有若）、曾子（曾参）、冉子（冉求）、闵子（闵子骞）亦称子，或疑相关条目为此四人门下所记。

弟：通"悌"，以恭敬的态度事亲曰孝，事兄长曰悌。

犯上：干犯或冒犯在上位者。

鲜：少，罕见。

本：树之根，指事物之基始。

仁：《说文》从人从二，本义为二人相亲相爱，引申为人乃至天地最基本的价值观与意义追求。为仁，即实践相亲相爱之道。为，动词。

【广义】

此章言仁是最基础也是最高远的价值追求与精神境界，仁不唯是一家一族的价值追求，而是一种公共的价值。但如何养成仁的精神，成为仁者呢？儒家认为为仁就是要顺人之性情，从一个起点出发，这个起点就是孝弟。爱人，从爱亲始；敬人，从敬亲始。亲之可爱、可敬，不只是出于普遍人格的原因，也出于亲人于我有特别之恩情，在共同生活中结成特别之感情的缘故。这种恩情与感情，是人皆有之的，爱亲、敬亲是人心之自然。一个人若无爱亲、敬亲之心，很难想象他还能爱何人、敬何人？所以，人不可只为自私自利之人，而要在爱亲、敬亲中体会他人之可爱、可敬，这样爱与敬的感情就可以得到培植与滋长。顺此之爱与敬，推及对与我们所交往之人的爱与敬，如此，则可以推己及人，推爱亲之心于爱人之亲，推己爱亲之情而及于人之爱亲之情，以至于天下人莫不爱亲。人各怀其爱与敬，而成就彼此的爱与敬，一家一人之孝悌，也推扩为仁心、公心了。

西方近代以来，《人权宣言》倡导自由、平等、博爱。自由主义认为，人皆有理性，可以自主决定追求什么样的价值，而无须为他人所干涉，这是人的自由。人生而能爱其亲，是成长过程中的自然情感，生而能爱他人，非人之常情。追求自由、平等、博爱需要情感机制作为意志动力。自西方言，宗教扮演了其教人爱与敬的角色，如洛克《教育漫话》所主张的那样。人固然有其理性，但人的成长需要经历理性尚未成熟的阶段。在西方，洛克认为，宗教教会孩子基础性的道德感情。其在西方，通过宗教所教导的博爱，亦自爱亲始。而在中国，宗教在教育中的角色并不突出，中国人的道德情感首先是在家庭中养成的。因此，孝悌之为成仁之本，在中国社会中具有特别的意义。《孝经》谓："不爱其亲而爱他人者，谓之悖德；不敬其亲而敬他人者，谓之悖礼。"因为在一般情况下，他人于己之亲情与恩情不可与自己的父母相比。于情于理，爱敬之情自亲始，可谓人类道德情感机制之通则。

此外，"为仁之本"的"本"不可理解为本质。本质与现象的区分源自西方哲学，中国古代所说的"本"一般指的是根本，而非本质。在西方哲学中，现象是变动不居的，而事物之本质永恒不易，是承载事物之存在的载体，指示着事物中不变的存在。中国古代思想不认为事物中有不变的存在，事物皆由阴阳之气和合而成，成物之后亦在变化之中，并不认定某种永恒存在的本质可作为事物存在或变化的载体。

1.3　子曰："巧言令色，鲜矣仁!"

【注解】

令：美善，令色即好的脸色。

【广义】

孔子认为，一个人若以言语与颜色讨人喜欢，往往不是出于本心。仁者正言正行，庄重多于巧令。《论语》后文中还有记载，子曰："君子欲讷于言而敏于行。"（《里仁》第四）又，子曰："刚毅木讷近仁。"（《子路》第十三）又，子曰："吾与回言终日，不违，如愚。退而省其私，亦足以发，回也不愚。"（《为政》第二）皆可以证明孔子不以巧令、浮华为尚，而以朴实、端庄、严谨为尚。汉代学者认为孔子之志在于省周之文而反诸质，从《论语》来看，孔子确实尚质多于尚文。

1.4　曾子曰："吾日三省吾身：为人谋而不忠乎？与朋友交而不信乎？传不习乎？"

【注解】

曾子：孔子弟子，名参，字子舆。

省：反省，省察。

传：指先生之学所传于己。

【广义】

曾子自言其修身之法，每日多次反省自己，为人谋是否出于私心？与朋友交是否失信于人？老师所传是否温习、践习？孟子称曾子"守约"，所谓约，一谓简约，二谓法约，将繁芜之事约为简易之法则，以此作为修身、行事之原则，是谓守约。曾子所守之约以忠信为本，循此则无有私意，而成其廓然大公的君子人格。此三事看似容易，而难以坚持。苟能日日以此反省，成德、成学之道也。

1.5　子曰："道千乘之国：敬事而信，节用而爱人，使民以时。"

【注解】

道：即导，导之古字，领导、治理。

千乘之国：乘，指兵车，千乘之国即意指能出一千辆兵车之国。春秋时期，作战以车战为主，军队也以车兵为主。每辆战车配四匹马，叫"驷"。中间的两匹马叫"服"，左右两匹马叫"骖"。或说，左边的马叫"骖"，右边的马叫"騑"。马车的车厢叫"舆"。按周制，天子能出兵车万乘，诸侯千乘，大夫百乘。但诸侯国大小不一，所以其时又以车乘的数量来衡量国力的大小，千乘之国为大国。

使民以时：使民，国家使用民力，指徭役之类，古代国家征用平民从事无偿劳动，包括力役、杂役、军役等。《礼记·王制》："用民之力，岁不过三日。"东周战争加剧，百姓实际担负的徭役要重得多。以时，指不违农时。

【广义】

孔子认为，治理一个规模较大的国家，执政者应忠于职守，认真负责，维持国家的公信力。还应以爱民为念，节俭国家用度，惜约民力；以爱民为本，勿为他事扰民无度。在今天看来，孔子之言似为寻常。现代国家治理着眼于发展，由科技与产业的发展带动经济发展，以经济发展为基础推动社会发展。但在前现代漫长的人类历史上，科技的进步是极为缓慢的，古人对科技的发展几乎没有预期。因此，中国古代无论是儒家还是道家，在国家治理上都主张安民，其差异只在于安民之道不同。所以，孔子这里论政亦以安民为旨归，要求执政者珍惜国家信用，为政事负责，勿扰民生。

法家则主张君主操权柄以驭臣下，持法度以绳百姓，其背景是战国大争之世。孔子当春秋时，主张复周礼以维系天下秩序，上崇礼制，下不侵民。战国时期，天下既乱，礼制崩而不足以守，诸侯争战而天子不能制，孟子复孔子之道即被指为迂阔于事情，荀子转而隆礼法以顺时之变，应世之情。儒家之长不在用权谋以应乱世，而在基础性的社会伦理秩序建构。所以汉代一统之后，儒家之道得以复兴，法家的权术终非长久之道。

1.6　子曰："弟子入则孝，出则弟，谨而信，泛爱众而亲仁。行有余力，则以学文。"

【注解】

入则孝：在家门之内，弟子应孝于亲。

出则弟：在家门之外，弟子应敬事于人。

亲仁：亲近仁者。

【广义】

此章孔子言弟子为学之法，应以孝悌之行为先，文字章句之学在后，盖德行为本，文艺之学为末。朱子认为："力行而不学文，则无以考圣贤之成法，识事理之当然，而所行或出于私意，非但失之于野而已。"[①] 孔子此言强调德行先于文艺之学，朱子则突出了学文的意义，二者对"文"的理解或有差异。孔子这里所说的"文"，相对于"行"而言，指文辞章句。朱子注之谓"文"，则扩大到圣贤经典与

_____

① （宋）朱熹撰：《四书章句集注》，中华书局1983年版，第49页。

典章制度，指称的是一般意义的文献与知识体系。就文与行之关系而言，自然是德行重于文学；就文之为道理、知识与制度的载体而言，学文对于人而言就具有基础性意义。

清人以《论语》此章为基础编成《弟子规》一书，作为儿童启蒙教材，当代社会的国学教育也常用此书。或有人批评说，《弟子规》多强调儿童对尊长之顺从，缺乏对于独立人格之培养。愚以为，独立人格与尊敬师长并不矛盾。人格之独立，指的是不为权势与名利而丧失其节操，而非桀骜不驯。人格是有内容的，孝亲敬人，本身即一种高尚之人格。孝亲敬人，恰恰是一个人内心充实自信的体现，内心忧惧的人反而会在与人接触时敏感多疑，或过于自卑，或过于傲慢，有失中庸之道。弟子能够以礼待人，从容不迫，内肃己而外敬人，于人于事有所不苟，成德之教也。《弟子规》所教多卑己而敬人，应是儿童教育的一部分，同时亦须辅之其他经典，增广知识，成其全德。

1.7　子夏曰："贤贤易色，事父母能竭其力，事君能致其身，与朋友交言而有信。虽曰未学，吾必谓之学矣。"

【注解】

子夏：孔子弟子，姓卜名商，字子夏。

贤贤：以贤者为贤，敬贤者。

易色：易，改易；色，好色之心。贤贤易色，就其字面含义而言，谓以好贤之心改易其好色之心。此句有多种歧解，或以色指颜色、辞色，意即改平常之脸色为肃敬之貌以敬贤者；或以此句专指夫妇一伦，指夫能够敬妻之贤德，而不计其色貌。如此，则此一句中夫妇、父子、君臣、朋友四伦俱全。

致：本义为送达，达成，这里指奉献。致其身，将其身奉献于君，即谓尽其身于职守，为国事尽忠。

【广义】

子夏言德行为本，若有德行，即便未曾学文，也已得为学之实。

1.8 子曰："君子不重则不威，学则不固。主忠信。无友不如己者。过则勿惮改。"

【注解】

重：庄重，厚重。

威：威严。

惮：害怕，畏难。

【广义】

此章孔子论修养之道，君子须厚重，不得轻浮。君子厚重则有威严，轻浮则学不坚实。其中，"无友不如己者"一句不能理解为不与凡事不如己的人做朋友，如此，则出类拔萃之士岂非难觅朋友，而应理解为有无向道之志。与同样具有向道之志者为朋友，无向道之志，志趣不同，不得强求其为朋友。

"过则勿惮改"一言看似容易，实则最难。人之有过，静心思量，亦常自知，一时或能改正，难在坚持。如颜子之"不二过"，一个错误从不犯第二遍，实非常人所及。正是因为人有过错是常见之事，且很难说改正之后就永不再犯，所以我们需要时时审察，如曾子"吾日三省吾身"。至少要做到对自己实诚，承认错误，不自欺欺人，不推卸责任，归咎他人。

1.9 曾子曰："慎终追远，民德归厚矣。"

【注解】

慎终：终，去世。慎终，指亲人去世时慎重对待，举丧以礼。

追远：远，远祖，追远即追思、缅怀远祖，指祭祀祖先心存恭敬，不失其时。

【广义】

以孝道事亲，丧则葬之以礼，祭之以礼，为人子之本分。如此，则民心质朴，风俗淳厚。以"厚"与"薄"来指称民风、民情，有其极深刻的蕴含。以伦理规则论，则有所谓对与错、善与恶。违背伦理规则为恶为错，符合伦理规则为善为正。这看起来是极简单之事，以礼仪风俗与伦理规则去衡量行为之对与不对即可。伦理之对错是定性的判断，而厚与薄则是定量的判断，难道伦理行为还有多与少的商量余地吗？

的确如此。在特定的社会中，较之伦理规则与礼仪风俗的确定与简单，事情本身与人之行为的性质是非常复杂的。在特定的情况下，也许可以适用多种伦理规则，这个时候就产生了一个人如何选择的问题。正如孟子所说："可以取，可以无取，取伤廉；可以与，可以无与，与伤惠；可以死，可以无死，死伤勇。"（《孟子·离娄下》）面对事情，有时候道义所在，别无选择；有时候事理复杂，有多种选择都在礼义之内，这时如何选择就能够体现一个人的情感所系与价值取向。所谓厚，就是指一个人怀有礼义所要求的情感实质，指真情实意的行为，而非诈伪；所谓薄，即所作所为未必违礼违法，但内心的感情实质不足。

因此，曾子此论体现了《论语》重质的取向。当然，《论语》并不轻视文，也非常重视礼制能否得到恰当的实行。只是相较而言，《论语》总体上更加强调礼不应该是虚礼，文不应该是虚文，必须要有相应的道德情感灌注其中。顺此即谓厚，反之则为薄。行为的错误，我们可以责其为不义，不义之行还可以纠正。如若一个人被指责为薄情，这其实比偶犯的行为不当要严重得多。因为薄情是对一个人之本质的否定，而不仅仅是对其某个特定行为的批评。当然，义既然基于情，不义自然会伤及情，所以薄情与寡义是连在一起的。明代海瑞在《治安疏》中批评嘉靖皇帝："二王不相见，人以为薄于父子。以猜疑诽谤戮辱臣下，人以为薄于君臣。乐西苑而不返宫，人以为薄于夫妇。"[①] 夫妇、父子、君臣，三纲所系，背弃三纲，这是中国传统社会中所能作的最严厉的批判。三纲所论不只是义，背后亦须有情来维系。无君臣、父子、夫妇之情，嘉靖之行可谓薄情寡义。

1.10　子禽问于子贡曰："夫子至于是邦也，必闻其政，求之与？抑与之与？"子贡曰："夫子温、良、恭、俭、让以得之。夫子之求之

---

① （清）张廷玉等撰：《明史》卷二百二十六，中华书局1974年版，第5928页。

也，其诸异乎人之求之与？"

【注解】

子禽：名陈亢，字子禽。或谓孔子弟子，或谓子贡弟子，不知孰是。

闻其政：闻，知闻。闻其政，知闻其政事，有参谋、参预其政事的含义。

抑：反问辞。

【广义】

子禽问于子贡，孔子凡至一国则得闻其政事，这是夫子请求参与其政事，还是其国君或执政者主动就其国事咨询于夫子？子贡没有直接回答子禽的问题，言下之意自然是其执政者问政于夫子，所以子贡解释的是执政者为何问政于孔子。子贡认为，孔子有温、良、恭、俭、让五德，所以能为执政者所信任。

政治往往是社会利益的中枢，能够预闻其政事，这是很多人所追求之事。所以子禽跟子贡请教夫子得闻诸国之政事的奥秘。子贡解释了一个非常关键的要素，即政治事关各方利益，各国执政者均有提防之心，这是可以理解的，但他们唯独信任孔子，这是为何？子贡认为，这不只是孔子的学识与政治智慧足以使人向慕，愿意向其请教，更在于孔子之德使人信赖。孔子温和、温柔，使人与之相交而没有任何被轻视、不敬之感；孔子良善，于人无害；孔子恭谨、庄敬，尊敬于人；孔子俭朴、节制，不贪婪、不图利；孔子谦让，不侵占、专断其政治权力。此五者，足以使人信赖，乃至于敬慕其为人，因此能够放心以其国事问政于孔子。

朱子《四书章句集注》在这一章下讨论了一个问题，即孔子既然能够得到诸国执政者的信任，为何很少有机会真正地执政？朱子引张敬夫（张栻）之言曰："夫子至是邦必闻其政，而未有能委国而授之以政者。盖见圣人之仪刑而乐告之者，秉彝好德之良心也，而私欲害之，是以终不能用耳。"[①] 他认为人心中兼有良心与私欲，问政孔子可

___
① （宋）朱熹撰：《四书章句集注》，中华书局1983年版，第51页。

见其"秉彝好德之良心"，其不能竟用孔子者是为私欲害之。于此可见理学家对德性之于政治的意义有非常高的估计。闻政与执政区别很大，夫子之德与才足以使人向往，向其咨询请教，执政则关系甚广，不只是德性可以决定的事情。

1.11　子曰："父在，观其志；父没，观其行；三年无改于父之道，可谓孝矣。"

【注解】

在：在世。

没：即殁，去世。

【广义】

孔子言，父在，观察其志向；父没，观察其行为。如果父亲去世三年之后，尚未改其父之道，就可以说是孝子。为什么是三年？因为父母之丧三年，三年之后，意味着丧期已过，恢复其常行。或疑三年不改其父之道，若其道不善，孝子贤孙岂不终身为恶矣？此实胶柱鼓瑟之谈。《孝经》载孔子之言曰："父有争子，则身不陷于不义。……从父之令，又焉得为孝乎？"若父之道不善，其在世时子当谏之，又怎么会有父没而遵从之事？钱穆《论语新解》谓："此章或谓乃专对当时贵族在位者言，非对一切人言。无改父之道，乃指政治措施，不指日常行为。否则父在时，其子岂无日常行为，而仅云观其志？"①

诚如钱先生所言，《论语》文辞至为简约，常忽记录其背景。没有语境约束，只从字面逻辑去推，自然可以得出多种不同的理解。其实孔子所言都是有针对性的，只是记载不详，后世所不能知。就此章而言，三年无改于父之道者，从文字考索，应探究可以称为父之道者是什么。道，本义是人行走的道路，引申为事物变化所循之理，人所遵循之法则。若按钱穆的理解，其父为在位者，春秋宗法制下通行世卿制，即其位可以由其子继任，这里的父之道就是指其为政的举措与

_____

① 钱穆：《论语新解》，生活·读书·新知三联书店2002年版，第15页。

施政之风格。父之政若可以不改，则子不改父政可见其孝。若父之道指的是父平素所崇尚之德，如忠敬仁义之类，循父之道即遵循父亲所尚之德。

不过，无论是为政，还是论德，皆有其所当然之理，并不为某人或某种伦理关系所私有，因此，为政的举措与德行的崇尚，皆须依理之当然而行事，不必因循前人，亦不必因其为父而占有某种伦理与道理。故此，愚以为这里的父之道即指日常生活而言，与亲子之情有关，如此，父之道方有其独特的意义，而无关于公理，无关于大义。

1.12　有子曰："礼之用，和为贵。先王之道斯为美，小大由之。有所不行，知和而和，不以礼节之，亦不可行也。"

【注解】

小大由之：事无论大小，皆根据礼制、礼义而行事。

节：节制。

【广义】

有子说，礼仪之为用，以和为贵。这里似乎文从字顺，遵礼而行自然应当有和，但礼本身亦有其复杂的一面，人若对于据何种礼而行存在异议，不能安于礼，礼就不能致其和，此时应当如何呢？先王之道，斯为美，即谓先王之礼的可贵之处就在这里，先王之礼可以致其和，所以小大之事皆可由之。至于后世，礼若不能协调人与人之关系，那么在礼与和之间，就须有所取舍。有子认为，为了追求和而舍弃礼的原则，没有礼的节制，是不可行的。当然，我们可以设想另一种情况，即如若前人之礼不能致其和，改易前人之礼，制作新礼，此亦是一种礼。

朱子认为，这里的和不能理解为和气、和谐之和，而应理解为行礼者的从容不迫。他写道："礼者，天理之节文，人事之仪则也。和者，从容不迫之意。盖礼之为体虽严，而皆出于自然之理，故其为用，必从容而不迫，乃为可贵。"[①] 朱子这里强调的是礼本身的可贵，礼出于天理，从容不迫地践行礼，自然就是和。礼既然出于天理，那

① （宋）朱熹撰：《四书章句集注》，中华书局1983年版，第51页。

么只要所有人都严格地遵守礼，自然就有和。但是，愚以为朱子过高地估计了礼作为制度的实践意义。礼作为制度在历史社会中发挥作用的机制是很复杂的。随着社会条件的变化，礼亦应不断地演变。在《论语》中，孔子多次提到夏商周三代之制度的损益。礼制的损益不会是无缘无故的，一定是出于社会实践中存在某些问题而作出的改变。这也就是说，礼的实践并不总是和的，对和的追求，也并不是更加严格遵守礼就可以达到的。这里涉及非常复杂的社会变迁与制度变迁之关系的问题。

在特定的社会情况下，礼可能是实现社会关系之和的最优解，如此，恢复礼制就是实现和的根本途径。并且，礼本身也是一个复杂体系，对礼的选择性适用同样非常考验人们的实践智慧与内心修养。有子之言点出了礼仪制度之实践中的两个关键要素，一是礼制作为原则，二是和作为礼制实践的价值追求。违背和而追求礼，这可能是舍本而逐末，舍质而求文；违背礼而求和，这就是有子所批评的"知和而和，不以礼节之，亦不可行也"。唯有德之人才能在实践中将礼与和、文与质这两方面恰当地结合起来。中庸之道，斯之谓与？

1.13 有子曰："信近于义，言可复也；恭近于礼，远耻辱也；因不失其亲，亦可宗也。"

【注解】

信：信用，诚信，这里指对他人的承诺。

复：反复，再复，指承诺之言可以践行。

因：依，亲近、依附于人。桂馥《群经义证》："《诗·皇矣》正义曰：'《周礼》六行，其四曰姻。'注：'姻亲于外亲。'是姻得为亲。"又，《南史》王元规曰："姻不失其亲，古人所重，岂得辄婚非类？"《张说之碑》亦云："姻不失亲，官复其旧。"又，徐锴《说文通论》："《礼》曰：'姻不失其亲。'"[1] 可见，这里的"因"或应作

---

[1] 相关考证参见程树德撰，程俊英、蒋见元点校《论语集释》，中华书局 2014 年版，第 64 页。

"姻",与人结为姻亲之义。

亲:这里指可亲之人。

宗:尊也,主也。又程树德《论语集释》以宗为宗族之宗,则意谓结姻可亲之人,则与同宗等。

【广义】

此章有子言处事之道,给人的承诺当近于义,方可践言,不义则本不应该承诺。与人相交以礼为度,逾礼过恭,或取辱于人。与人结为姻亲,当择可为亲者,如此则长保亲家之相互尊敬。

义,常训为宜,指事之宜者。以宜训义,指的是义之于事的作用,这不一定是义的本义。董仲舒云:"以仁安人,以义正我。"[1]《说文》解释说:"己之威仪也。从我羊。"段玉裁注云:"古者威仪字作义,今仁义字用之。仪者,度也,今威仪字用之。谊者,人所宜也,今情谊字用之。郑司农注《周礼·肆师》:'古者书仪但为义,今时所谓义为谊。'是谓义为古文威仪字,谊为古文仁义字。故许各仍古训,而训仪为度。"[2]此言今有义、仪、谊之不同,而皆源出于古"义"字。从文字起源的角度来说,义字本指"己之威仪",正如董仲舒所谓"正我"之义。于儒家之义理言,仁为最基础的价值,是一切行为最终的价值目标,也是人之修养最高的境地;义则为做人做事的原则、法度与道理。循义而为,则人可亲,事可成。汉人以同音相训,故训"义"为宜。

从仁与义的关系来说,仁为共通的价值,而义是刚性的原则。仁者,可见其和气;义者,可见其刚勇。当然,君子当兼有二者,即和且刚。或云,义既然是事情之道理所在,人只要循着义的原则去做就可以了,为何在义之上还要说一个仁字?盖世上之事错综复杂,此以为义者,彼或不以为义,用义或宜于此事,或不宜于彼事。所谓宜于事,一者要切中事情的道理,不可枉着道理去行事;二者要周全于事情之终始,即有所谓中庸之道,而不能只顾行一事之理而昧于他理,

---

[1] (清)苏舆撰,钟哲点校:《春秋繁露义证》,中华书局1992年版,第243页。

[2] (汉)许慎撰,(清)段玉裁注,许惟贤整理:《说文解字注》,凤凰出版社2007年版,第1099页。

须众理周全方可识事情之大体。这是义可以训为事之宜的道理。

1.14 子曰："君子食无求饱，居无求安，敏于事而慎于言，就有道而正焉，可谓好学也已。"

【注解】

就：靠近。

有道：有道之士。

【广义】

孔子认为，君子应该做到食不求吃饱，更不当追求美食，居不求安稳，更不当追求奢华与享受。君子应该积极地去做事，承担事情的责任，并亲近有道之士，以求为人、为事之正道，如此，可谓得学之实。有人或许会提出疑义，难道吃饱饭就不得为君子了吗？孔子这里是就君子之志而言。平素安居，固然也要吃饱，孔子之言是指君子之志不在吃饱饭，不在追求安居，而在责任与道义。君子即便处于食不能饱，居不能安的境地，仍然能够矢志不移地追求道义，而不以饱与安为自己人生的目的。

追求生活的确定性与安全感是人的本能，是绝大多数人自然的心理倾向。正因如此，在充满不确定性、没有安全感的世界里，宗教对大多数人充满了吸引力。宗教往往有其系统的世界观设定，指导人生前死后之事，使人获得确定性与安全感。但君子志在求道义之正，不在己身之安。《论语·里仁》篇孔子亦云："君子无终食之间违仁，造次必于是，颠沛必于是。"君子不以造次、颠沛为难，而以"德之不修，学之不讲，闻义不能徙，不善不能改"（《论语·述而》）为忧。如若君子得其道义之正，以道为乐，虽身在贫苦与忧患中，君子亦不畏惧也。正如孔子赞颜渊云："一箪食，一瓢饮，在陋巷。人不堪其忧，回也不改其乐。"（《论语·雍也》）

或疑孔子对人的道义要求较高，我们在日常生活中难道不能饱食与安居乎？孔子只是道君子之志不在饱食，不在安居，并不是说饱食者与安居者非君子。另外，孔子道君子与小人之别，不在饱食与安居与否，而在其志的不同。这里所说的小人，也并非孔子对人的道德谴责，而只是描述一般人的生活状态。"君子怀刑，小人怀惠"（《论语·里仁》），君子志不在饱食与安居，而在道义，普通人则以生活之安适为追求，向往生活中的利益与好处。孔子并不否定百姓追求好的生活条件的权利，而是勉励君子不以饱食与安居为志。

1.15　子贡曰："贫而无谄，富而无骄，何如?"子曰："可也。未若贫而乐，富而好礼者也。"子贡曰："《诗》云：'如切如磋，如琢如磨。'其斯之谓与?"子曰："赐也，始可与言《诗》已矣！告诸往而知来者。"

【注解】

贫而无谄：处于贫穷而不谄媚于富贵之人。

富而无骄：富贵而无傲慢之态。

如切如磋，如琢如磨：出自《诗经·淇澳》。《尔雅·释器》云："骨谓之切，象谓之磋，玉谓之琢，石谓之磨。"[1]古代打磨不同的器具有不同的称呼，治骨称切，治象牙称磋，治玉称琢，治石称磨，皆比喻君子修身严谨，以符合道义与规范。或言："治牙骨者，切了还得磋，使益平滑。治玉石者，琢了还得磨，使益细腻。此言精益求精。"[2]《大学》云："'如切如磋'者，道学也。'如琢如磨'者，自修也。"也是引《诗经》此句来比喻君子之治学与修身。切磋琢磨之本义虽各有不同，但是其指称君子对自身之学问与修身严加修饬而言，似无不同。

告诸往而知来者：告知所言者，而能推知所未言者。

【广义】

在孔子诸弟子中，子贡称富。子贡问夫子"贫而无谄，富而无骄，何如"，有富而无骄的自满之状。孔子称"可也"，有所赞许，但其志犹有不足，故告之云："未若贫而乐，富而好礼者也。"贫而乐较之贫而无谄，其境界更进一步，富而好礼亦较富而无骄者更进一

---

① 十三经注疏整理委员会整理：《尔雅注疏》，北京大学出版社 2000 年版，第 164 页。

② 钱穆：《论语新解》，生活·读书·新知三联书店 2002 年版，第 19 页。

步。相较而言，富而好礼易，贫而乐者尤难。

富者易奢纵，而能以礼义自我约束，向慕礼义以成德，是富者值得嘉许的志向。贫者无谄，守其本分，此殊不易，至若贫而能乐，可见其内心充实，不假于外，这需要以一定的精神修养为基础。所谓安贫乐道者，安贫以乐道为条件。

人的悲乐之情，取决于对生活的期许与感受。在我们的印象中，似乎中国古代社会中安贫乐道者多，而当下中国社会中，人们虽然生活水平远高于古代社会，但多数人似皆处于焦虑中。富者有富者的焦虑，贫者有贫者的焦虑。以礼为好，安贫为乐者甚少。现代社会虽然相对富足，但人们普遍有一种不安定感。"内卷"这个词的流行表明当代中国社会高度竞争的状态。社会竞争的正面意义是阶层流动与社会公平的实现。但高度竞争，则容易使人产生焦虑感。而中国当代社会的高度竞争可能源于两个方面。一是赛道拥挤。现代社会，人们热衷于追求功利性的成功，而轻视精神价值的追求，定义成功的标准过于单一，从而导致评价人与人才的标准过于单一。人的成长与成功本来应当表现在各个方面，不仅要有外在的、物质的成功，也应当有道德的、精神的、艺术的追求，但多数人对生活的追求，大抵集中在社会地位的提高与物质的追求，价值观单一，社会竞争过于集中。二是社会保障体系需要进一步完善。完善的社会保障体系可以使人放下生存的焦虑，纾解民困，实现少有所养，老有所依。如此，可使人不必过于焦虑生存的困境，而能够自由地发展自己的爱好，追求内在的精神价值。如再辅之以传统文化的复兴，使人们能够"志于道，据于德，依于仁，游于艺"，如此，则"贫而乐，富而好礼"庶几可以实现。

1.16 子曰："不患人之不己知，患不知人也。"

【注解】

不己知：不知己也，他人不了解、不理解自己。

【广义】

《学而》一篇以知人终。知人可分为知己与知人两个方面，夫子言，君子之为学不患他人不知道、不理解自己，患在自己不能知人。这看似平易，实是极高的功夫。在现实生活中，人们都希望得到他人的理解。但在孔子心目中，君子不必以己之心怀为意，而要求自己是否能够理解他人。钱穆云："非孔子，则不知尧舜之当祖述。非孟子，则不知孔子之圣，为生民以来所未有。此知人之所以可贵，而我之不知人所以为可患。"[1] 知人，一则可以避免交友之不慎，使己免于过；二则可以宥人，体谅、谅解他人；三则如钱先生所言，唯有君子可知君子，圣人可知圣人，我们应努力提升自己的学识与修养，以期可以理解那些伟大的心灵所创造的文明。

---

[1] 钱穆：《论语新解》，生活·读书·新知三联书店 2002 年版，第 20 页。

为政第二

2.1 子曰："为政以德，譬如北辰，居其所而众星共之。"

【注解】

北辰：北极星。在有限的观察时间中，北极星在天空中的位置大致不变，故古人以为北极星固定在北方的天空，群星围绕它旋转。又称天中、天心、天极、天枢等。

共："拱"，拱卫，环绕。

【广义】

北极星在天空中位置较为固定，不似其他星星可以观察到其周期性地在天空中旋转。故一般认为孔子这里以北极星之不动喻为政者垂拱而治，清静无为，内修其德，而可外安天下。邢昺《论语注疏》与朱子《四书章句集注》均持此见，如朱子引宋代范祖禹之言曰："为政以德，则不动而化、不言而信、无为而成。所守者至简而能御烦，所处者至静而能制动，所务者至寡而能服众。"① 可见传统儒家亦以为政简洁省事为尚。

为政简洁何以称德？邢昺谓："德者，得也。物得以生，谓之德。"② 为政者不扰民，则民生自畅达。在中国传统的农业社会中，基层有宗族自治，如若天下太平，有乡绅管理治安，即为此类无为而治政治理念的社会基础。

---

① （宋）朱熹撰：《四书章句集注》，中华书局 1983 年版，第 53 页。
② （三国）何晏注，（宋）邢昺疏：《论语注疏》，中国致公出版社 2016 年版，第 14 页。

此外，"德"字在此语境中或可以指称不同的含义。首先，以德为行政的原则，即为政者当有仁心，本于道德而后行清静无为。具体来说，即谓为政者当有原则，有操守，能自我克制。《论语·学而》篇云："道千乘之国，敬事而信，节用而爱人，使民以时。"即以德为行政的原则。其次，德者，得也。德意味着为黎民百姓带来福祉，而不仅仅是一种行为的原则与姿态。如此，为政以德就意味着德政带给百姓真正的好处。当然，此二者亦有所关联，德既指称行为的规则与原则，亦指称一种行为的结果。最后，或将德解释为有德之人，为政以德，即是谓任用有德者来行政。

以北辰与众星喻君臣上下，即谓为政者有其德，则易为人所拥戴。但实际政治中往往以势与利为转轴，君德若不能转化为势与利，则其为德亦不能获得实现，不能为国家为人民带来福祉，其为德也薄，故不能获得拥戴。《尚书·盘庚》曰："施德于民。"《礼记·哀公问》载孔子之言曰："君之及此言也，百姓之德也。"郑玄注云："德犹福也。"君之德可以带来百姓之福，所以德又有功德、德泽的含义。德就不仅仅意味着一种道义上的应当，也包含着道义所能实现的功德与福祉。唐文治云："政治之统一，不徒统一乎土地，要在统一乎人心。德者，统一人心之具也。"[①] 此言甚有深意。有德者可以统一人心，从另一个角度来说，能统一人心方为有德者。

2.2　子曰："《诗》三百，一言以蔽之，曰：'思无邪。'"

【注解】

蔽：包含、概括。

思无邪：《诗经·鲁颂·駉》有"思无邪，思马斯徂"句，大意为马沿着不偏斜的大道奔跑。思，句首语气词，无实义。

【广义】

孔子以《诗经·鲁颂·駉》"思无邪"一句来总括《诗经》的大

---

① 唐文治著，张旭辉、刘朝霞整理：《四书大义·论语大义》，上海人民出版社 2018 年版，第 13 页。

义。在这里，我们首先需要思考的是，《论语》此篇的主题是为政，其与《诗》有何关系？其次，就《诗经》本身而言，其主题非常广泛，描绘了自西周至春秋时期人们社会生活的方方面面，尤其是郑卫之风所载风俗民情多有被后世评价为非礼的内容，孔子以"思无邪"来揭示诗旨其义何在？

在中国传统的解释中，比如《毛诗》对《诗经》的解读，以王者之教化为主旨。"《关雎》，后妃之德也，风之始也，所以风天下而正夫妇也。故用之乡人焉，用之邦国焉。风，风也，教也。风以动之，教以化之。"① 是故《诗经》中有所谓靡靡之音，此即有待王化者。现代文学革命倡导个性解放，则以中国古代文学所主张的王化、卫道为束缚人性之物。时代思潮固有所谓古今新旧之不同，而人心结构与社会结构则古今无有不同。人的生活固当有自由的一面，而人与人生活在一起，恋爱，组成家庭，养育孩子，以至于构成社会，构成国家，则需要有社会化的一面，这就需要道德、法律、教养、文化等方面来加以规范和充实。

就此而论，《诗经》对人的教益就不只具有个人情感上的审美意义，同时也有陶冶情操的作用。只是，所陶冶的是何种情、何种操，今之读者宜深思焉。情并不能表现为放纵，人想要有长久的恋爱与婚姻，则情也须有克制合礼的一面，放纵的情并不可取。反过来，情是人类生活中最深沉的内容，外在的礼仪、法律需要与人之情相应，而不能大悖于人情。当然，情也不是先天的、一成不变之物，情与礼须相得益彰，而非相互牴牾。

故此，孔子论诗并非泛泛而发情感之思，而是将情约于社会人心之正，并以此为政教之基础。今人论政治，多区分公共领域与私人领域，然而国家之为国家，社会之为社会，个人之为个人，往往不可截然区分。所以有社会学家提出"一体化"的议题。何谓"一体化"？即在一个社会中，人们以一种较为协调的方式生活在一起，其文化、

① （汉）郑玄笺，（唐）孔颖达疏，朱杰人、李慧玲整理：《毛诗注疏》，上海古籍出版社 2013 年版，第 4—6 页。

宗教、政治与经济利益等方面不至于产生剧烈冲突。"社会的一体化是许多不同的以多种不同的、复杂的方式相互连接在一起的组成部分和状况。自我认同、领土边界、人口密度、交互性、向心力、分配体系中所关注的东西（例如收入、财富、地位等等）、社区文化、团结一致——这些是构成社会一体化的主要元素。"① 在相当程度上，政治体现的是多种社会因素相互作用的一种结果。因此，社会生活的各个领域就难以泾渭分明地区分开来，而需要以一种整体的和谐原则将其协调起来。对于孔子来说，人情是社会生活中的基底部分，人情得以调适是其他社会关系能够建立其秩序的基础。因此，在考虑政治治理的问题时，孔子首先会考虑人情是否得以安顿。就人情而言，传统有所谓"诗言志"之说，即从一时一代的诗歌民谣中可以见出其生活感情与生活面貌。反之，《诗经》不只是民情的体现，"诗人"将其道德感情与深邃的思想灌注其中，人们读其诗而可见其情感与志向，可受其感染与鼓舞，故能成其为风教。

《为政》此篇前言上位者当有无为而治的政治态度，无为而治之所以能够成立实有赖于民人社会生活能够和谐自足。如若社会生活存在矛盾与冲突，上位者势不能无为而治，须以强力来矫正社会冲突，重建或回归有序的社会。

2.3　子曰："道之以政，齐之以刑，民免而无耻；道之以德，齐之以礼，有耻且格。"

【注解】

道：导也，亦有版本径作"导"字。

免：免于刑罚。

格：正。

【广义】

此章孔子言刑政之治不如德礼之治。《孟子·尽心上》言："善

---

① ［美］爱德华·希尔斯：《社会的构建》，杨竹山、张文浩、杨琴译，南京大学出版社 2017 年版，第 7 页。

政，不如善教之得民也。"相对于刑政来说，德礼近乎教。以刑政为治，强调政府的主导作用，如此民虽从但仅免而已；以德礼为治，强调民众自发地遵守规范，构成和谐的社会秩序。二者相似之处在于目标都是导向一种既定的秩序，差异之处在于秩序的内容不同，且导向秩序的作用机制不同，一为政府主导，一为民众自发。

前章言《诗经》之旨为"无邪"，可以教民，此章言以刑政为治，不如以德礼为治之善，二章意涵连贯，皆以此篇首章无为而治为中心。无为而治虽为理想，但要实现确极不易，需要一系列的社会要素与条件来支撑。上之所以可以无为，在于民可以自治，民何以能够自治？先秦儒家强调，从内在的角度来说，民心民风要正；从外在的角度来说，亦需礼制的约束。儒家与道家之无为有所不同。孔孟之思想，从价值判断上来说，政不如教，刑不如礼。孔子之言无为，实为礼治下的无为。礼何以能成其无为之治？孔子认为，刑政作为一种外在的治理方式对人民的情感缺乏内在的导正作用，而抽象的道德又不足以构成行为的具体指导与约束力量，礼则界于刑政与道德之间，既以人情为基础，又有一定的现实约束力，故为理想的治理方式。

当然，我们仍须进一步追问，礼的内容是什么？自古及今，礼的内涵与外延发生了什么样的历史变化？以及在当代社会，礼所能作用的领域有哪些？当然，孔子所言"道之以政，齐之以刑，民免而无耻；道之以德，齐之以礼，有耻且格"，作为一种社会观察的判断是极为深刻的。即便在现代社会，仅有刑政之治，人民仍不免于无耻。因此，我们需要深入思考的是，如何重新定义礼，使其在现代社会发挥更重要的作用。

2.4　子曰："吾十有五而志于学，三十而立，四十而不惑，五十而知天命，六十而耳顺，七十而从心所欲，不逾矩。"

【注解】

立：成立。一说三年通一经，十五年后通五经，是谓立于学；一说男子三十壮，有室，是谓立于礼。

不惑：不疑惑。孙绰云："四十强而仕，业通十年，经明行修，德茂成于身，训洽邦家，以之莅政，可以无疑惑也。"《黄氏后案》："立必先不惑，而言不惑于立之后者何也？夫子曰：'可与立，未可与权。'立，守经也。不惑，达权也。张子厚曰：'强礼然后可与立，不惑然后可与权。'苏子由曰：'遇变而惑，虽立不固。四十不惑，可与权矣。'"①

天命：天之所命，意为其德上与天参，知其一生之使命与限度。

耳顺：此词有多解，或谓闻其言而知其意；或谓耳听好与不好之言皆不动于心；或谓闻言之前而已心识其意；或谓耳听先王之法，身行先王之则，心耳如一；或谓察他人之善言而从之；或谓"耳"当为"尔"，虚词，意为顺天命。愚谓似不必举其高远，六十人老，孔子也不例外，老人历人世深广，闻言知意，而不以为逆，不动于心，可谓耳顺。

从心所欲，不逾矩：或谓"从"当读为"纵"，或谓"心从"与"耳顺"相对，皆通。意为夫子暮年心与道合，其心意无不合乎规矩、法度，故其心从而无碍。

【广义】

此章夫子自叙其一生之进益如此。按照周代礼制，贵族之家，男子十五入大学，习五经，至三十壮而婚，四十入仕，五十为大夫，七十年老致仕。夫子之自述大抵亦以此为节，明其在每一人生阶段进益何如。十五专注于学；三十学业有成，并能担当家庭责任；四十人生阅历已富，可以熟练地处理政事；五十其修养进乎天德，而知其一生的使命与限度；六十闻言知意，而不以为忤；七十纯乎其德，亦洞察人世之奥，内外一致，无不与道为一。

孔子人生各个阶段亦无违于常人之理，只是其为圣人的修养高于常人。大凡有志于学者多，而能成立者亦不少，至于无惑则难有其人，而况知天命以至于耳顺、从心所欲？或言，孔子通过自述指引人生每个阶段所当努力的方向，此意得之。中国文化虽立超凡入圣之理想，但凡人只是无限地接近耳。

---

① 程树德撰，程俊英、蒋见元点校：《论语集释》，中华书局2014年版，第94页。

今人之理解如此，而古人有圣人之信仰，认为孔子必亲臻于圣人之境而后能言圣人之道。但这里仍然有一个问题，即圣人是天生的还是学而后成的？在宋代之前，人们一般认为圣人乃是天生，《论语》亦有"生而知之者"（《论语·述而》）之说。宋代以降，理学家认为圣人亦可通过修养工夫而后致，是学为圣人。但程朱理学认为，孔子非常人，乃天纵之圣，必天生而圣，不待后学。孔子在这里自述为学之进阶则不合乎其为天生圣人的情况。孔子之为圣人自始即而立、不惑、知天命、耳顺、从心所欲不逾矩，不必三十、四十、五十、六十、七十而后成。面对这样的矛盾，程子则言："孔子生而知之也，言亦由学而至，所以勉进后人也。"[1] 意思是说，孔子自知其圣，但为了勉励后人进学，故意如此说耳。或言夫子自谦如此。凡此，皆为古人有圣人信仰而后产生的理论疑难。今天我们将圣人理解为文明之集合，则可以无此惑。孔子集前贤前圣之大成，其修为虽高，亦学而后至，并将其所理解的华夏文明之旨要灌注于其所编纂的五经之中，指引后人，或可以无疑。

2.5 孟懿子问孝。子曰："无违。"樊迟御，子告之曰："孟孙问孝于我，我对曰'无违'。"樊迟曰："何谓也？"子曰："生，事之以礼；死，葬之以礼，祭之以礼。"

【注解】

孟懿子：鲁大夫仲孙氏，名何忌，为鲁权臣三桓之一。

樊迟：孔子弟子，名须。

御：驾车，樊迟为孔子驾车。

【广义】

孔子论为政反对政府之强力统治，而欲以一种相对柔性的礼制来维系社会秩序。礼制的强制性不如刑政，而以人情之自发为基础。人情之大者，莫过于养生送死。孟懿子为鲁国权臣，问孝于孔子，孔子告以人情之大者。父母在，以礼敬养之，父母没，以礼葬之，又以礼

---

[1] （宋）朱熹撰：《四书章句集注》，中华书局1983年版，第54页。

祭之。死生大事毕，而后人情安其所，如此则社会上下可得其安。解《论语》者多臆测三桓之家不能守礼以行孝，故孔子以礼告之，其见略小。

2.6　孟武伯问孝。子曰："父母唯其疾之忧。"

【注解】

孟武伯：孟懿子之子，名彘。

父母唯其疾之忧：此说有歧解，或认为其子无不义之行为，故不至于遗忧父母，父母唯忧其疾；或认为父母之爱子无微不至，唯恐其有疾，常以为忧，子女体父母之心，守身甚谨；或认为子女之爱父母唯忧其疾，而不虑其余，盖父子不责善。似皆可通，第一说或见长。

【广义】

在此篇中，孔子论孝内容丰富，非有亲身经验者不能言也。父母与子女之间，身体健康为大事。人在青少年时常不觉身体之有恙。人子初生，常有小疾，父母为之忧心，养子者皆知其中辛苦。古代医药常不足，少儿夭折率高，父母之爱子多以为忧。反之，父母年长时健康不佳，人子奉汤侍药，亦以父母之疾为忧。俗话说："久病床前无孝子。"此亦极言疾病对生活的影响。在现实社会中，无论是子女有疾，还是父母有疾，确实是对人情之拷问。相较而言，子女爱父母不如父母爱子女之心切。为人子者不可深思而自反。

2.7　子游问孝。子曰："今之孝者，是谓能养。至于犬马，皆能有养；不敬，何以别乎？"

【注解】

子游：孔子弟子，姓言，名偃。

至于犬马，皆能有养：此说有两解，一谓犬能守御，马能代劳，即犬马亦能劳动以致其养；一谓犬马能得人之养。钱穆认为前说"以养字兼指饮食服侍两义，已嫌曲解"[1]，当取后义。

---

[1] 钱穆：《论语新解》，生活·读书·新知三联书店2002年版，第30页。

【广义】

此章强调子女之孝父母尤当有敬。在日常生活中，能养父母者多，养而能敬者更为可贵。盖父母年长，不仅日渐体衰，其心智与精神亦不如往昔。人若健康有欠，精神不佳，其情绪往往有所变化，甚至有一反常态者。俗话说"老少老少"，老人因健康不佳而情绪反复，如同小儿，此极喻健康对人脾性的影响。父母健康时能养而敬者多，至若父母健康不佳而能敬之如常者少。尤其是在现代社会，敬老之风气不如往昔，科学技术日新月异地发展亦使不少年老之人不能很好地参与现代生活，不能在电子产品上完成日常事务，使其益添老而无用之感。在这种情况下，孝而能敬，最考验一个人的道德品性。

2.8　子夏问孝。子曰："色难。有事弟子服其劳，有酒食先生馔，曾是以为孝乎?"

【注解】

色难：色，颜色，脸色。色难有两解，一谓体察父母之颜色，二谓子女事父母时之颜色。《礼记·祭义》："孝子之有深爱者必有和气，有和气者必有愉色，有愉色者必有婉容。"故以后者义长。

服：承当，承受。

馔：饮食。

【广义】

子夏问孝，孔子答言子女事父母容色有敬为难，如果只是做到为长者代劳，有酒食则长者先用，仍不足称为孝。此章复言前章事父母以敬为要之意。

2.9　子曰："吾与回言终日，不违如愚。退而省其私，亦足以发。回也不愚。"

【注解】

回：孔子弟子，姓颜，名回，字子渊。

私：私下，这里指非与老师进见请问之时。

发：发明学理。

【广义】

人们一般认为，怀疑引发思考，从而更有利于学习的进步。不唯现代教育如此，古亦如此。明儒陈白沙曾言："学贵知疑，小疑则小进，大疑则大进。"① 在这一章里，孔子见颜回于其言无所违，没有疑问，不知其真懂还是没有理解而不知问题所在。经过观察，孔子发现颜回确实对其所教的义理掌握较为充分，且能举一反三，多有发明，故称"回也不愚"。这里提示我们，疑是求知的重要途径，但亦有无疑而知者。朱子亦曾言："读书无疑者，须教有疑；有疑者，却要无疑，到这里方是长进。"② 只疑而不信，也往往无所得；只信而不疑，亦不知其真通还是未通。

疑与不疑，正是区分儒学与哲学的一个关键之处。一般的学习过程是，由疑引起思考，然后从中有所收获，即由疑而至于不疑。《大学》谓"虑而后能得"，经过思考所获得的学习成果更为珍贵。儒学正是如此。儒学之所谓知，不只是对世界上万事万物的客观观察与认知，同时也包含亲身体验而后所能达到的理解。即知不只是主观对客观事物的反映，而是在物我交融的过程中改变自我，改变自我与世界的关系。所以，儒学之所谓知还包含践履的层面，王阳明谓之"知行合一"可谓深得其意。而西方之哲学主要指示一个思辨的过程，一种沉思的状态，从总体而言，对于人应当如何理解世界，如何实践的问题持一种相对开放的态度，而不能以某种特定的观念为确解与定见。所以，大凡西方哲学的导论著作往往会告诉读者，要用自己的理性去审视一切问题的答案，但不必持有某种特定的答案为成见。然而，人的生活往往需要的是答案，而不是一再重申问题之为问题。哲学保持一种追求的姿态，但不提供答案，并且反对关于人生与世界的终极性问题具有确定的某种答案。如此，则人将如何生活？如何摆脱怀疑？

西方文化中并非没有教人践行的道理，只是在宗教与哲学之间作

---

① （清）黄宗羲撰，沈芝盈点校：《明儒学案》，中华书局 1985 年版，第 86 页。
② （宋）黎靖德编，王星贤点校：《朱子语类》，中华书局 1986 年版，第 186 页。

了区分，并以理性来标记哲学的主要特征。而中国文化没有宗教与哲学的明显区分，对世界的理性认知与践履的工夫相须而行，交相而进。

2.10 子曰："视其所以，观其所由，察其所安。人焉廋哉？人焉廋哉？"

【注解】

以：用，即行为。或谓因，指行为的动机。

由：经由，所经之道路或行为之方式。唐文治谓"观其意所从来"，意为理由、根据①。

廋：藏匿。

【广义】

此章言察人之道。如以"以"为动机，则"由"为行为之途径与方式；如以"以"为行为本身，则"由"为行为之理由与根据。所以，"视其所以，观其所由"大致指人的所作所为是什么，以什么方式去做，以及如此去做的理由。经过这样的考察，我们可以大致判定一个人的德行与品格。但孔子认为这还不够，因为这只是考察其行事，还需要考察其所安的状态，方能更充分地了解一个人的志向。孔子认为，经过这些方面的观察，一个人的志向与品格如何实无所藏匿。

2.11 子曰："温故而知新，可以为师矣。"

【注解】

温故：大致有两解，一谓温习昔时所学之知识，一谓温习旧有之典故。

【广义】

"温故而知新"从逻辑上来说蕴含两层关系，一是有一定的因果

---

① 唐文治著，张旭辉、刘朝霞整理：《四书大义·论语大义》，上海人民出版社2018年版，第18页。

关系，即从"温故"中"知新"；二是二者为并列关系，即谓"温故"且能"知新"。从个人学习经验来说，温故是知新的基础，旧有之知识基础牢固，求新知进步也速，旧知不牢，求新知也难。从知识门类来说，自然科学之新知与故知存在替代关系，人文学科与社会科学则不是这样。相较而言，自然科学是人类力求达到对世界的客观认识，有些情况下，新知可以取代故知，体现为科学技术及知识的更新。社会科学知识的形成与研究者自身的社会经验相关，这些经验的意义有时是独特的、难以复制的，社会科学知识的进步有赖于人类社会经验的不断积累。所以在社会科学领域，新知无法完全取代故知。孔子言："殷因于夏礼，所损益，可知也；周因于殷礼，所损益，可知也；其或继周者，虽百世可知也。"（《论语·为政》）其所谓知，或者说儒家所说的知，主要指对人类历史社会的认识。在这方面，孔子强调传统的意义，以"述而不作"的态度来继承前贤所创造的文明成果。

2.12 子曰："君子不器。"

【注解】

器：器物，指有所局限的功能。

【广义】

一器即有一器之用，若不成其为器，即无其为器之用。但一器成其为器，也只能作为一器而用，别无他用。孔子生活的春秋时代大致形成了四民社会，即士农工商构成社会主体。农者耕种，工人制作，商人贸易，各有其职，须成其器方能营生。唯士不务营生，其志不在谋利。在《论语》中，弟子樊迟请学稼，孔子曰："上好善，则民莫敢不敬；上好义，则民莫敢不服；上好信，则民莫敢不用情。夫如是，则四方之民襁负其子而至矣，焉用稼？"（《论语·子路》）孔子认为，比起工农商来，士应当担负更大的社会责任与政治责任。至于君子，本指国君之子，在春秋世卿之时，君子天生就是从政的。其后，君子又用来指称节操高尚之士。但不可忽视的是，春秋时君子是其道德义与政治身份义合一的。成为君子当有理政治民之能，而不必从事庶人之职。

在现代，人们往往引用孔子此言来表达通识教育的理念。二者相似之处在于，在形式上，皆不固守于一职一艺，而以博学为尚；在价值追求上，皆强调修养德性。其不同之处在于，在古代社会，君子有其特定的政治身份，其博通的学术追求与其潜在政治家的身份相应。如果不是潜在的政治家，孔子亦言"富而可求也，虽执鞭之士，吾亦为之"（《论语·述而》）。而现代之通识教育的对象是公民。普通公民如若在大学中不接受专业教育，而接受广泛的通识教育，那么大学毕业后可能难以从事有专业技术要求的职业。现代社会中的政治家往往是从各行业的优秀人才中选拔而来，而非某种特殊身份所预定。但是，如果大学中只有专业教育，那么学生就不能广泛了解其他知识，尤其是不能修养其德，大学教育的意义也将十分狭窄。所以，现代大学教育需要将专业性的学术培养与博雅教育相结合，一则增长不同学科的知识，打破专业的局限；二则重视道德品性的培养。

另外，孔子之为儒家与现代通识教育对于德性的培养有所不同。儒家之成人教育强调知仁合一，而以孝悌为本，以仁为理想；现代通识教育强调自由，务在了解诸多人文及宗教学说之不同，自择其善。孔子曰："博学于文，约之以礼。"（《论语·雍也》）又曰："以约失之者鲜矣。"（《论语·里仁》）今日之通识，易陷入"大而无当，往而不返"（《庄子·逍遥游》），不知何为约的境地。

2.13　子贡问君子。子曰："先行其言而后从之。"

【注解】

先行其言而后从之：大意为行在言先，言在行后，但其文法较曲折。既然尚未言，如何说先行其言？是故程子、沈括与明之郝敬皆认为"先行"为句，"其言而后从之"为句。①

【广义】

此章与"君子欲讷于言而敏于行"含义相近，孔子欣赏敦厚君

---

① 程树德撰，程俊英、蒋见元点校：《论语集释》，中华书局2014年版，第125—126页。

子，不欲人浮夸。从个人修德的角度来说，确实如此。言出而行不致，不过是妄人耳。尤其是与朋友交，君子当言而有信，不可失信于人。而在当今之世，许多时候需要借助他力以成其事，如此则须先宣传自己的理想与计划，以求他人的欣赏与支持。木讷难言之君子生于今世，或能独善其身，其为人及其思想实难为当今世道所理解。

2.14　子曰："君子周而不比，小人比而不周。"

【注解】

周：周到，周备。多注周为忠信，忠信为引申义。

比：勾结，偏好。

【广义】

此章分辨君子与小人之不同。周与比，皆指人与人之间的亲密关系。如君子与人亲密，则待人也周，而不偏私、偏至；小人待人周备而有偏私之心，相互勾结以谋私利。人莫不有自利之心，君子有向义之志，能自察其私心而克制之，小人无向义之志，遂肆无忌惮。

《论语》常以君子、小人对举。而现代道德心理学则认为一个人的道德表现有其情境性，同一个人在不同的时期以及不同的情境中其道德表现可能有所不同，即情境差异对人的道德行为有所影响。但孔子认为，如若一个人的道德表现随情境变化而发生较大波动，足可见其非君子。《论语》云："君子固穷，小人穷斯滥矣。"（《卫灵公》第十五）可见在孔子看来，君子之人格应当是稳定的。而道德情境之说也提醒我们，道德修养并非一蹴而就之事，须在各种情境中不断地砥砺自己，警醒自己，须能够经受严酷的考验。

2.15　子曰："学而不思则罔，思而不学则殆。"

【注解】

罔：迷惑，失意，通"惘"。或如字解为诬罔，意为学而不通则诬罔圣人或受人蒙骗，似非本义。

殆：疲而无功，通"怠"。或如字解为危殆，意为勉强。

【广义】

这里学与思对举，其义自当有别。学侧重于书本阅读，向外学习他人所传授的学习内容；与之相对，思就意味着舍弃学习资料，在缺乏客观知识，不了解相关知识背景的情况下，自己思索。学而不思对知识缺乏融会贯通的理解，思而不学则多臆测而非实学。

2.16　子曰："攻乎异端，斯害也已！"

【注解】

攻：治也。或谓攻为攻伐之攻，非，盖攻伐异端而有害，不通。或理解为攻伐异端而斯害也止，语意曲折亦不通。

异端：他技奇巧，小道，非正道、大道。一物有两端，犹一事有两面，异端指事物之某一方面而言，引申为事物之侧面或对立者。

【广义】

孔子此章意在勉励弟子探求学问之要道、正道，立志须高远，不可拘泥于他技奇巧。从学习方法上来说，不可偏重于事物之一端，须对事物有全面把握，掌握中庸之道。朱子言："异端，非圣人之道，而别为一端，如杨墨是也。其率天下至于无父无君，专治而欲精之，为害甚矣！"[①] 学问广大而人生有限，当务于至德要道，而不可贪图知识之新奇而忽略更重要的道理。

现代社会主张思想多元、文化多元，而以孔子对异端的批评为思想文化上的不宽容。一个真正的多元社会，存在多元文化，皆互为异端，也就无所谓异端。但我们生活于其中的社会往往并不存在真正的多元，而有其文化传统与社会价值导向。就儒家社会而言，上察天道，躬行忠孝，这是其为人为学的重要原则。舍此而治他学，信他教，对儒家之道无所领会，于人的责任弃而不顾，在孔子看来，此为异端之害。人生于世，真正可以自由选择文化的情况是少数。一个社会以其传统为教，浸淫于其中的人自然成为其文化与传统中的一分子。现代亦有所谓移民社会，多族聚集，不同的文化与传统交融于其

---

① （宋）朱熹撰：《四书章句集注》，中华书局1983年版，第57页。

中，一个人可以凭借自己的理性自由地选择其文化取向与价值观念，但这是一种假象。《论语》云："有父兄在，如之何其闻斯行之？"（《先进》第十一）儒家强调一个人对他人的责任，其家对其有生养教导之恩，其国对其有维系安全之恩，天地对其亦有生育之恩。一个人的成长往往荷此多方恩义，其成人也应当回报家国天地。所以，在儒家看来，文化的多元往往是一种外在的表象，而人的社会处境及其所担负的情义关系则是真实的。

2.17　子曰："由！诲女知之乎？知之为知之，不知为不知，是知也。"

【注解】

由：仲由，字子路，孔子弟子。

女：同汝。

【广义】

孔子论学非常重视对知识的探求。这里他教诲弟子须以诚意求知，知道就是知道，不知道就是不知道，勿以无知为知。知道其所知，同时也要知道其所不知，对求知保持谦虚而进取的态度。尤其是，孔子并不认为人能够无所不知，他对人的理性所能认识之外的事物保持沉默。

2.18　子张学干禄。子曰："多闻阙疑，慎言其余，则寡尤；多见阙殆，慎行其余，则寡悔。言寡尤，行寡悔，禄在其中矣。"

【注解】

子张：姓颛孙，名师，字子张，孔子晚年弟子。

干禄：干，求；禄，薪水、俸禄。干禄即求仕。

阙：空缺。阙疑，将其所未知或存疑之事放置一旁，不在不确信的情况下行事。

殆：不安，亦即可疑而未信之事。

【广义】

春秋后期，原有的宗法制度逐渐崩解，各诸侯国向外招徕人才。

翻阅《论语》所见，其时的鲁国执政多次向孔子询问其弟子之才干，即有揽才之意，而孔子亦向鲁国政府举荐他的弟子。孔子反对为了仕而学，但他的弟子实际上多有为仕而求学者。他说："三年学，不至于谷，不易得也。"（《论语·泰伯》）

孔子认为，作为政府机构中的一名执事人员，应多闻多见，慎言慎行。这的确是实用的公务员行为准则。善哉钱宾四先生之言："多闻多见是博学，阙疑阙殆是精择，慎言慎行是守之约，寡尤寡悔则是践履之平实。"[1]

2.19　哀公问曰："何为则民服？"孔子对曰："举直错诸枉，则民服；举枉错诸直，则民不服。"

【注解】

直：正直，正义。

错：同措，施加，措置。

枉：邪曲，不正。

【广义】

孔子认为，辨别为政者之直与枉是政治生活中的重要问题。现代政治重视制度建设与权力制衡，这的确也是重要的事情。不过，制度建设不能完全取代对为政者之德性的要求。制度总需人去遵守与执行，如若为政者之德性不足，制度亦将被败坏。增加制度以救制度，而其人不改，犹叠床架屋，添油救火耳。孟子云："徒善不足以为政，徒法不足以自行。"（《孟子·离娄上》）政治制度与行政者的政治德性须相匹配。在特定的制度框架下，举正直之人于高位，则能让民人信服；若举不正之人于高位，则人必不能服，其为政之害甚于制度之不善。当然，"举直错诸枉"的一个前提条件是"直"者的存在。因此，政治的改良必须关注政治德性的培养，以及对正直之士的选拔。

---

[1]　钱穆：《论语新解》，生活·读书·新知三联书店2002年版，第39页。

2.20　季康子问："使民敬、忠以劝，如之何？"子曰："临之以庄则敬，孝慈则忠，举善而教不能则劝。"

【注解】

季康子：鲁国执政大夫，季孙氏，名肥，谥康。

以：而。

劝：自加勉励。

【广义】

季康子作为鲁国执政大夫问孔子如何使民敬、忠且能勉力于其所从事，孔子分别答之：若官长庄重、正派，那么民自然能敬其官；官长若能使民上孝其老、下慈其幼，那么民自然能忠；官长能任用、提拔善者，教导、奖掖其未能者，那么民自然受其感动而发愤。此三者古今之为政者皆当置于座右，时刻牢记为上者的责任，而非纯然以此三者责其下。人贵在律己，以身作则。责人以善，而己身放纵，小人行径，君子当常念以为戒。

2.21　或谓孔子曰："子奚不为政？"子曰："《书》云：'孝乎惟孝，友于兄弟，施于有政。'是亦为政，奚其为为政？"

【注解】

奚：疑问词，何。

孝乎惟孝，友于兄弟：见《尚书·君陈》篇。

【广义】

有人问孔子何不为政？孔子答以孝友之事。现代政治学假定公共领域、私人领域为两端事，互不相及。这其实是西方近代社会所存在的宗教组织与世俗国家二元结构的反映。按照这样的社会形态，政治管理公共事务，而将宗教信仰与家庭生活划为私人领域之事。对于西方基督教国家来说，人自出生以至去世，乃至身后世界，都归宗教管。而中国自古以来就没有独立于政治的宗教组织，上自国家大典，下至家庭伦理，本自一体。因此，孔子所理解的政治概念不是现代所谓与宗教、社会等领域相区别的政治概念，而是社会生活及其组织建构的整体。在孔子看来，国之本在家，家之本在人；国由家构成，家由人构成；人怀有孝友而成其家庭秩序，而守君臣上下之伦理名分，则家与家联合成国家秩序。因此，"孝乎惟孝，友于兄弟"作为家庭基本伦理所构成的秩序就是天下国家之秩序的基础与根本，孔子的回答可见其对政治秩序的理解。

或认为孔子的回答是针对当时鲁定公不孝不友之行而发。此系臆猜之辞，一则孔子此语无上下语境，其具体年代已不可考；另一，则孔子若只是以此讥定公，亦不妨其于中国古代社会的普遍意义。或认为孔子此语与周代宗法制有关。盖周代宗法社会具有贵族制的特点，其所谓家乃国君之家，而用其叔伯兄弟为大夫，如此，其为家的兄友弟恭就具有国家政治秩序的意义。此义囿于其时代特征，不如前解之具有普遍意义。

2.22　子曰："人而无信，不知其可也。大车无輗，小车无軏，其何以行之哉？"

【注解】

輗：古代大车车辕前端与车衡相衔接的部分。

軏：古代车上置于辕前端与车横木衔接处的销钉。

【广义】

车无輗軏，则无法牵引而不能行，孔子以此喻人若无信则不能行之于世。

2.23　子张问："十世可知也？"子曰："殷因于夏礼，所损益，可知也；周因于殷礼，所损益，可知也；其或继周者，虽百世可知也。"

【注解】

世：三十年为一世。

因：因袭。

损益：减损与加益，调整、修正。

【广义】

子张问十世之后的时代能知道吗？孔子认为，考察夏商周三代制度的历史变化，总结其经验与规律，如此虽百世之后的社会制度形态犹可预知。

历史、政治的演进有没有规律，以及规律是什么，这是政治学研究的重要课题。马克思主义的五阶段说就是一种揭示人类社会演变规律的历史学说。在这里，孔子但谓历史制度随时代而损益变化，有其基本规律，但未明言规律是什么。其规律可以分为变与不变两个部分，其不变者历代相因而不改；其变者，汉代公羊学者总结为通三统之说。所谓通三统指的是王朝更替以三循环，即三种礼乐制度的循环。其含义是，任何一种礼乐制度运行久了都会败坏，那么就需要用相应的礼乐制度来补救，而这种补救不是完全发散的，而是收敛为忠、敬、文三教循环互救或文质循环互救的规律。汉代马融即注此章谓："所因，谓三纲五常。所损益，谓文质三统。"① 朱子云："三纲，谓：君为臣纲，父为子纲，夫为妻纲。五常，谓：仁、义、礼、智、信。文质，谓：夏尚忠，商尚质，周尚文。三统，谓：夏正建寅为人统，商正建丑为地统，周正建子为天统。三纲五常，礼之大体，三代相继，皆因之而不能变。其所损益，不过文章制度小过不及之间，而其已然之迹，今皆可见。则自今以往，或有继周而王者，虽百世之远，所因所革，亦不过此，岂但十世而已乎！"②

制度之变为何以三循环？先儒乃是出于对夏商周三代礼乐制度的崇敬而作出的判断，在今天看来，其实不具有必然性。而且，三统说以三循环与文质说以二循环并不一致。文质之变具有更普遍的制度方法意义。所谓文，即用制度建设的方式来克服社会政治中的某些弊端。但制度不能无限地增益，制度愈繁则效率愈低。而且，在特定制度下一定会逐步衍生出受益于该制度的利益集团，并日益带来社会的两极分化。因此，特定的社会制度随着时间的推移必然需要加以改革，其改革的方法大致可以分为制度的增益与简化两个方向，分别对应着文与质。当然，也存在制度改易的情况，此则理论方法难以

---

① （三国）何晏注，（宋）邢昺疏：《论语注疏》，中国致公出版社 2016 年版，第 25 页。

② （宋）朱熹撰：《四书章句集注》，中华书局 1983 年版，第 59 页。

概括。

2.24　子曰："非其鬼而祭之，谄也。见义不为，无勇也。"

【注解】

鬼：归也，指去世的祖先。或谓，鬼泛指当祭之鬼神，非其鬼指不当祭之淫祀。

谄：谄媚。

【广义】

"非其鬼而祭之"，不当为而为之；"见义不为"，当为而不为。君子之勇在于，在为与不为之间把握中道，谄媚之事有所不为，而勇于义举。

八佾第三

3.1 孔子谓季氏："八佾舞于庭，是可忍也，孰不可忍也？"

【注解】

佾：古代乐舞的行列。天子八佾，诸侯六佾，大夫四佾，士二佾。春秋时舞以八人成列，故八佾六十四人，六佾四十八人，四佾三十二人，二佾十六人。杜预注《左传》谓纵横人数相同，"六佾三十六人，四佾十六人，二佾四人"，非。《吕氏春秋》"秦穆公遗戎王以女乐二八"，宋玉《招魂》"二八侍"，《后汉书·祭祀志》"舞用童男女十六人"，知古以八人为列。①

【广义】

鲁之季氏为大夫，当用四佾，而僭用天子之礼，孔子对此十分愤怒。春秋后期原有的周代礼制多不能维持，以至于大夫冒用天子之礼。

3.2 三家者以《雍》彻。子曰："'相维辟公，天子穆穆'，奚取于三家之堂？"

【注解】

三家：指鲁三桓之家，鲁庄公之后有孟孙氏、叔孙氏和季孙氏世为大夫，执掌鲁国之政，皆鲁桓公之后故称三桓。

---

① 相关考证参见程树德撰，程俊英、蒋见元点校《论语集释》，中华书局 2014 年版，第 176 页。

《雍》：《诗经·周颂·雍》，为周王祭祀先祖时所奏。

彻：祭祀完毕撤去祭品。

相维辟公，天子穆穆：《诗经·周颂·雍》之句。相，助。辟，君主，辟公这里指助祭之诸侯。

【广义】

三桓之家爵为大夫，祭祀时用天子之礼乐，僭越之甚者，孔子对此提出批评，义与前章同。宗周礼制名目繁多而严谨，上下尊卑其礼不同。据现代考古研究发现，周初在一定程度上袭用殷礼，周公以后逐渐完善周礼，至西周中后期而完备。但周平王东迁，王室势力渐衰，反不及诸侯。至春秋后期，晋、齐、鲁、郑、宋等主要诸侯国的国君亦不能稳定地执掌国政，内乱频生，国政往往为权臣所夺，战国初遂有三家分晋、田氏代齐之事，大夫代旧君而为新的诸侯。战国时各国纷纷变法，强化国君的权力，事实上改变了周代分封制，转变为集权的郡县制。

孔子身当春秋末年礼崩乐坏之时，周代分封的体系已为诸侯国之间的争霸战争所破坏，诸侯国内部原有的尊卑之序亦不能维持，周礼徒有其名。因此，鲁之三桓僭用天子之礼亦无人能够干预，孔子徒发礼崩乐坏之叹。战国时期，面对这样的社会秩序大转型，诸子就未来社会之建构问题展开争论，形成百家争鸣的局面。处于春秋末年的孔子依然重视作为社会基本秩序规范的礼，对周礼的崩坏极为惋惜。对于孔子来说，礼虽然遭到破坏，但仍不失为最低限度的社会秩序，而若礼乐崩坏，将成何种模样。

不过，我们并不能得出结论说孔子一意维护周礼。孔子对周礼的态度是复杂的，一方面，他坚持周礼的基本秩序；另一方面，他对礼治有深刻而系统的思考。汉代学者认为孔子《春秋》是"以质救文"，是对周礼的损益。从《论语》来看，孔子之论礼并非恪守周礼那么简单，在现代以法为治、自由多元的社会中，孔子所说礼对于人生与社会的意义仍值得我们深思。

又，因为鲁为周公之后，史载成王因周公地位特殊，赐鲁可以用天子礼乐祭祀周公。自汉至唐，一般视周公等同圣王，故对此是接受的。宋代理学兴起之后，礼制更加严格，严辨君臣名分，且更加突出孔子的地位，周公的地位相对下降，因此周公非周王而鲁用天子礼乐祭祀之遂成为一个问题。所以，程子评此章云："周公之功固大矣，皆臣子之分所当为，鲁安得独用天子礼乐哉？成王之赐，伯禽之受，皆非也。其因袭之弊，遂使季氏僭八佾，三家僭《雍》彻，故仲尼讥之。"[1] 这里对三家僭礼的原因作了分析，认为成王赐礼不当而使鲁祭周公之礼即为僭越，三家又因袭而有此僭越之举。此论虽然指出了鲁用天子礼乐的历史渊源，但将僭礼之举归因于历史上君主之失德，突出君主德性在政治生活中的意义，对历史社会变迁的结构性要素缺乏分析，是其不足之处。

3.3 子曰："人而不仁，如礼何？人而不仁，如乐何？"

【广义】

此章文字简洁，但包含深刻的思想。仁是最基础的价值观，在此生化流行的世界中，我们可以直观地感受到生生不息的鲜活的生命意义。但是，生命并非就是仁的直接呈现，因为生命的本能包含的非理性因素有可能妨碍生命本身，因此，为了生命本身更好地得以畅达，就需要一种恰当的裁断，这就是义。礼乐就是义的具体化与形式化，也就是实现仁的形式。

礼乐作为仁义的形式其本身还不是仁义，礼乐发挥其效用的机制亦不等仁义本身，而有其自身非常现实的行为逻辑。因此，礼的形态及其演进方向能够体现仁的精神时，其为礼就有了正当的意义，而当其背离仁越来越远之时，礼也就丧失了其意义。所以孔子在这里强调，礼乐的价值不是独立的，需要以人之仁为基础。离开了仁，礼乐就只剩下外在形式，流为空洞与虚伪。所以，孔子主张维护周礼，这是基于他对仁的考量。他认为理想的社会应当以仁行礼。

当然，如有仁心，各种形式的礼也就具有了社会意义。问题恰恰出在"人而不仁"可能已经在现实社会中广泛存在，如此，我们将面

---

[1] （宋）朱熹撰：《四书章句集注》，中华书局1983年版，第61页。

对"如礼何"的困境。如战国时期，各国交战务在多杀伤，则如军礼何？君臣上下以势力相争，则如君臣之礼何？因此，当时代已经发生变化，曾经的尊卑上下之序已经遭到普遍怀疑，礼的含义及其作为制度发挥作用的方式也当随之而变。毕竟，孔子所处的时代是贵族制，亦可谓之等级社会，而儒家所追求的仁却难以被限制在这种等级制之中。如此，仁与周礼之间存在一定的矛盾。周礼有其历史性，在特定的历史社会中相对适宜，则可以较好地表现仁，而当历史条件发生变化，周礼或不再适宜。或即在孔子之时，周礼亦不无可以改进之处。孔子的目的不在尊周礼本身，其目的在仁。通过什么样的制度方法能够更好地实现仁，才是孔子也是后世儒家所要探求的课题。

3.4 林放问礼之本。子曰："大哉问！礼，与其奢也，宁俭；丧，与其易也，宁戚。"

【注解】

林放：身份不详，或谓孔子弟子。

易：有两解，一谓平易、和易，二谓操治、操办。前文云奢与俭相对，此则易与戚相对，将易理解为操治、操办语意更通畅，意思是与其将丧礼办得风风光光，不如内心的忧戚之情更真切。以奢为礼或为世所尚，而以居易处丧者有乎？故此处易不当理解为平易、和易。

【广义】

林放向孔子问礼之本。先秦时人所谓的本与今人之谓本有所不同。先秦时谓本指根本，即木生发所自，又引申为本末之本，本为重而末为轻。故林放的问题可理解为，礼从何而生，何者为重。今人所谓本受西方词汇翻译的影响，往往理解为本质，与现象相对。现象为假，而本质为真，这种对事物真与假的区别在先秦社会中是极少见的。如此理解，林放的问题就是，礼的本质与真相是什么。杨少涵尝论及"六经无真字"①，真与假的区别是西方形而上学划分两个世界

① 杨少涵：《十三经无"真"字——儒道分野的一个字源学证据》，《哲学动态》2021年第 8 期。

的理解方式。相较而言，中国古代更重视本与末的区分，而非真与假。其差异在于，本末关系中，存本而不能弃末；在真假关系中，求真则须弃假。本与末不相矛盾，而真与假相矛盾。

礼仪繁多，何者为本，何者为末，这是林放所要问的。抓住了礼之本，意味着抓住了重点，但也不能因此而忽视礼的其他方面。孔子告诉林放，礼之本不在外在的形式，而在人内心的感受。如无其情而将礼仪办得奢华，不如内含真情而将礼仪办得节俭。在丧礼中，礼仪操办的程式需要讲究，但不如居丧者内心忧戚之情的真切来得重要。当然，这是孔子针对林放的问题而言。如以文质论，孔子在这里认为较之于文之外饰与形迹而言，情之为质更重要。而情需要一定的形式得宜地表达，故当以文质得中为上。

3.5　子曰："夷狄之有君，不如诸夏之亡也。"

【注解】

亡：无也。无君，虽有如无。

【广义】

此章有两解，一谓夷狄虽然有君，也不如诸夏没有君；一谓诸夏无君，不如夷狄尚且有君。唐以前多主前者，宋以后多主后者。

如主张前者，近乎周代封建制的理想。如《左传》《国语》等史料所见，春秋时可概括为贵族制，非君主一人统治，君主处于宗法之中，其伯叔兄弟往往因血缘关系自然而然成为大夫。因为有宗法礼制与亲情的制约，君主往往不能自如地行使其权力，动辄受到礼制的制约，所以即使其君位被废除也不会给国家带来严重的影响。如若这样的礼制能够良好地运转，君臣上下皆守其礼，则近乎实现一种多元的自发社会，而免于政治专制之弊。

但其风险在于，宗法之治的稳定与团结，在相当程度上源于公族的亲缘情感。随着世代的传承，这种亲缘随之淡化，从熟人社会转变为陌生人社会，宗法制度的社会规范力量就大为减弱。因此我们可以观察到春秋时期诸侯国的宗法制纷纷陷于崩溃，内乱频生。而且，当诸侯国之间处于高度竞争关系时，较为松散的宗法制不能有效地控制社会，也不能提高其政治效率，从而不利于国家竞争。在这样的情况下，强化君权的政治体制也就应运而生，这正是战国时期法家政治改革的方向。

因此，夷狄虽然有君，也不如诸夏没有君，这种理解是以周代封建制的良好运转状态为社会政治体制的范本，虽无君亦不失为华夏礼仪之邦。但其缺陷也在于这样的状态不能持久。战国以降，诸侯国以力相争。秦汉以后的大一统王朝也往往陷入与周边民族政权的战争之中。在这样的情形下，国家一统与政治效率的提升就显得尤为重要。在古代社会中，政治效率的提升往往体现为以君权为象征的朝廷之权力的强化。因此，战国以降的中国社会以君为核心强化了中央集权，提高了国家的政治能力，实现了大一统的国家整合。如此一来，君臣之伦在传统的三纲之中就凸显出来了，孔子此言也就非常自然地被理解为对华夏无君臣之伦以至于天下沦丧的感叹。

在现代社会，君或有或无，但政治原理是一致的。国家政治的统一、政治效率的提升与社会多元化的活力之间存在非常复杂的关系。现实政治需要国家能力与政治效率的提升，而与此同时，也需要国家尊重社会自发的秩序，保持社会活力，降低政治成本。

3.6　季氏旅于泰山。子谓冉有曰："女弗能救与？"对曰："不能。"子曰："呜呼！曾谓泰山，不如林放乎？"

【注解】

旅：本写作"祣"，祭祀山川之名。

冉有：孔子弟子，名求，字有，时为季氏家臣。

女：汝，古通用。

曾：反问，难道。

【广义】

《礼记·王制》："天子祭天地，诸侯祭社稷，大夫祭五祀。天子祭天下名山大川，五岳视三公，四渎视诸侯。诸侯祭名山大川之在其地者。"泰山在齐鲁边境，又称岱宗，舜东巡所祭，故当视为天下名山，为天子所祭。战国后有封禅的传说，以泰山为天地相交之处，故王者功成则登泰山而告天。季氏用礼逾越其身份，孔子之批评如前章。

不过这里值得注意的地方在于，"泰山不如林放乎"，意为谓林放能求礼之本，泰山之神难道会享用非礼之祀吗？对于祭祀之神，孔子言"祭如在，祭神如神在"，这并非单纯的无神论，谓祭祀之时，即若有神，泰山之神亦当在祭祀之时降临，只是如钱穆所云，人世的君子尚且不收贿赂之礼，而况泰山之神乎？

3.7　子曰："君子无所争，必也射乎！揖让而升，下而饮，其争也君子。"

【注解】

必也射乎：射，六艺之一。周代之射礼主要有四，曰大射、宾射、燕射、乡射。

揖让而升，下而饮：指射礼中比赛的两人升台射箭时须相互作揖行礼，射毕，胜者揖不胜者，再登堂取酒相对而饮。或作"揖让而升下，而饮"，指射前升堂、射毕下堂皆相揖，但如此断句，文句不甚通畅，揖让而升可包含揖让而下，不必升下皆揖，列举周备。

【广义】

竞争是人类社会中永恒的主题。因为社会资源的稀缺性，竞争是不可避免的。如果存在没有竞争的社会，那也必然是极度不平等的权力等级社会。而且，即便社会资源足够丰富，也不能改变人的好胜之心所带来的社会冲突与自我冲突。所以，有人的地方就有竞争。不过，过度的竞争会导致人类生存质量的恶化，其极端表现就是你死我活的战争。

竞争可以刺激和更新社会环境，也给人带来压力。当代社会"内卷"一词极为流行，内卷即指过于紧张的社会存量竞争，它只是资源分配竞争所导致的生存条件恶化，而不能有效地增加资源总量。如前所论，在春秋后期，孔子推崇周礼以维护一种既定的社会秩序，从而减少尊卑上下之间的矛盾与冲突。从这个角度来说，公平与稳定存在紧张关系。但孔子并不一味地强化权力秩序，他主张周礼的内核并不是权力，而是仁德。通过礼制来强化权力关系，或是运用权力来推行礼制，这都是孔子所反对的。孔子认为，礼应当出于人心自发地履行，如此人才能"有耻且格"。但是，政治不可能总维持均衡，礼制如若缺乏权力机制来维系，就无法遏制有强力者对既有礼制的突破，对礼制的僭越，这实质上是社会资源按照权力关系再次进行分配，从而引发社会的无序，乃至于战争。

如此，若人逐利而自私的本性不能改变，人类社会就将在权力秩序的压抑与剧烈的竞争之间摇摆，二者皆非人类的理想。孔子深刻地洞察到这一点，因而并不主张叠床架屋地用制度的增益来弥补制度恶化的现实，认为只有人性的提升才能从根本上改善人类社会的这种困境，这就是君子之学的意义。一个有君子的社会，并非没有竞争，没有竞争就一定存在不公正的权力等级压抑，而是君子以规范的、适度的、符合人性审美的方式竞争。现代社会中的体育赛事有类于此。一场篮球或足球比赛可以体面地、绅士地进行，也可以不择手段但合乎规则地进行，美其名曰合理运用规则。在某种意义上，体育赛事中求胜的取向与美德本身就存在矛盾。求胜的体育精神可以激发人类原始的好胜欲望而令人激动，体现的是人类的生存本能及强力崇拜，但人类所建立的文明有其道德与文化审美的标准，在许多方面也以体育精神之名要求运动员具有一定的体育道德素养，而非为了胜利不择手段，哪怕是在形式上合乎规则。

孔子认为射箭就是一项有利于促进人类道德的运动。周礼的射礼是君子之间的一种活动，相互揖让，胜不骄，败不馁，射毕对饮，宾主皆欢。能否射中靶心，不怨天，不尤人，取决于自身的技术水平。这就是君子之行，严于律己，宽以待人，常省己过，而不诿过于人。人类的冲突往往在于利益冲突，如若人以德为鹄的，各修己德，则人与人之间不再相互冲突。人应该寻求更多样化的自我满足，关注内心的充实，而非着眼于胜过他人。孔子赞叹颜渊在陋巷不改其乐，又自述其志云："饭疏食饮水，曲肱而枕之，乐亦在其中矣。"（《论语·述而》）孔子云君子之学乃为己之学，而非为人之学，就是此意。

3.8　子夏问曰："'巧笑倩兮，美目盼兮，素以为绚兮。'何谓也？"子曰："绘事后素。"曰："礼后乎？"子曰："起予者商也！始可与言《诗》已矣。"

【注解】

巧：美，美好。

倩：嘴角间好看的样子，泛指美好。

盼：本义为目之黑白分明，这里指美目流转貌。

素：白。

绚：彩。

巧笑倩兮，美目盼兮，素以为绚兮：《诗经·卫风·硕人》有"巧笑倩兮，美目盼兮"，无"素以为绚兮"句。或谓"素以为绚兮"一句为夫子编《诗》所删。朱子认为此三句出自另一佚诗。素以为绚，施以素粉以增添色彩。整句意为人有倩盼之美姿，如又加华彩装饰，如本有素白的质地，而后加彩色装饰。

绘事后素：绘指绘画。这句有两解，一谓绘画先布五彩，再画白色线条勾勒，即素在绘事之后；一谓绘画先铺素粉，后加色彩，即绘事在素之后。

礼后：指人先有忠信之质，然后行礼以成其修养。

起：启发。

【广义】

"绘事后素"一句从文义上看有歧义，可理解为绘事在素之后，亦可理解为素在绘事之后。不过，本章之旨是明显的，是以美女之质与容饰之关系比喻人之质与礼的关系。郑玄谓："美女虽有倩盼美质，亦须礼以成之。"①　人虽有善质，亦须以礼行之。子夏从女子之容饰联想到以礼修身，可见其心志专注于此，故孔子赞子夏可使人有启发。

20 世纪学者解《诗经》特别看重其中写男女之"情"的部分，这有特定的历史因缘。20 世纪初国人以传统礼教为束缚人性，追求个

---

①　（三国）何晏注，（宋）邢昺疏：《论语注疏》，中国致公出版社 2016 年版，第 35 页。

性解放，以此观念读《诗经》则重《国风》而轻《雅》《颂》，并以《国风》为写先秦诸国人民之风情，尤其是男女恋爱与反抗统治者压迫。就从《诗经》本身而言，《雅》《颂》之诗多用于礼仪庄重的场合，在传统的诗学中更受重视，《国风》亦以《周南》《召南》为正，而以其余之诗为变风，重教化的取向显而易见。《礼记·经解》云："温柔敦厚，诗教也。"以《诗》为教，是先秦就有的文化传统。《左传》载春秋时人在日常生活中经常赋诗，可以看出，其时人们赋诗的目的亦在于表达其合乎礼的正当意图。因此，此处孔子赞子夏以礼解诗给人启发，即《诗》学传统之主流。今人亦须深入《诗经》创造背后的周代政治社会结构、礼乐传统来解读《诗经》。当然，《诗经》本身不是礼书，而以情为基础。《诗经》的特殊意义就在于如何将人情妥当地与礼相协调，正如《毛诗序》所言"发乎情，止乎礼义"①。

3.9 子曰："夏礼吾能言之，杞不足征也；殷礼吾能言之，宋不足征也。文献不足故也，足则吾能征之矣。"

【注解】

杞：周之封国，为夏代之后。

宋：周之封国，为殷代之后。

文献：文指典籍，郑玄注献为贤，指掌典籍之贤人，后人从之。

征：征求，此处一般训为证成。

【广义】

按照传统的《论语》注疏，此章意为：夏代之礼我能说上一些，可惜现在的杞国已不足以考证夏礼了；殷代之礼我能说上一些，可惜现在的宋国已不足以考证殷代之礼了。这是因为两国现存的典籍与贤人不足，如若有文献与贤人在，则能证成我所说的夏殷之礼。如此解释，文意是通畅的，不过，献字之本义与贤人无关系，献为何训为贤人，缺乏字义演变或引申的逻辑环节。"献"的本义是以犬为牺牲而

---

① （汉）郑玄笺，（唐）孔颖达疏，朱杰人、李慧玲整理：《毛诗注疏》，上海古籍出版社2013年版，第19页。

奉祭祀，故为奉献，郑玄注"献犹贤也"，历代《论语》注本多从之。张汉东考证后认为，由献祭而引申为进献，有献俘、献替、献疑、献赋、献艺等，凡致物于尊者皆谓之"献"，是为"献"字本义的引申主流。中国古时很早就有注重收集民情的传统，《尚书·胤征》称夏代："每岁孟春，遒人以木铎徇于路，官师相规，工执艺事以谏。"搜集地方风俗与民情汇成文编，献之于君，则称文献。① 此说有据，可更正旧注。

杞、宋两国为夏、殷之后，本当保存一些夏、殷之礼的余脉，但时代过于久远，实际情况已然发生了巨大的变化。夏代历史已难考索，春秋时代宋国所存殷礼亦已不完。汉代经学中有通三统之说，《白虎通义》云："王者所以存二王之后何也？所以尊先王，通天下之三统也。明天下非一家之有，谨敬谦让之至也。故封之百里，使得服其正色，行其礼乐，永事先祖。《论语》曰：'夏礼吾能言之，杞不足征也。殷礼吾能言之，宋不足征也。'《春秋传》曰：'王者存二王之后，使服其正色，行其礼乐。'《诗》曰：'厥作裸将，常服黼冔。'言微子服殷之冠，助祭于周也。《周颂》曰：'有客有客，亦白其马。'此微子朝周也。"② 照此通三统的理论，王者新立，则封前两朝之后人，以客礼待之而不臣，保存其礼乐制度。但先秦历史文献可考的是殷人之后封于宋国，受周之优待，得封最高的公爵，而作为夏人之后的杞国则较为复杂。

《史记·周本纪》载："武王追思先圣王，乃褒封神农之后于焦，黄帝之后于祝，帝尧之后于蓟，帝舜之后于陈，大禹之后于杞。"武王所封先王之后有五代之多，并不特别地突出夏、殷两代之后，可见当时并无封二王后的思想学说与政治传统。封二王后来自通三统之后，统何以为三，与战国以降尊三王有关。汉时，以夏商周三代为后世楷模，在通三统之说中，周封夏商之后，使三统并存。在《论语》中，并不特别地突出夏商周三代。孔子言："行夏之时，乘殷之辂，

① 张汉东：《〈论语·八佾〉"文献"考释》，《古籍整理研究学刊》2002 年第 1 期。
② （清）陈立撰，吴则虞点校：《白虎通疏证》，中华书局 1994 年版，第 366—367 页。

服周之冕，乐则《韶》舞。"（《论语·卫灵公》）这里四代并举。可见，通三统与封二王后是汉代人的历史意识所塑造的政治理论。三代会追封先王之后，但并不特别地看重前面的二王。更何况，通三统理论欲存二王之礼乐，在历史上并无此政治实践，故当理解为汉代朝向未来所建构的政治理论，有其特定的政治学意义，但须指出，这并非三代历史的客观反映。

3.10　子曰："禘自既灌而往者，吾不欲观之矣。"

【注解】

禘：古代祭祀仪式，其本义是祭祀始祖，后形成三义：一曰大禘，指王者祭天，以其祖配之；二曰吉禘，用其祭祖本义，特指合祧庙之主升于太祖之庙而祭之，又称祫祭；三曰作为时祭之禘，时祭即四时之祭，《王制》《祭统》以夏祭为禘，《郊特牲》《祭义》则以春祭为禘。《礼记·丧服小记》云"不王不禘"，鲁本是诸侯，没有资格用王者之礼，但因鲁为周公之后，《礼记·明堂位》云："成王以周公为有勋劳于天下，是以封周公于曲阜，地方七百里，革车千乘，命鲁公世世祀周公以天子之礼乐。……季夏六月，以禘礼祀周公于大庙。"是故鲁得以用禘礼祀周公，不过，这里的禘礼又非大禘。

《礼记·祭统》云："外祭则郊社是也，内祭则大尝、禘是也。夫大尝、禘，升歌《清庙》，下而管《象》，朱干、玉戚以舞《大武》，八佾以舞《大夏》，此天子之乐也。康周公，故以赐鲁也。子孙纂之，至于今不废，所以明周公之德，而又以重其国也。"这里也提及鲁可以用天子礼乐祀周公，其中说鲁国所行之禘礼为时祭之一，用天子之乐。可知鲁国之禘礼非郊祀。

灌：即祼之假借。祼，《易·观卦》作"盥"，指祭祀祖先时以鬯酒灌地，灌而后迎牲。灌尚在祭祀初始阶段。

【广义】

鲁之禘当指何礼，注家聚讼，莫衷一是，鲁是否当用禘礼，亦有争论。《礼记·礼运》引孔子之言云："呜呼哀哉！我观周道，幽、厉伤之，吾舍鲁何适矣？鲁之郊、禘，非礼也。周公其衰矣。杞之郊也，禹也；宋之郊也，契也。是天子之事守也。"如是观之，则又以鲁禘为郊祀。传记有多家之说，今亦不必论定。观本章之意，孔子似并不是否定鲁行禘礼本身，而是鲁行禘礼时的态度。正如后文所云"居上不宽，为礼不敬，临丧不哀，吾何以观之哉"，盖孔子叹息时人不敬其礼。

3.11 或问禘之说。子曰："不知也。知其说者之于天下也，其如示诸斯乎！"指其掌。

【注解】

其如示诸斯乎：古代注疏多谓"示"与"视"同，或谓"示"意为"置"，二者文义有别，含义相似，皆指治天下之理可以被容易地掌握。

【广义】

今人不免疑问，禘为祭祀之礼而已，与治天下有何关系？《中庸》云："明乎郊社之礼、禘尝之义，治国其如示诸掌乎。"与此相近。孔子所争，当然不在祭祀之仪式，而在于礼背后所体现的社会结构原理。禘为最隆重的祭祖之礼，《礼记·大传》叙宗法之义云："人道亲亲也。亲亲故尊祖，尊祖故敬宗，敬宗故收族，收族故宗庙严，宗庙严故重社稷，重社稷故爱百姓，爱百姓故刑罚中，刑罚中故庶民安，庶民安故财用足，财用足故百志成，百志成故礼俗刑，礼俗刑然后乐。"周代以宗法组织社会，祭祀之礼就成为社会组织规范的外在象征。

《礼记·大传》："王者禘其祖之所自出，以其祖配之。诸侯及其大祖。大夫士有大事，省于其君，干祫及其高祖。"又，《仪礼·丧服传》："禽兽知母而不知父。野人曰：父母何算焉。都邑之士则知尊祢矣。大夫及学士则知尊祖矣。诸侯及其大祖。天子及其始祖之所自出。"祭祀所追的祖先越远，意味着可以组织和团结的族人的范围就越大。士只能组织一个两至三代人组成的核心家庭；大夫则可以组织其祖以下的亲族；诸侯可以祭祀太祖，即意味着自太祖以来的同宗之族皆由君所组织和管理。至于天子则祭祀其始祖，并且以祖配天，这不仅意味着天子可以统领他们整个族群，甚至通过以祖配天的形式来表明其族群拥有支配天下的权威。这是宗庙祭祀所能体现的社会关系及其组织方式。所以在孔子看来，能懂得禘礼之宗教社会学意义以及天下国家的组织功能的人，无疑能够全面而深刻地理解政治社会和个人伦理的行为逻辑。

礼制崩坏，在相当程度上代表着社会秩序的混乱乃至解体，是以孔子忧之。现代社会组织方式多样，不待特定的礼制来组织社会，故祭祀之礼在当代社会中只占一隅之地，远不如在古代宗法社会时代重要。因此，理解古人之说当置于历史中而论。

3.12 祭如在，祭神如神在。子曰："吾不与祭，如不祭。"

【注解】

祭如在，祭神如神在：这里分别了祭与祭神，则祭指祭祀祖先，祭神则泛指祭百神，如汉代五祀之类。

【广义】

祭祀祖先，则当视为祖先之灵在场；祭祀神灵，则当视为神灵在场。孔子认为，如果不是亲自参加祭祀，则如没有祭祀一样，盖己身之诚他人不能代也。

这一章传达了一种中国式的"在"的观念。西方哲学中的形而上学以 Being（存在/是）为核心，判断事物之 Being 或 Not Being（是与不是，在与不在，真与不真），并由此导出永恒真理世界与现象世界的二分。中国古代思想则不如是。神是否存在，是否为真，这是一个难以判断的问题。关于人死后是否有知，祖先之灵是否存在，《说苑·辨物》载，子贡问孔子："死人有知无知也？"孔子曰："吾欲言死者有知也，恐孝子顺孙妨生以送死也；欲言无知，恐不孝子孙弃不葬也。赐欲知死人有知将无知也，死徐自知之，犹未晚也。"[1] 其叙事风格虽不似春秋时文，而近乎战国辩士之言，但确实能够体现儒家对待生死之事的一种态度。

---

[1] （汉）刘向撰，向宗鲁校证：《说苑校证》，中华书局 1987 年版，第 474—475 页。

孟子言："夭寿不贰，修身以俟之，所以立命也。"(《孟子·尽心上》)人之生死有时候是命运决定的，人死后是否有知，以及我们所祭祀、祈祷之神能否灵验，这都不是人所能决定的事，我们所能做的只是"修身以俟之"。对于孔子来说，祭祀祖先与神灵，其用心在乎己之诚与不诚，不在于外在的灵与不灵。祭祀诚，则其神灵，祭祀不诚，则其神不灵。

或曰，这是一种实用主义的宗教观，甚至认为孔子是无神论者。有神无神之争的一个核心在于何谓神的定义。如若参照某种人格神的观念，孔子必不主之，但这并不意味着孔子认为世间无神灵。如若世无神灵，则祭祀之诚又何所寄托？孔子言"祭如在"，即谓祭时因其心诚自然有神灵之知，祭若不诚，神灵不格。若非诚身与祭，又如何感格其神？是以孔子最后说"吾不与祭，如不祭"。

3.13 王孙贾问曰："与其媚于奥，宁媚于灶，何谓也？"子曰："不然，获罪于天，无所祷也。"

【注解】

王孙贾：卫国大夫。

与其媚于奥，宁媚于灶：奥，屋之西南角，一家之尊者所居，或祭祀神主所在；灶，饮食用事之所。时孔子至卫，见卫君与夫人南子，王孙贾以奥与灶为喻，意为国君虽尊，但不用事，不如媚于执政之臣。

【广义】

卫大夫王孙贾以为孔子至卫求仕，故讽之以奥灶之喻，以为媚于卫君不如媚于用事之臣。或以王孙贾以灶自比而要媚于孔子，似不必拘泥此义。这实是将孔子看得小了。孔子答以正理，言行不端正而有伤天理，祷告于任何一尊神皆无所用。若可以媚而求仕，其国之人才选举制度实卑劣不堪，其一国之风气亦可见一斑。因此，孔子不答王孙贾之问，而径告以道理，其人品行不良，其国制度与风俗败坏，此所谓获罪于天者，虽媚于神亦无所用。

3.14 子曰："周监于二代，郁郁乎文哉！吾从周。"

【注解】

周监于二代：监，视也，鉴也。指周借鉴、损益夏殷二代而制成周礼。

郁郁：草木茂盛。

文：礼乐制度之类。

【广义】

孔子认为，周代礼乐制度参照夏殷二代而有所改进，在三代中最为完善，故当从之。或认为，周礼为时王之制，自当从之，所以这里所说的从周，非谓当时现实的社会政治，而是指理论上的礼乐制度，孔子认为周礼在理论上最为完善。前文孔子说三代损益，虽百世可知，礼制中蕴含着不变的原理、原则与可变的制度设置，基于此，孔子对周礼有较高的评价。周之后礼制亦当损益自不待言，问题的关键在于，在孔子所处的时代，周礼在相当程度上已经崩坏了，那么，孔子所说"吾从周"是否包含了对其时代的评价呢？这是一个重要而复杂的问题。在汉儒看来，孔子对其所处时代无疑是不满的，而其改制的方向不在"从周"，而在以质救文，这就是汉代经学所说的孔子作《春秋》乃是为汉制法，以殷之质救周之文。董仲舒视德教重于礼法的原因也在于此。当然，西汉经学的这个观点包含着批判秦政的时代因素。

从《论语》全书来看，孔子可能更倾向于主张恢复周礼，重建以礼为核心的社会组织形态，反对以法律、政治来统摄社会。从殷周制度演变的角度来看，亦可谓重"文"，而若将孔子心目中的周礼与战国和秦朝的社会管理体制相比较，孔子心目中的周礼无疑更重于"质"了。所以，汉儒所要变革的是汉所承秦代刑政，故举孔子之质为言。

3.15 子入大庙，每事问。或曰："孰谓鄹人之子知礼乎？入大庙，每事问。"子闻之曰："是礼也。"

【注解】

大庙：读为太庙，如前文已言，鲁得立太庙祭周公，孔子始仕时因助祭得入太庙。

鄹人之子：孔子父亲叔梁纥尝为鄹邑大夫，孔子生于鄹，故称。"鄹人之子"有轻视、戏谑意。

【广义】

就今人的理解而言，太庙不是人人可去之处，孔子对太庙中的器物有所不知是非常自然的事。朱子引尹焞之言云："礼者，敬而已矣。虽知亦问，谨之至也，其为敬莫大于此。"① 在宋代理学的理解中，孔子作为生而知之的圣人自然对太庙中的礼器无不知晓，每事问，正是其谨慎的表现。知而犹问，违背人之常情，此章实不必如此曲折地理解。在《论语》中，孔子多处强调自己好学，"入大庙，每事问"，正是其好学的体现。孔子作为圣人不必取其先知全知之意，作为华夏文明代表的一个集体概念，圣人亦积学而致，文不仅符合《论语》中孔子的自我表述，对后世学子也更有激励的意义。

或认为最后的"也"字当读为"耶"，表示反问，即孔子每事问是为了突出其事的不当，人有讥之，孔子反问："这是礼吗?"如此责人，恐非圣人气象，故不取。

3.16 子曰："射不主皮，为力不同科，古之道也。"

【注解】

射不主皮：古代射箭给箭靶蒙上兽皮。《论语》注者围绕"主皮"考证详密，如清人凌廷堪《周官乡射五物考》认为古代射箭有多种，其一是为礼容之射，不主皮，即不以射中或射穿为目的，重在射箭时的礼容；其二是主皮之射，即要射中。程树德《论语集释》采纳前说。然而射而不中，何以为射？朱子将主皮理解为贯革之射，其文云："古者射以观德，但主于中，而不主于贯革，盖以人之力有强弱，不同等也。《记》曰：'武王克商，散军郊射，而贯革之射息。'正谓此也。周衰，礼废，列国兵争，复尚贯革，故孔子叹之。"② "为

---

① （宋）朱熹撰：《四书章句集注》，中华书局 1983 年版，第 65 页。

② 程树德撰，程俊英、蒋见元点校：《论语集释》，中华书局 2014 年版，第 242—246 页。

力不同科"一句提示我们"射不主皮"即有射不主力之意,凌、程之说非孔子意也。孔子以射箭为君子修身之事,中的即可,不为炫耀武力,故不主以力贯革之射。

科:等级,类别。

【广义】

射而主皮,亦勇武之状,孔子不以勇武为能,而以其德能自省而相谦让为尚,即前文"其争也君子"之意。至若春秋战国之时,兵革复起而尚力,孔子叹息非古之道,然罢兵而复礼,亦非容易之事。止戈之道,在德,亦在力。有德而无力,亦不能止革。孔子曰:"以不教民战,是谓弃之。"(《论语·子路》)如教民战,则不能舍主皮之射。故孔子此言当分不同的身份与历史情境而言。如教民战,则以勇武为尚,君子之射则在德而不在力。

3.17 子贡欲去告朔之饩羊。子曰:"赐也,尔爱其羊,我爱其礼。"

【注解】

去:舍去。

告朔:周制,天子每年季冬以明年朔政(即每月初一之日期)分赐诸侯,诸侯于每月初祭庙受朔政称为告朔。

饩:祭祀或馈赠用的活牲畜,诸侯告朔有祭礼,杀一羊而不烹,称之为饩。

【广义】

《春秋·文公十六年》:"夏,五月,公四不视朔。"可见鲁文公时君或缺席告朔之礼。自鲁昭公奔齐,季孙氏虽专有鲁政,但不敢擅行告朔之礼,鲁国自此无君告朔,而有司犹供羊如故。天子颁历法于天下而诸侯领受,可知告朔有诸侯朝天子及统一法度之意。子贡认为,既然君不出席,告朔之礼已失去本来的意义,那么告朔所贡之羊实属浪费,干脆一并省去。孔子答道,你爱惜羊,而我爱惜礼。尽管告朔之礼在春秋末年已然名存实亡,而饩羊未省,其礼之名义仍在,如有王者复兴,即能恢复旧礼,所以孔子主张尽量保存其礼以待王者。告朔之礼是周王朝时已有大一统之意的证明，历法通行天下具有强烈的政治象征意义。

3.18　子曰：“事君尽礼，人以为谄也。”
【广义】
孔子仕鲁时三桓用事，国君失势，而孔子犹然事君尽礼，别人以为他谄媚于君。春秋末亡国三十六，弑君七十二，分封制实已崩溃，诸侯国之君亦不能使臣，中国历史来到一个十字路口，孔子主张恢复周礼。孔子心目中的理想世界是以礼为行为准则的自发秩序，而不是以法为准绳的强力社会控制体系。战国以降的法家式改革固然极大地提高了政治效率，然而也带来了更残酷的兼并战争与社会竞争，此非孔子之愿也。

3.19　定公问：“君使臣，臣事君，如之何？”孔子对曰：“君使臣以礼，臣事君以忠。”
【广义】
鲁定公时君势衰微，他问孔子君臣之行为准则，孔子告以君当礼而臣当忠。其要点在于各尽己分而不先责于人，在君当先思己待臣以礼否，不在先责臣之忠；在臣当先思己事君尽忠否，不在先责君之礼。此亦可见孔子心目中的理想社会是以礼为行为准则的自发社会，每个人尽心于礼，社会则自然和洽而不争。然而，现实世界陷于无礼且不忠之境，孔子认为矫正的办法不在塑造一种强力以绳下，而在于强化道德自省以期礼治之效。

3.20　子曰：“《关雎》，乐而不淫，哀而不伤。”
【注解】
淫：过度，过分。
【广义】
《关雎》之诗述青年男女相互爱慕而结成夫妻。在这个过程中，男子辗转反侧，受思而不得的煎熬，不过相爱之人最终走到了一起，结成良缘。孔子认为，《关雎》所体现的情感虽有男女相爱的幸福，但并不放纵；虽有感情的艰难与煎熬，但并没有为情所困，为情所伤。人在年轻时往往富于男女爱慕的激情，容易在感情中失去自我，为求得对方而不惜一切。朱子提出人当有"性情之正"。何谓"性情之正"？人固有其性情，其性情不会因为某种外在的因素而丧失。人之相遇是偶然的，一个人不遇见甲，便会遇见乙，但情之所发在于我，而不只在于人。虽然，人难免在某种情感中患得患失，但不能因为感情的对象而失去自我。须知此情是我发出，若非我自己有了这样的情感，两人的缘分也就不存在了。所以，一个人应该意识到产生感情的基础是两个自由个体的相互爱慕，而不是单方面的追求与施舍。如此，则能秉持自己的操守而行，既不盲目地陷入感情，也不过于自我而薄于情义。唯有自我的完善，才能为美好的爱情奠定基础，不负于人，亦不负于自己，此可谓性情之正。

3.21　哀公问社于宰我。宰我对曰："夏后氏以松，殷人以柏，周人以栗，曰使民战栗。"子闻之曰："成事不说，遂事不谏，既往不咎。"

【注解】

社：古代祭祀农神或土地神之坛，祭坛两边植有树，这里鲁哀公问的即是社两边所植何树。

战栗：因害怕而发抖状，这里指使民畏惧官府。

【广义】

鲁哀公问宰我社坛边应植何种树，宰我答以夏代植松树，商代植柏树，周代植栗树，且言周代之所以植栗树，取其使民战栗之意。据说，这则对话发生的背景是，鲁哀公不满三桓专政，欲收回权力，宰我心知哀公之意，提出臣民当畏惧于君，支持鲁君的想法。孔子听闻后说，已成之事不必再说，做完了的事不必再劝谏，已经过去了的事亦不必再责备。这表示孔子认为春秋晚期权势下移于大夫，并不支持鲁君收回权力的意图。历史上鲁哀公为三桓所逼，外逃他国。

在鲁定公时，孔子为鲁司寇，亦有"堕三都"之举。所谓三都，即三桓之私邑，指季孙氏的费邑（今山东费县西北）、孟孙氏的郕邑（今山东宁阳东北）、叔孙氏的郈邑（今山东东平东南）。三城建制逾制，孔子主张拆除其城墙。鲁之三桓虽为执政，但权势下移至家臣手中，他们也不能完全控制其家臣所占据的三都，所以，一开始季孙氏、孟孙氏和叔孙氏也支持孔子的举措。但在多方势力的影响下，三桓的态度从支持变为反对，孔子不能行政，无奈离开鲁国。孔子当然主张权归公室，反对臣下的僭越，不过春秋末年的时局也使孔子深感无可奈何。

3.22　子曰："管仲之器小哉！"或曰："管仲俭乎？"曰："管氏有三归，官事不摄，焉得俭？""然则管仲知礼乎？"曰："邦君树塞门，管氏亦树塞门；邦君为两君之好，有反坫，管氏亦有反坫。管氏而知礼，孰不知礼？"

【注解】

三归：历来注疏有多种说法，应指君所赐三处田宅之类的家产。

官事不摄：摄，兼任。指管子之家臣各管一事而不兼，形容管子家臣之多。

树塞门：树，指大门外之屏风、屏障；塞，遮蔽。树塞门为天子诸侯之制。

反坫：坫指的是设于堂中供祭祀、宴会时放礼器和酒具的土台，后以木制。反坫指诸侯国君相见饮酒时，主人酌酒献宾，宾受爵饮毕将爵所返的坫台，亦称反爵之坫。反坫为诸侯之礼，管仲置反爵之坫僭越礼制。

【广义】

管子家产殷厚，家臣众多，不可谓之俭；门外树屏风，堂间设坫，皆逾礼制，此可见管仲立功未必立德，离圣贤的要求尚有距离，所以孔子说管仲器小。孔子虽然批评管子追求个人财富，逾越礼制，但并没有否认管仲的功业，还称赞管仲"如其仁"。孔子对管仲的这两种态度，实质上区分了功业与私德。管仲相桓公而匡王室，和诸侯，安华夏，孔子许以仁，称赞其功业之高；孔子对管仲之私德不检也提出了批评。

孔子对人的评论并非全然出于道德，也重功业。在个人道德与功业之间，一方面孔子强调个人修身当以礼为先，强调个人品德，并不崇尚功利。孔子弟子有不愿为仕者，如曾皙、闵子骞、漆雕开、颜回等，孔子对他们是十分赞赏的。一个人有志于道，修身以德，不务功利，这是极为可贵的品质。另一方面，孔子有志于匡扶世道，对于那些能够在政治上作出功业之士，他也是极为赞赏的，如管仲、子产。如若身兼二美，当然是更完美的。宋明理学弃功业而尚道德，偏于一端，非儒门宏大之气象，于政治实践恐有妨碍。

3.23　子语鲁大师乐。曰："乐其可知也：始作，翕如也；从之，纯如也，皦如也，绎如也，以成。"

【注解】

大师：太师，乐官。

翕如：振奋貌。

从之：从读"纵"，指放开演奏，尽情发挥。

纯如：和谐貌。

皦如：清晰可辨貌。

绎如：络绎不绝貌。

【广义】

孔子喜爱音乐并常陶醉其中。孔子所描述的乐是盛大而和谐的，仿佛世界本身的绽放，无关于个人的哀乐。古代以乐为教，采用表现感情激发与节制的音乐，而反对郑卫靡靡之音。靡靡之音不可取，因为其中感情放纵而不知所归，缺乏节制，容易让一个人丧失自我，沉迷于某种情愫之中，非性情之正。

3.24　仪封人请见。曰："君子之至于斯也，吾未尝不得见也。"从者见之。出曰："二三子，何患于丧乎？天下之无道久矣，天将以夫子为木铎。"

【注解】

仪：卫国之城邑。

封人：春秋时诸侯国掌握城邑疆界建造相关事务的官员。

从者见之：指孔子之弟子引仪封人见孔子。

丧：失位去国。

木铎：先秦宣布政教法令时使用的警众之器，金口木舌。

【广义】

仪封人以孔子为君子而求见，见后谓孔子弟子曰不必为孔子无位而担忧，孔子乃上天宣化之木铎。仪封人深刻地洞察到，孔子之志不在为自己或其弟子谋求一官半职，而在于宣化其道于天下。这是孔子的使命。

3.25　子谓《韶》，"尽美矣，又尽善也"。谓《武》，"尽美矣，未尽善也"。

【注解】

《韶》：虞舜之乐。

《武》：周武之乐。

【广义】

美形容音乐表现形式之美，善则指乐所蕴含的内在价值。舜有天下而能行禅让，其德无瑕；武王征诛而有天下，其善有缺。此可见一个人所能成就的德亦有所谓命运在。武王处舜之时其德纯亦，舜处武王之时亦不免于征诛之事。当人面临伦理两难之际，欲成就一种完德就不太可能。不过，从另一个角度来说，儒家伦理亦未必一定要追求所谓的完德，于孔子而言，上应天道，下揆人情，但求心安而已。

3.26　子曰："居上不宽，为礼不敬，临丧不哀，吾何以观之哉?"

【广义】

居上位者不能宽以待下，行礼心无敬意，临丧而无哀戚之情，其人必无可取。

里仁第四

4.1　子曰："里仁为美。择不处仁，焉得知？"

【注解】

里：古之居民基层组织单位。《周礼·地官·遂人》："五家为邻，五邻为里。"此处用为动词，意为与仁者为邻里。

【广义】

春秋时代有所谓宗法，聚族而居。所谓乡里，常常是某姓某氏之所居。孔子认为，以宗族为单位来组织人口，虽然是中国的习惯，但选择居处最核心的原则不是宗法与血缘，而是仁，只有仁才能将人团结在一起。聚族而居者，亲疏有序，得抚育供养之利，自有仁在，故以宗法收族之义不止于礼，还在于仁。如若可以选择，当择仁而居。

今人的社会关系不再以宗族为主，同乡（同一个小区）、同事、同业，甚至共同的兴趣爱好，都比同族来得亲近，与何人为邻，与何人相亲，就有了更多的选择余地。选择的原则应当是仁，即要考虑这里有没有令人尊敬的有德之士可以向他学习，风气与氛围好不好。修身中的自律当然重要，环境的作用也不容忽视，因为人之习性易为环境所染，易受到身边的人和事潜移默化的影响。

《大戴礼记·主言》中有言："昔者明主之治民有法，必别地以州之，分属而治之，然后贤民无所隐，暴民无所伏。使有司日省，如时考之，岁诱贤焉，则贤者亲，不肖者惧。"[1] 主张贤、不肖分别居住，

---

① （清）王聘珍撰，王文锦点校：《大戴礼记解诂》，中华书局1983年版，第4页。

每年考核其行为而行黜陟，则恐又成了刻舟求剑、胶柱鼓瑟之举了。首先，人之贤不肖真的这么分明吗？其次，即便人有贤不肖的区别，逐个人地去做这种区分得付出多大的行政成本？最后，即便区分了贤与不肖，让他们重新组合来生活，这又是一个什么样的社会工程？这显然是荒谬的。

所以，择仁而居，只能是个人的选择，而不能是政府安排的组织原则。政府的职责是推行教化，努力造就仁里，塑造大环境，而不是分别人群。管子曾经有分业定居的思想，《国语·齐语》载："桓公曰：'成民之事若何？'管子对曰：'四民者，勿使杂处，杂处则其言哤，其事易。'公曰：'处士、农、工、商若何？'管子对曰：'昔圣王之处士也，使就闲燕；处工，就官府；处商，就市井；处农，就田野；令夫士，群萃而州处。'"齐桓公之问的实质是，怎样才能更有效率地来组织社会生产。管子认为四民分业定居是个好办法。士负责学习和管理，官府组织工人生产，划定区域使商人从事货物交易，田野则是农业生产之所。这是社会分工的方略，在特定生产条件下是可行的。而贤与不肖的分别则与社会分工没有必然联系。当然，人们又常常赋予行业分工以道德因素，如将某些行业视为高尚的，而将另一些行业视为低贱的，这样就将管子的办法与《大戴礼记》的治民之法结合起来了。比如在管子的例子里，士是道德最高者，农民次之，工人又次之，而商人被认为是逐利者，最不讲道德。这有没有道理呢？古人认为有一定道理，但实际上没有太大的道理。

影响人性的因素主要有两个，一是教育，二是利益，而利益尤胜于教育。所以《管子》说："仓廪实而知礼节。"而不是"教育而知礼节"。当然，教育也很重要，周围的人对某一个体的影响是很深刻的，所以孔子说"里仁为美"。但是，再好的教育也不一定能经受住利益的考验。商人之品行多不良，是因为投机带来了巨大利益。而农民往往生活在熟人社会，少有投机获利的机会，多是诚实劳动获利，因而品行相对可靠。先秦的士人作为贵族有相对固定的收入，名声才是其更在意的利益，所以士人重品节。传统中认为教师与医生品德最可贵，因为这两个行业靠作贡献（教育人才与挽救生命，解除愚昧与痛苦）而获利，很少通过违法与投机获利。

所以，表面上看来，人是以其行为定品德高下，其实是受教育的条件与获利的方式决定品德，其中获利方式尤为重要。这里讲的获利，是扣除风险之后的收益。孟子云："矢人（造箭的人）岂不仁于函人（造铠甲的人）哉？矢人惟恐不伤人，函人惟恐伤人。巫匠亦然，故术不可不慎也。"（《孟子·公孙丑上》）也是一样的道理。

仁的提出在人类思想史上具有划时代的意义。《尚书》论及"正德""王道"，但对仁没有专题化的论述，可见仁作为一种德目在孔子之前尚未突出。仁是人所应追求的一种价值与境界，是全德，包举体用。就其体而言，仁是天地生生之意，是天道贯注于人的价值内涵；就其显为用而言，则表现为礼、义、爱、信、智、勇，等等，是天道的实现。

我们对仁是什么可能有不同的理解，但有一点是明确的，即仁是人所当成就的价值。儒家称许一个人，主要根据其德行，而非其社会角色。这就意味着，我们所称许的，是仁这样的一种价值，谁更接近于这种价值，那么我们就给予谁更多的赞许。圣人、贤人、君子之所以值得称赞，之所以成其为圣人、贤人、君子，是因为他们是仁者，他们更好地实现了仁。

这些道理说出来也稀松平常，是每一个中国人都很熟悉的道德说教，但只要略加比较，我们就可以从中总结出中国思维的独特之处。对于有人格神信仰的宗教来说，人所应向往与追求的是神，而不是某种品质，如果某种品质值得人去追求，那也是出于神的原因，因为是神意愿我们如此。比如在奥古斯丁看来，爱与至善之所以值得追求，是因为这是神的本质与神的意愿。换言之，爱与至善是因神而产生，通过神来解释，不能反过来，说神之所为是神，是因为神的某种精神品质。神的完满性与超越性表明神不依赖于一切被造物，也不依赖于人所理解、所设定的德性内容。人所能想到、所能理解的价值内涵不过是神的创造，神的属性。儒家没有屈人以尊神，而是尊仁德。无论是在上之君，还是在下之民，其能够让人尊敬的核心要素还是仁德。一个人无论处于什么位置，如若是不仁之人，都将为人所唾弃。即使是天子，若无仁德，不也有汤武革命吗？

东西思想的这种差异与世界观有关。在西方的形而上学传统中，这个世界有所谓的终极存在，虽然命名不一，或称为实体（ousia），或称为原子，或称为神或称为单子、自我个体等。性质则是终极存在者的属性，如颜色、关系、状态等。这个世界的核心当然是这最高存在者，善、爱、德性，都是源自最高存在者的属性。

中国的世界观与之迥异。在中国传统的世界观中，这个世界固然有许多事物，但无论是何种事物，都不是本。事物之本在于道，或称理。凡物莫不有理，物之所以有贵贱高下之不同，在于其道理。黄金之贵，吞之则杀人；马勃牛溲之贱，医师之良材。运用之妙，存乎人心，而人之度物用材，则视事情之道理。中国古代又用阴阳五行之相生相克来解释这个道理，物莫不有阴阳之性，阴阳又视其程度而势必分为五行，由此人们就对天地万物的性质、关系与变化趋势有了系统性的解释，虽然这在现代科学看来失之笼统，并不十分精确。因此，是道赋予事物以价值，而非事物产生道，与此相应，是仁赋予人以价值，而非人之位格决定仁。举一反三，可知中国思想之特质。

4.2　子曰："不仁者不可以久处约，不可以长处乐。仁者安仁，知者利仁。"

【注解】

约：穷困。不仁者不能在长期的穷困中坚持其操守，不能够享有长久的快乐。

【广义】

仁者据于道，立于德，居仁而由义，无往而不适。无论是在穷困中，还是在富贵中，行中道，得事理之宜。所以可处约，亦可处乐。所谓人穷则志短，纵乐则易放失，不知节制，乃寻常人之行径。

《礼记·表记》载，子曰："仁有三，与仁同功而异情。与仁同功，其仁未可知也。与仁同过，然后其仁可知也。仁者安仁，知者利仁，畏罪者强仁。"刘宝楠《论语正义》谓："'安仁'是自然体合，功过皆所不计，此其仁可知，故直许之曰仁者；若利仁、强仁，是与仁同功也，其仁未可知，故利仁但称为知也。"① "同功异情"的意思是，从结果来看，安心于仁者，以仁为有利可行之者，为人所强迫而行仁者，三者的表现可能是一样的，但性质不一样。刘宝楠在这里做了一个高下的区分，仁者安仁，足称仁者；利而行之者，与勉强（勉励、强迫，都是指外在条件的诱导）而行之者，虽然行为表现与仁者一样，其性质未必称得上是仁。愚以为孔子未必批评"知者利仁"。《中庸》云："或安而行之，或利而行之，或勉强而行之，及其成功一也。"安而行之者，内外一致，是最理想的，但只要是行仁者之事，最后做成了的，孔子就认为是好的。朱子的《论语集注》对"利仁"提出批评，说："知者谓之有所见则可，谓之有所得则未可。有所存斯不亡，有所理斯不乱，未能无意也。安仁则一，利仁则二。安仁者，非颜、闵以上，去圣人为不远，不知此味也。"② 则理学家自视在颜、闵以上矣，其陈义固然很高，但对人的道德要求太高了，一般人也不容易做到。智者为圣人所不弃，后学者慎言弃之。

善哉丁纪之言："所谓'仁者安仁，知者利仁'，似可读作'仁得仁者而现其足为安居之所的一面，仁得知者而现其足为辨别之利器的一面'。盖仁者只是蔼蔼和气，照应周遍；知者则疏径浚流，发露仁之内涵，引而下达于诸关节条目，使事物皆得所准则。"③ 此所谓"利仁"，则不只是以仁为利而后行之，而是智足以恰到好处地实现仁的意思。

4.3　子曰："唯仁者能好人，能恶人。"

【注解】

好：喜好、褒扬。

恶：厌弃、贬低。

---

① （清）刘宝楠撰，高流水点校：《论语正义》，中华书局1990年版，第140页。（标点略有改动）

② （宋）朱熹撰：《四书章句集注》，中华书局1983年版，第69页。

③ 丁纪：《论语读诠》，巴蜀书社2005年版，第90页。

【广义】

人之好恶常不能离乎人情，如"人莫知其子之恶，莫知其苗之硕"（《大学》）。惟圣人心如理照镜鉴，见其善恶分毫不爽，而能使善恶之人皆得其教益。唐文治谓："义与智兼该焉。故《易传》曰：'体仁足以长人。'"① 可谓深得其义。

4.4 子曰："苟志于仁矣，无恶也。"

【注解】

无恶：无恶念、恶习、恶行也。言志仁之功效如此。

【广义】

或言志于仁者对人与事不再有厌恶之心，非也。圣人以直报怨，善恶均得其所，非好好先生。

4.5 子曰："富与贵是人之所欲也，不以其道得之，不处也；贫与贱是人之所恶也，不以其道得之，不去也。君子去仁，恶乎成名？君子无终食之间违仁，造次必于是，颠沛必于是。"

【注解】

终食之间：一顿饭的工夫。

造次：匆忙、急迫而草率的时候。

颠沛：患难之际。

【广义】

君子立身，不在富贵贫贱，在乎道义。在此章中，孔子认为，仁是君子最核心的修养，君子志于仁，虽在终食之间、造次颠沛中亦不违于仁。但在《论语·雍也》篇中，孔子又云："回也，其心三月不违仁，其余则日月至焉而已矣。"君子但能坚守道义，至于仁，似乎是更高的道德（中国传统意义上的道与德，而非 morality 的翻译）②

---

① 唐文治著，张旭辉、刘朝霞整理：《四书大义·论语大义》，上海人民出版社 2018 年版，第 44 页。

② 秦际明：《道德与 morality 之关系辨正》，《杭州师范大学学报》（社会科学版）2020 年第 3 期。

修养，而不仅仅是不为恶而已。所以，这里或许有两种解释的可能。其一，仁具有丰富的层次，这里所说的仁，是指道义，君子无论处于何种急迫、艰难的处境，都不违背道义。《雍也》所说的仁，则是比行为正当更高的内心修养境地。其二，如果说这两章中仁的内涵一致的话，那么这里所说的"不违仁"，指的应当是不违"志于仁"的心，如上章所言。

朱子注此章谓："无时无处而不用其力也。然取舍之分明，然后存养之功密；存养之功密，则其取舍之分益明矣。"[①] 则区分了存养工夫的次第，即立志为先，是谓取舍之分；然后下细密的存养工夫，无时无刻不心存此念，虽在终食之间、造次颠沛而不忘。

4.6　子曰："我未见好仁者，恶不仁者。好仁者，无以尚之；恶不仁者，其为仁矣，不使不仁者加乎其身。有能一日用其力于仁矣乎？我未见力不足者。盖有之矣，我未之见也。"

【广义】

孔子一言而三叹"我未见"，力陈好仁之至美至善，深为人不好仁而惋惜。不过，这里有一个问题。孔子认为"好仁"，或"为仁"并不是一件很难的事情，"我未见力不足者"，"为仁由己"（《论语·颜渊》），"我欲仁，斯仁至矣"（《论语·述而》）；但从另一方面来说，"好仁""为仁"又是一件很困难的事，孔子说："有能一日用其力于仁者乎？……盖有之矣，我未之见也。"又曰："回也，其心三月不违仁，其余则日月至焉而已矣。"（《论语·雍也》）如果说"为仁"是一件很容易的事情，那么为什么绝大多数人做不到，甚至按照孔子说的一个都见不到呢？老子亦云："吾道甚易知，甚易行，而天下莫能知，莫能行。"（《道德经》第七十章）也许，在他们看来，这其实取决于人的志向的转变。如若一个人能转变其志向，以仁为目标，那么这并不难，难的是人不愿或不能改变其志向。不过，这也不尽然。当孔子说"其余则日月至焉而已矣"时，孔子的弟子即使用功于仁

---

① （宋）朱熹撰：《四书章句集注》，中华书局 1983 年版，第 70 页。

了，但仍然不能坚持很久，这不恰恰说明为仁之不易，并不只是转变志向的问题吗？

抑或夫子以为仁之功易而其效显来劝人？愚以为，仁之境界有高下。志于仁者，仁之始也，可以无恶，而未足以安仁。以仁为安，以仁为乐者，得道于身，集义于胸，则非志之即可得，须待长久之操持修养。孔子之言"无以尚之"，是以仁为至高之理想。苟志于仁，则可以无恶，是"不使不仁者加乎其身"。足见知者利之，即谓知道仁是所当求者，但未足以安之。志于仁，与力无关，在乎一念之间耳，所以说"我未见力不足者"。至于人之修养能否到达"安仁"的境地，则不易得也。

《论语集解义疏》引范宁曰："世衰道丧，人无廉耻，见仁者既不好之，见不仁者亦不恶之。好仁恶不仁，我未睹其人也。"① 这是认为孔子所感叹的是，衰乱的无道之世鲜有仁者。然而，有道之世仁者就很多吗？如若以仁与不仁为标准来判断世之有道无道，那么得看以什么样的仁为标准。以和平、温饱为仁，则治世易得；若以道义为仁，则治世亦难；若以有最高的安仁为标准，则世之罕有。因此，所谓仁者指什么，与言说对象有关。对政治家而言，如管仲，安民为仁，事功为尚；对士人而言，则以道义为己任；对孔门诸弟子而言，则有安仁之境地，颜回三月，其余则日月至。断之以最高的仁为标准，则亦难矣。

4.7 子曰："人之过也，各于其党。观过，斯知仁矣。"

【注解】

人之过也：皇侃本，"人"作"民"。②

党：类也。不同品行的人，所犯的过错亦各以其类。根据人们所犯的过错，可以判断他们是什么样的人。仁与不仁，亦可知矣。

【广义】

程子谓："君子常失于厚，小人常失之薄；君子过于爱，小人过

---

① 徐望驾校注：《皇侃〈论语集解义疏〉》，江西人民出版社2009年版，第73页。
② 徐望驾校注：《皇侃〈论语集解义疏〉》，江西人民出版社2009年版，第74页。

于忍。"① 从这里可以引出君子之仁与小人之不仁。虽然，同样是责过，但可以读出朱子《论语集注》的态度是责君子之过浅，责小人之过深。但孔安国认为："小人不能为君子之行，则非小人之过也。当恕而无责之。观过，使贤愚各当其所，则为仁也。"② 皇侃疏云："若观人之过，能随类而责，不求备一人，则知此观过之人有仁心人也。若非类而责，是不仁人，故云'观过斯知仁矣'。"③ 这里的意思就不是责过，而是恕过。君子的标准，小人难以企及，君子之过不一定是小人之过。"犹如耕夫不能耕乃是其失，若不能书，则非耕夫之失也。"④ 反过来，君子不能耕，亦非君子之过，君子小人各从其类，仁者当审人之类而恕之。"斯知仁"，就意味着知为仁之法则。朱注侧重于修养工夫，孔、皇之解则作了政治之道的引申，根据人的阶层、身份之不同，对其德性与能力有不同的要求，这出于对人情的现实判断，据此而引出治国与教化的实践性方略。

当然，我们也可以联系魏晋与宋明不同的社会状况来理解。魏晋门第高峻，庶人不能企及，宋明则不分门第皆可读书而仕，是以不再突出以社会身份来分类。朱注之修养是泛指一般的人而言，汉唐之注疏常分君子、小人之品类。愚以为当综而观之。从人的修养与品德养成来说，孔子认为人无分君子、小人，但现实的伦理政治实践则须分君子小人。君子读儒家书而思慕道德，以仁义为己任，百姓忙于生计，多不读儒家修身之书，而多读娱乐消遣功利进取之书，其身心之安顿与君子不同。百姓凡能守人伦，重礼俗，信仰神灵，斯为安，而不知仁为何物，君子之道未必能行于百姓。君子之道若要行于百姓，则须降低对心性的要求，贴近百姓的兴趣，达于人情，而后方可行而无害。但又不可狃于君子小人之别，阻碍人们上进。

---

① （宋）朱熹撰：《四书章句集注》，中华书局1983年版，第71页。
② 徐望驾校注：《皇侃〈论语集解义疏〉》，江西人民出版社2009年版，第74页。
③ 徐望驾校注：《皇侃〈论语集解义疏〉》，江西人民出版社2009年版，第74页。
④ 徐望驾校注：《皇侃〈论语集解义疏〉》，江西人民出版社2009年版，第74页。

4.8　子曰："朝闻道，夕死可矣。"

【广义】

此章一般取朱子的理解，以"道"为"事物当然之理"，"苟得闻之，则生顺死安，无复遗恨矣"①。"生顺死安"，出自张载的《西铭》："生，吾顺事；没，吾宁也。"② 意思是，人活着的时候，循事物的道理去做，则可以无憾，死了即可获得安宁，亦无所恨。这是儒家对生死大事的理解。知道了这样的道理，生死各得其所，故说"夕死可矣"。朱注阐明了闻道何以能安顿生死的道理，不可谓不精。而今人廖名春认为闻道不足以死而无憾，闻道应理解为得道。闻，不一定能得，但闻道确有得道的意思在。只是，得道之说，中国佛教与道家或道教用得比较多，仿佛道是某种神秘之物，可传授、可转让，亦可失去，如孙悟空得道而通七十二变，可保长生不死。对于儒家来说，闻道却不一定要理解为这个意义上的得道。儒家所谓得道，亦是尽其人伦，安其道义，需要人通过修养工夫去践履，而没有直接获得某种道的捷径。就此而论，儒家之谓道不可朝闻而尽，所以夫子言闻道，而非得道。

另，何晏解为："言（孔子）将至死，不闻世之有道也。"③ 意为孔子感叹道之不行，死而有憾。如若道行于天下，则死而无憾矣。亦为一说。

4.9　子曰："士志于道，而耻恶衣恶食者，未足与议也。"

【广义】

恶衣恶食者，粗劣之衣食。耻恶衣恶食者，有贪慕物质享受之心，其向道之志虚而不实，徒有其名。孔子所称许的仁人志士，食弗求饱，居弗求安，以道义为心，不以恶衣恶食为意。

---

① （宋）朱熹撰：《四书章句集注》，中华书局1983年版，第71页。
② （宋）张载：《张载集》，中华书局1978年版，第63页。
③ 徐望驾校注：《皇侃〈论语集解义疏〉》，江西人民出版社2009年版，第74页。

4.10 子曰："君子之于天下也，无适也，无莫也，义之与比。"

【注解】

适：专主，即执着于某事。

莫：不肯。

比：亲近。

【广义】

孔子说，君子之于天下之事，既不执着于主张什么，也不执着于反对什么，但视义之所在。人们对于政治事务不免各有其立场与主张，尤其是西方各种政治理论各执一端，有所谓形形色色的主义。主义者，有见于一端而不及其余也。孔子认为，君子之于天下之事，不应该有一种特别的先入之见，或怀有某种偏颇的喜恶之情，而应探求事理之宜，站在道义的一边。义有二义，一是规范性价值，二是宜也。义之为义，不只是追求某种理想价值，更在于，这种对理想价值的追求是适宜的、合理的、恰当的。

4.11 子曰："君子怀德，小人怀土；君子怀刑，小人怀惠。"

【注解】

刑：法，法则。

【广义】

此章论君子小人之不同。后世往往以道德之高下来分辨君子小人。对于孔子来说，君子固然道德高尚，但《论语》一书中所指称的小人主要不是人格卑劣之徒，而是指求生存、讨生活的普通人。君子有其特定的社会身份，无须像小人那样汲汲于谋生存，所以孔子说："君子谋道不谋食。"（《论语·卫灵公》）小人则先须谋食。谋食与谋道虽然并不必然冲突，但一个人如若有很大的生存压力，谋食而不得，还要求其谋道之志，不亦难乎？当然，这并不意味着君子天生衣食无忧，而是指在一定经济保障的基础上，君子不应再贪求经济利益，而应专注于道义追求。

君子之德可以从多个角度来描述，如君子不争。君子之所以不争，其实质也在于君子没有特别的利益追求，包括心理上的好胜之心。好胜心也是一种利。则君子只会与过去之我相比，反思自己的德业是否进步，而不会与他人作利益上的比较，这样就不会汲汲于与人相争。所以，君子用力于心，专求道义的进步，即所谓君子怀德，怀刑，以及后文所说的"君子喻于义"。小人则不然，小人有利益需要，是谓"怀惠"；有心理感情的需要，是谓"怀土"。小人的道德境界尚不能超越自己的特殊性，上升到道德普遍性。在这个意义上，孔子所说的君子其实已经超越了普通人的心理状态。常人有自我的感情需要，与人与物相交即产生感情，在一片土地上长大就会对这片土地怀有感情。君子当然不是没有感情，只是君子有比感情更高的原则，这就是德。当个人的感情与德发生矛盾时，君子有公而无私，不会偏袒于自己的感情之私，而会站在道义的一面。当然，这里说的道义，包含必要的伦理性的感情，如父子夫妇之情。

4.12　子曰："放于利而行，多怨。"

【注解】

放：仿，仿照。

【广义】

人固有贪利之心，如若事事以自己的利益为出发点，必然招致他人的怨恨。在共同生活中，人与人的利益有相互冲突的一面。如若各守其伦理，则可以协作，看似不求利，甚至放弃了一些利，实质上这种协作才可以得到更大的利。而若各贪眼前的利，其为利必然相互冲突，从而导致协作的破裂，甚至违背伦理而导致更深刻的矛盾，反而失却其利。利益的博弈有其困境，仅仅通过制度的约束难以完全消除。制度只能在利益相对均衡的条件下起作用。如若利益极不均衡，则人易犯险而作，突破制度的约束。当然，在利益极不均衡的情况下，道德约束亦更为乏力。因此，道德辅助制度，才能更好地实现均衡。

4.13　子曰："能以礼让为国乎？何有？不能以礼让为国，如礼何？"

【广义】

在众多的德目中，孔子非常推崇让。从为政的层面来说，孔子推崇让国，极力表彰伯夷叔齐与吴泰伯，而恶卫父子争国。或谓，谁为君难道不应当在制度框架中解决吗？如此，人皆守制度即可，而不必争，亦不必让。孔子并非不知礼制可以安排政治秩序，问题在于，制度不可自行，制度需要人的认可与服从，而涉及人的因素，就与人性教化有关。无论多么严密的制度，总是有违反者，孔子不认为制度可以解决一切问题，他在强调礼的制度性意义的同时，也强调礼背后让的精神。礼与让相结合，就像机械与润滑油相结合，才能转运得更好。孔子曰："礼云礼云，玉帛云乎哉？乐云乐云，钟鼓云乎哉？"（《论语·阳货》）礼的本质固然在于制度，也在于与礼相应的德与义。

在春秋战国之世，贵族宗法制逐渐崩溃，代之以君主集权，设官僚制以治国，通过法制绳下，人不再依据其出身而授官爵，而须考核其功效。这样的转变大大提高了国家支配社会资源的能力，激发了百姓进取的积极性。社会效率固然大大地提高了，但孔子认为，社会效率提高，并不意味着其更适于人的生存。恰恰相反，效率的取得是通过社会竞争而获得的，在这种功利的竞争中，人未必有生命舒适之感，而常处于生存焦虑之中。另外，国家能力大为提高之后，战争作为国家竞争的形式将变得极为残酷。如果说春秋之世的战争尚有军礼在，其胜败往往点到为止，臣服而已，战国之世的战争则以消灭敌国力量，占有敌国土地为目的，变得极为残酷。

孔子知世道之改不可阻挡，但他并不认为春秋时齐国、晋国、郑国、鲁国等诸侯国出现的法家式改革是正确的方向。其根本原因在于，通过功利竞争来控制社会，的确可以提高效率，而人的生存状况、社会伦理与道德状况，都将让位于这种功利竞争。《论语》中的孔子在不同场合就不同主题多次提到不争，将不争作为君子根本的德性表现。在国家政治中，春秋时期兄弟争国，乃至于父子争国。从历史政治变迁的角度来说，这意味着宗法贵族制下的贵族共同统治向君主集权统治转移。在贵族共同统治下，谁来担任国君是共同决定的，国君之位的象征意义大于实权。在宗法分封制中，土地、人口、城邑皆逐级向下分封，国君实际上并不直接掌握诸侯国的财权、土地及人事权，甚至不完全掌握军权，各级爵位皆有自己的武装、土地与人口，这样的政治状态中，国君的权力显然是不突出的，国家权力由有实力的诸贵族共同掌握。在这种情况下，国君之位就没有那么重要，也就不必冒死相争，国君之位的继承也没有形成特别规范的次序。所谓嫡长子继承制，其实是春秋以后才形成的继承规范。有学者统计过，春秋时期诸侯国君的继位顺序并不能体现严格的嫡长子继承制。

而到了春秋中后期，贵族宗法制逐渐解体，国君的权力被进一步分解与架空，而有实力的贵族甚至异姓大夫越来越强，他们基于强力而寻求国君之位。而当有实权的贵族与大夫在政治竞争中胜出，获得国君之位后，就打破了原来贵族分享国家资源与权力的习惯，变成掌握实权的国君，提防其他贵族与大臣获得发动政治叛乱的能力。君主权力加强化，政治失败的成本越来越高，争夺君位的竞争也就越加激烈，政治竞争趋于残酷。政治竞争残酷化之后，对百姓的征用与管理也就相应地变得酷烈。

政治变迁的背后有其社会经济变迁的原因。西周宗法制下，土地公有，当时采取劳役税制，其时农业生产力低下，民人须集体劳动。春秋时期铁器与耕牛的使用极大地提高了农业生产力，使得以一家一户为单位的农业生产成为可能，从而促进了土地私有的转化。国家赋税也由公田的劳役税制转变为田亩赋税，原有国野体制下国人与野人的差别逐渐消失，代之以统一的编户齐民，国家通过行政区划直接控制人口。而政治经济模式转变，国家能力大为提高之后，残酷的大争之世也将来临。

孔子似乎预感到时代将走向深不见底的残酷竞争，但对此无能为力，只能奔走呼吁恢复礼治秩序中的和谐谦让。不知道孔子是否预见到了大一统秩序的建构，但在当时，对于孔子来说，无疑是以尊尊、亲亲为原则的周代礼治所表现出来的上下和谐是更加令人向往的。

正是在这样的时代背景下，吴泰伯无意于以长子的身份争夺国君之位，而一直能够遵从父愿让位于弟侄，孔子感叹这就是最高的政治德性。孔子厌恶竞争，甚至反对公正的竞争，而主张定上下等级，使其各安其分，以避免冲突，实现无讼的社会和谐之理想。当然，让之为德更多地只能施加于君子教育，难以约束现实的政治博弈。基于实力的政治竞争秩序的重塑，有赖于新的政治均衡的实现，这须等待历史社会的自然演化，在新的社会经济条件下形成新的政治机制。这是孔子所未能看到的未来。而孔子以让为至德的见解无疑是极为深刻的洞见，因为无论历史社会朝着什么样的方向发展，所有的竞争博弈都有可能陷入囚徒困境而不能自救，人性中的善和君子之德仍然将是社会最后的底线。这是儒家教化的社会意义。

竞争是人类社会中永恒的主题，在现代社会语境下，问题不在于如何避免竞争，而在于能否提供公平竞争的制度框架，使社会竞争规范、有序。一个社会若没有公平的竞争，那么社会资源就得不到有效的、公平的分配，必然走向极度不平等的权力等级社会。所以，有人或许会认为，作为君子修养的不争与鼓励社会公平竞争是两个层面的问题，君子不争是个人修养，而参与竞争是普通人的权利，不应当受到法律或道德层面的限制。现代民主制能否有效地遏制社会利益竞争及其所带来的社会撕裂，从而平息广泛的生存焦虑？人的竞争源于人的生存本能与内在好胜欲望，好的制度可以在某个层面上规范竞争行为，但难以遏制人的群体行为。就社会群体而言，风俗、风尚可能比制度更重要，这是儒家以厚薄论民德的原因。

又见 3.7。

4.14　子曰："不患无位，患所以立；不患莫己知，求为可知也。"

【广义】

君子不贪求外在的功利，不求职位之高，名气之大，而应先反躬自省，我有何德何能克配此任，有何德何能可以与名誉相符。君子之求，不在与他人竞争社会资源与利益，而在自己的道德，在检核自己所行道义。

4.15　子曰："参乎！吾道一以贯之。"曾子曰："唯。"子出。门人问曰："何谓也？"曾子曰："夫子之道，忠恕而已矣。"

【注解】

门人：或谓曾子之门人，考虑孔子在时曾子年纪轻，有门人的可能性不大，所以更可能是指孔子之门人。

【广义】

孔子对门人说吾道一以贯之，即谓有一系统的理论思考，但没有具体解释。所以群弟子不知何谓，曾子认为孔子一以贯之的道是指忠恕。宋代理学推崇曾子，朱子注对忠恕之道有深入的发挥，兹引如次。

尽己之谓忠，推己之谓恕。而已矣者，竭尽而无余之辞也。夫子之一理浑然而泛应曲当，譬则天地之至诚无息，而万物各得其所也。自此之外，固无余法，而亦无待于推矣。曾子有见于此而难言之，故借学者尽己、推己之目以著明之，欲人之易晓也。盖至诚无息者，道之体也，万殊之所以一本也；万物各得其所者，道之用也，一本之所以万殊也。以此观之，一以贯之之实可见矣。或曰："中心为忠，如心为恕。"于义亦通。程子曰："以己及物，仁也；推己及物，恕也，违道不远是也。忠恕一以贯之：忠者天道，恕者人道；忠者无妄，恕者所以行乎忠也；忠者体，恕者用，大本达道也。此与违道不远异者，动以天尔。"又曰："'维天之命，於穆不已'，忠也；'乾道变化，各正性命'，恕也。"又曰："圣人教人各因其才，吾道一以贯之，惟曾子为能达此，孔子所以告之也。曾子告门人曰：'夫子之道，忠恕而已矣'，亦犹夫子之告曾子也。《中庸》所谓'忠恕违道不远'，斯乃下学上达之义。"①

若就先秦思想而言，"忠恕"在众德目之列不甚突出。如果要用

① （宋）朱熹撰：《四书章句集注》，中华书局1983年版，第72—73页。

一个词来概括夫子的一贯之道，还有很多选择，如仁义，如忠孝，如仁礼，如《中庸》三达德曰智仁勇，其中，仁义或仁礼比忠恕更有代表性。宋代理学看重"忠恕"的重要理由是，程朱将忠恕与天道联系在了一起，构建了一个以体用为框架的系统性理论，也就是西方哲学所谓的本体论。其中，以"至诚无息"为道之体，即"忠"，天道也，圣人内心所体认；以"万物各得其所"为道之用，即"恕"，人道也，圣人以施于物。

程朱在这段解释中融会了多种思想传统。一是中国先秦的天道与人道观念，其中人道本乎天道，他们把"忠"视为天道，把"恕"视为天道所贯通的包括人在内的万物之道；二是中国佛教体用论的思想与理论框架。当然，有的学者认为体用论是中国哲学自身的理论创见，但这种观点对先秦思想、魏晋玄学与中国佛教的思想边际的理解不够具体。"体"字在中国思想中的固有用法有具体与抽象两义，具体指物的形体，抽象则指国体、政体，以及礼仪作为体的礼体。而魏晋以降中国佛教在翻译印度佛教"自性"之概念时也使用"体"字，如"体性"，这里的体指称的是现象背后的本质。如色体为识，识体为心，心体为真如。反之，心之用为识，识之用便为色。这样的体用观念既不是中国传统的道器论，也与印度佛教本来的思想有所不同，可谓中印思想融合的产物。① 宋代理学在一定程度上接受了体用论，如这里以忠为体，以恕为用，即有以体用论来解释天人关系与道器关系的用意。

如若离开曾子之说与宋代理学，要问孔子一贯之道是什么，这个问题或许见仁见智。也许仁礼更能代表孔子思想的核心精神。当然，也有学者将忠恕之道理解为仁与推仁之道。

4.16 子曰："君子喻于义，小人喻于利。"
【广义】
参见 4.11。

---

① 沈顺福：《体用论与传统儒家形而上学》，《哲学研究》2016 年第 7 期。

4.17　子曰："见贤思齐焉，见不贤而内自省也。"

【广义】

君子以修德为务，见人之德能超过自己，就会向他学习，努力赶上，而非嫉恨之。见不贤之人亦会反省，有则改之，无则加勉。

4.18　子曰："事父母几谏。见志不从，又敬不违，劳而不怨。"

【注解】

几谏：指伺父母之颜色微言相谏。

【广义】

虽说"父子之间不责善"，因为父子责善有伤亲子之情，但更伟大的慈与孝是对义的成就。如若父母的行为有害于义，作为子女也应当劝谏。只是子女劝谏父母与劝谏他人不同，要尽量不伤害亲子之情。

或言，孔子这里所说子女事父母恭敬之状，有违平等之义。的确，家庭关系也需要某种均衡。如父母对子女过于严苛，则有伤于慈。子女不敬父母，则有伤于孝。为人父母后才能体会父母爱子之心，大抵而言，不慈的父母少，而不孝的子女更多。所以，孔子之言也需要视场境而定。一般而言，父母若非大奸大恶，子女也不宜急迫地劝谏而有伤亲子之爱。

4.19　子曰："父母在，不远游。游必有方。"

【注解】

方：方向，方位。或谓方为理由，理据。

【广义】

子女当体父母之心，不可遗父母忧。不过，古今时代有异，古代远游是一件极为重大之事，或经年不得往返，音信亦难以沟通，加之古代常有兵荒马乱与土匪出没，远游无疑会让父母担忧。至于现代社会，交通便利，不必以远游为忧。不过，虽然如此，本章的实质是，子女在做选择时应多体察父母之忧心。

4.20　子曰："三年无改于父之道，可谓孝矣。"

重出，参见1.11。

4.21 子曰："父母之年，不可不知也。一则以喜，一则以惧。"

【广义】

孔安国云："见其寿考则喜，见其衰老则惧。"① 此章述子女体知父母之情。儒家不将生命寄托于来世，以生死为自然之化。父母在则岁月犹长，父母去不唯有丧亲之痛，亦易感生命之将逝，将生命的意义寄托于子孙后代之将来。

4.22 子曰："古者言之不出，耻躬之不逮也。"

【注解】

躬：指自己，自己的行为。

【广义】

孔子推崇朴实敦厚的人格，强调行重于言。大言不惭之人，其人易有浮夸之弊，修养浅薄，所以孔子理想中的君子应是忠厚笃行之人。孔子称"古者"，可见儒家崇古之风从孔子就开始了。

4.23 子曰："以约失之者鲜矣。"

【注解】

约：约束，收敛，不放纵。

【广义】

敬存于心，则思虑事情会努力做到周全，行事必慎重；常存此心，可谓约而不放失，其过失也会减少。

4.24 子曰："君子欲讷于言而敏于行。"

【注解】

讷：迟钝。

【广义】

参见 4.22。

---

① （三国）何晏注，（宋）邢昺疏：《论语注疏》，中国致公出版社 2016 年版，第59 页。

4.25　子曰:"德不孤,必有邻。"

【广义】

同声相求,同气相应。物以类聚,人以群分。人之有德乃通达于道,此道乃是达道,人心所向,德必不孤。

4.26　子游曰:"事君数,斯辱矣,朋友数,斯疏矣。"

【注解】

数:以琐事屡屡相烦。

【广义】

君臣、朋友之道以义合,其义不合,则话不投机半句多,言多则招人烦,此乃自然之理。然而,朋友有过不改,可以疏远而不再是朋友。若在春秋战国之时,国君有过,若是异姓之臣,非父母之邦,自然也可离去。若是大一统之君,或是父母之邦,则应着意于劝谏君,虽辱不辞。

公冶长第五

5.1 子谓公冶长，"可妻也。虽在缧绁之中，非其罪也"。以其子妻之。子谓南容，"邦有道，不废；邦无道，免于刑戮"。以其兄之子妻之。

【注解】

公冶长：鲁国人，孔子弟子，姓公冶，名长。

缧绁：缧，黑色的绳索；绁，捆，拴。缧绁，指囚禁。

子：指女儿。

妻：嫁女。

南容：孔子弟子南宫绦，字子容，鲁国人。

不废：指为国所任用。

【广义】

孔子说，公冶长虽遭囚禁，但这并不是他的罪过，然后将女儿嫁给了他。孔子又说，如果国家政治清明，南容将为君所任用；如果国家政治昏乱，南容也不会遭受刑戮，然后将兄长的女儿嫁给了他。

择婿当然意味着对一个人的高度认可。由于历史资料不足，我们对公冶长与南容两人缺乏更丰富的认识。仅从孔子之言来说，公冶长遭囚禁而南容可能会免于刑戮，那么我们可以推测公冶长无罪而被囚禁，可能是因为他的正直与刚正，南容则可能因为人灵活而能够在无道之世免于祸害。孔子对自己的女儿与对兄长的女儿态度有所不同，他把兄长的女儿嫁给了南容，而把自己的女儿嫁给了公冶长。我们从这里似乎无从判断孔子有没有厚此薄彼，所以也无从判断孔子更欣赏刚正的公冶长还是更圆通的南容。

此篇主要记述孔子提出的几条评价人的原则，以及他对弟子及时贤的一些评价。我们今天提出教育的目标是立德树人，还设置了德育的一些具体要求，不过今天的教育还是以知识教育为主，在培养什么样的人，如何培养人方面尚需形成明确的规范。另外，有的人可能会认为，人在社会上生存不能吃亏，如果一个人过于老实，有太强的道德感，那么就容易被人利用，不利于其在社会竞争中得利。所以，不少家长的心态是不能教孩子当坏人，但是也不能做一个单纯的好人。所以，从这个角度来说，我们的教育主要是以成才为目标，成德反而退居次要，这背后暗含着社会生存竞争的功利逻辑。

当然，我们也不能简单地指责当代中国人的道德感不如以前，社会的变化有其复杂的变迁机制，绝不仅仅决定于人的观念与价值判断的变化。那么，中国当代社会人们为什么更加重视社会竞争所需要的才干，而非人的道德养成？人是理性的动物，这其实意味着当代中国社会的道德状况并没有我们所想象的那么糟糕，远没有到濒临崩溃的程度。现代人会认为是才干影响着生存竞争能力与生活质量，而不是道德，这就假定了人的道德一般来说是尚可的，还没有恶劣到影响社会正常运转的程度。一个社会从总体上来说是理性的，如若现代社会的道德如此糟糕，那么道德就会成为学校教育、社会招聘、婚恋择偶的首要因素。

在春秋末年，孔子作为教育家一方面重视才能的培养，另一方面更将道德作为人物评价的首要因素。在孔子看来，道德是重塑社会秩序更重要的要素，而非才干。春秋是中国历史社会的转型期，周代宗法秩序开始崩解，离开了人与人之间的亲情，当时的人们不知道未来社会的组织原则是什么。孔子重视人之相亲，也重视人的道德。人若不相亲，社会若无道德，孔子很难想象这个社会将是什么样。战国时期的法家与孔子的观点相反，法家认为人的道德是靠不住的，人与人之间更多的是利益算计，谈不上人之相亲。法家基于人的竞争，设置了竞争的功利原则，并在此基础上提出其以法为核心的社会管理体系。现实社会显然是居于孔子与法家所设想的理想模型之间的。徒法不足以自治，法家的利害算计将陷入囚徒困境而无解；孔子的道德理想也将由于人之本性难移而不容易实现。从教育的角度来说，人之自利不教而行，而道德则需要努力培育。在中国百年来的现代化过程中，社会道德观念在一定程度上还存在古今的冲突，但无论我们的社会以何种原则来组织，道德始终是完善社会的重要基础。而这里讲的道德，其实质就在于人以某种品德为价值尺度与人生追求，而非现实的利益与好处。所以，品德应当成为教育的首要目标和评价人的主要原则。

5.2　子谓子贱，"君子哉若人！鲁无君子者，斯焉取斯？"

【注解】

子贱：宓姓，名不齐，字子贱，孔子弟子，鲁国人。

斯焉取斯：前斯指的是宓子贱，后斯指的是宓子贱的德。

【广义】

孔子称赞宓子贱说，这个人就是君子啊，如果鲁国没有君子，宓子贱之德是从哪里学来的呢？在这里，孔子不仅称赞了宓子贱是君子，同时也表达了君子并非天生而是后天养成的观点。具体来说，宓子贱之德乃是鲁国多君子的道德环境影响的结果。

5.3　子贡问曰："赐也何如？"子曰："女器也。"曰："何器也？"曰："瑚琏也。"

【注解】

女：汝。

器：器物。

瑚琏：先秦时，宗庙祭祀盛黍稷主食的容器，夏代曰瑚，商代曰琏，周代曰簠簋。

【广义】

子贡问孔子对他的评价如何，孔子答之以瑚琏。现代社会对瑚琏为何物较陌生。就其功用而言，瑚琏为祭祀时进献主食所用之器。古代注家多认为瑚琏镶玉为饰，较为贵重，但黍稷之祭不如太牢与少

98

牢。即孔子对子贡有所褒奖，但也有所保留。历史上的子贡经商致富，为人利口善辩，为儒门的光大作出过很大的贡献。但孔子所贵者德也，于货与力有所嘉许，但不以为贵。

又，《论语·为政》载孔子言"君子不器"，并较之前文孔子赞宓子贱"君子哉若人"，可见孔子认为子贡不足以为君子的典型。在《论语》中，孔子对成器的评价虽然不如成为君子，但成器亦不失为人才。这不是对成器的贬低，而是对成为君子的推崇。《史记·仲尼弟子列传》说"子贡一出，存鲁，乱齐，破吴，强晋而霸越"①，言其政治影响之大，且"常相鲁卫，家累千金"②，这在春秋末年，也算是普通人通过奋斗获得社会地位与财富的极致了。

《礼记·学记》云："玉不琢，不成器。"人各有性情，需要矫治其性情然后才能成才，即成为君子，就像玉石虽有璞质，需要雕琢加工才能成为美玉一样。人通过努力，锻炼其才干，在社会竞争中获取事功，成为有用之才，这或许并不是非常困难之事，子贡就是这方面的典型。"君子不器"的意思不是说君子不应该有才干，而是说君子不恃其才干，而以德为理想。要做社会有用之人首先要成才，但离开了德，以才力相竞争的社会并不会带来更好的生活，只是更加的内卷罢了。所以，从社会层面来说，要超越竞争，实现更好的社会协作，以达成社会的和谐。从个人层面来说，一个人应当具有才干，但更重要的是注重德性的培养，以获得内在的生命力量，而不依赖于外在的优越感来获得生命的意义与内心的安宁。所以，小人恃才而不德，君子养德而不恃才，子贡有才能，而夫子不以为贵。

5.4 或曰："雍也仁而不佞。"子曰："焉用佞？御人以口给，屡憎于人。不知其仁，焉用佞？"

【注解】

雍：孔子弟子，姓冉，字仲弓。

---

① （汉）司马迁撰：《史记》，中华书局1982年版，第413页。
② （汉）司马迁撰：《史记》，中华书局1982年版，第413页。

佞：指口才好，有巧言谄媚之意。

御人：指接人应答。

给（jǐ）：敏捷，口齿伶俐。

【广义】

有人跟孔子说，冉雍之为人称得上仁，但可惜口才不佳。孔子回答说，人要那么好的口才干什么呢？与人对答巧言善辩（虚情假意）反而易为人所憎恶。冉雍为人虽然不知道能否称得上仁，但不会巧言取媚于他人。

在《论语》中，孔子非常讨厌花言巧语的人，认为这样的人多半是虚情假意的。子曰："巧言令色，鲜矣仁！"（《学而》第一）"敏于事而慎于言。"（《学而》第一）"多闻阙疑，慎言其余，则寡尤。"（《为政》第二）"君子欲讷于言而敏于行。"（《里仁》第四）"刚毅木讷近仁。"（《子路》第十三）可见孔子认为君子当慎言，不可花言巧语取悦于人。当然，在现实生活中，会说话的人会给人带来快乐，自然更讨人喜爱。孔子对君子的要求自然是超出了一般人的心理特点，君子不追求快乐，君子追求的是美德和内心的宁静。所以，孔子对巧言令色的憎恶可以从两个角度来理解，一是巧言者多不实，为人易流于浮夸，故取人当以德，不以辩才；二是君子不图言语虚华，务于德行，追求内心宁静所带来的内在的快乐，而不求外在的快乐。

5.5　子使漆雕开仕。对曰："吾斯之未能信。"子说。

【注解】

漆雕开：姓漆雕，名开，字子若，孔子弟子。

斯：代词，这里或指代漆雕开向孔子所学习的内容，或认为指代为仕之道。

说：通"悦"。

【广义】

孔子认为弟子漆雕开的才干可以为官，故使之求仕。而漆雕开则认为自己于夫子所教之道尚未能充分领会，不欲求仕。孔子认为漆雕开真心向学，所以为之感到高兴。

古今学制有异，而求仕之为利则似无不同。孔子之弟子不汲汲于仕进，有向学之志，值得嘉许。今日多有老师言及当代大学生向学之风不如 20 世纪 90 年代，其原因也可以理解，一则当代大学生就业压力大，在上学期间就需要考虑就业问题，而 90 年代的中国大学生找工作不似当代这般焦虑；二则 90 年代中国大学录取率低，那个时代的大学生有知识精英的自觉，而当代中国大学录取率高，总体来说知识精英之自觉要低得多。当代大学生如能像漆雕开这样放下就业的焦虑，专注于学，则颇为难得。另外，离开校园身处工作环境中也不能中止学习。学习是广义的，无论是知识、工作技能还是人的品德，无论身处何境，皆当努力探求其道。一物不知，儒者之耻，故为学是终生之事，立身之道，不可不讲求。

5.6　子曰："道不行，乘桴浮于海。从我者其由与？"子路闻之喜。子曰："由也好勇过我，无所取材。"

【注解】

桴：筏也，小船。

子路：名仲由，字子路，孔子弟子，鲁国人。

材：注者有多种解释，郑玄认为指造桴之木材，或认为当作"哉"，朱子《集注》理解为"裁"。①

【广义】

孔子感叹，如果其道不能行于中国，他将会传其道于海外之地。孔子又言，到时，能抛下国内所拥有的一切而追随自己的人，应该是子路。子路听闻孔子之言而喜，认为这是夫子对自己的嘉许。不过孔子又言，子路为人好勇，亦不可取。

5.7　孟武伯问："子路仁乎？"子曰："不知也。"又问。子曰："由也，千乘之国，可使治其赋也，不知其仁也。""求也何如？"子曰："求也，千室之邑，百乘之家，可使为之宰也，不知其仁也。"

---

① 程树德撰，程俊英、蒋见元点校：《论语集释》，中华书局 2014 年版，第 390 页。

"赤也何如?"子曰:"赤也,束带立于朝,可使与宾客言也,不知其仁也。"

【注解】

孟武伯:春秋时期鲁国大夫,仲孙氏,名彘,谥"武"。

赋:兵赋,指征发兵赋或征收军需用品。

求:孔子弟子,姓冉,名求,字子有,亦称冉有。

赤:孔子弟子,姓公西,名赤,字子华。

【广义】

孟武伯问孔子诸位弟子其仁如何,孔子不轻易以仁许人,言子路可治千里之国的军赋,冉有可以做管理城池与宗室之家的宰,而公西华可以充任外交官。孟武伯为三桓之一,是鲁国政治中的实力派人物之一,孔子的回答实有向孟武伯举荐其弟子之意,当然,孟武伯之问亦有择贤的意向。

5.8 子谓子贡曰:"女与回也孰愈?"对曰:"赐也何敢望回。回也闻一以知十,赐也闻一以知二。"子曰:"弗如也!吾与女,弗如也。"

【注解】

愈:胜过。

【广义】

孔子问子贡其自比颜回何如,子贡答曰颜回闻一知十,而自己仅能闻一知二。孔子赞叹道,我们皆不如颜回。孔子在弟子面前自言不如弟子,可见孔子为人博大,不为自己的身份所限缚,一心所向只在德与学。

5.9 宰予昼寝。子曰:"朽木不可雕也,粪土之墙不可杇也,于予与何诛。"子曰:"始吾于人也,听其言而信其行;今吾于人也,听其言而观其行。于予与改是。"

【注解】

宰予:又称宰我,孔子弟子,鲁国人。

杇：又作圬，粉刷墙壁。

诛：批评，责备。

【广义】

宰予是孔子弟子中较为特殊的一位。宰予白天睡觉，孔子对他作了严厉的批评。孔子说腐朽之木不可以雕琢，粪土垒的墙不堪粉刷，宰予简直无可救药。孔子又言，我观察一个人，一开始是听其言而信其行，现在我听其言而观其行。就是宰予让我作了这样的改变。

如果是偶尔的昼寝，孔子不至于如此严厉地予以批评。宰予昼寝可能意味着宰予生性懒怠，于孔子之教不甚用功。孔子痛恨这种怠惰懒散、荒弃光阴的行为。人身难得，光阴宝贵，人若不能勤勉于学，进益于德，实属浪费生命，孔子对此痛心疾首。

一个人很难说天生就是朽木与粪土之墙，之所以变成了朽木与粪土之墙，原因就在于自己放弃了用功。用我们今天的话来说，就是缺乏内驱力。教育的本质不在于知识的灌输，而在于生命的点燃。当一个人的生命被点燃时，他就会发出对生命意义的渴求，对人生成就的渴望，从而产生内在力量来追求更完满的生命。如若一个人缺乏对生命意义的渴求，缺乏内驱力，就会自暴自弃，放弃自己生命的很多可能，这是最可悲之事，如同朽木与粪土之墙，没有任何意义上的可塑性。因此，对子弟的教育，最根本的不在于外在的知识传授，而在于心灵的触动与影响，让生命之光从他自身中发出。要达到这样的教育效果，需要他从自身的努力中感受到努力的意义，感受到激励。这种生命意义的体验只有自己获得，是师长无法以知识的形式传授的。

又，宰予在孔门四科中，以言语为特长。宰予有言辩之才，而其行为甚不可取，所以孔子发出听其言而观其行的感叹，此亦是君子重其行而不欲巧其言的原因之一。

5.10　子曰："吾未见刚者。"或对曰："申枨。"子曰："枨也欲，焉得刚？"

【注解】

刚：刚正，坚韧不拔。

申枨：鲁人，或谓孔子弟子。

欲：多嗜欲。

【广义】

孔子叹息未见刚正之人，有人举申枨以对，孔子认为申枨多有嗜欲，不得为刚。人多欲则为其欲所屈，而不能自已。刚正之人，当能够克制其欲望，能胜物。此言当引起我们的省觉。人生在世或不能无欲，贵在节欲而申其志。若屈志而从其欲，其人亦不足观矣。

在后世的伦理思想中，如何定义欲望，合理的欲望范围是什么，引起了许多争论。二程弟子谢良佐言"为物掩之谓欲"[1]，形容得很深刻。人之于物，不能无欲，贵在节制。节制物欲，贵在高尚其志。人若无志，则难免纵情于物欲嗜好；若能高尚其志，则物欲不能掩，其为欲也不能为害。孟子云："养心莫善于寡欲。"（《孟子·尽心下》）为物所掩就是所求过分，欲望超过了合理的尺度，这就有害了。宋代理学以所求过分为欲，亦有深意。至若阳明后学以人欲为天理，改变了人欲的定义，泯灭了天理人欲之别，在伦理实践中不能无害。如果扩大人欲的范围，以人的一切生理与心理需求为欲，那么人在修身中所要戒备节制的对象是什么呢？抑或人的修身不需要戒备节制任何对象，一任放纵？因此，宋代理学以过分之求为欲有一定道理，不宜将一切生理与心理上的需要皆视为欲。

5.11　子贡曰："我不欲人之加诸我也，吾亦欲无加诸人。"子曰："赐也，非尔所及也。"

【注解】

加：凌加，施加。

【广义】

孔安国注云："言不能止人使不加非义于己。"邢昺疏云："夫子言使人不加非义于己，亦为难事，故曰：'赐也，此事非女所能及。'

---

[1]　（宋）朱熹撰：《四书章句集注》，中华书局1983年版，第78页。

言不能让人使不加非义于己也。"① 子贡言我不欲他人以非义之事凌加于我，亦不欲以非义之事凌加于他人。孔子认为这不是子贡所能做到的，诚然。不以非义之事凌加于他人，只要我们以道义约束自己，或许可以做到，而他人之行为我们如何预料而制止？人在社会中生活，难免会遭受非义之事，受到不公正的对待。社会正义的意义在于对不义之事加以矫正，一个社会恐怕不能完全杜绝不义之事的发生。

朱子《四书章句集注》则以仁与恕来解释此章，其言云："此仁者之事，不待勉强，故夫子以为非子贡所及。程子曰：'我不欲人之加诸我，吾亦欲无加诸人，仁也；施诸己而不愿，亦勿施于人，恕也。恕则子贡或能勉之，仁则非所及矣。'"② 如果勿施于人为恕，欲无加诸人为仁，二者有何区别？如杨树达写道："'无加于人为仁，勿施于人为恕，恕则子贡能勉，仁则非所及'，似不免强生分别之病，殆未是也。"③ 如果说我不以非义加诸人是恕，人不以非义加诸我为什么是仁？反之，仁者的定义包含不遭受非义之事的内容吗？仁者不是有大权能的神，如何杜绝不义之事的发生？如果说仁者意味着社会正义的全面实现，不会出于不义之事，那么，这个世界上还会有仁者吗？换言之，这样的社会会实现吗？

这就是道德理想主义与道德现实主义的区别。道德理想主义想象一种自发的、完善的社会秩序，每个人独善其身，那么整个社会就将实现全面的和谐。在某种意义上，自由主义者亦有如此想象。每个人都有理性，循其理性而恪守自由的界限，不侵犯他人的权利，那么这个社会就将实现自发的良好秩序。然而，朱子所言与自由主义之所想都预设了人性的极大完善。任何现实社会，这样人性的极大完善都难以实现。社会中所存在的不义无法自行消除，不可能期待行不义者的自我觉悟。社会需要通过外在的力量来矫正不义的行为，惩治有罪的人。正义与不义的斗争在可预计的人类历史中将长期存在。

① （三国）何晏注，（宋）邢昺疏：《论语注疏》，中国致公出版社2016年版，第69页。
② （宋）朱熹撰：《四书章句集注》，中华书局1983年版，第78—79页。
③ 杨树达：《论语疏证》，江西人民出版社2007年版，第79页。

5.12 子贡曰："夫子之文章，可得而闻也；夫子之言性与天道，不可得而闻也。"

【注解】

文章：指道德的外显，包含行为、仪容与文辞。现代汉语所说的"文章"仅指文辞。

【广义】

孔子之德外著，其德行与教诲为人所知，但子贡言不可得闻孔子谈论性与天道。此处语意可以有不同的理解：子贡所说的"不可得而闻"，指的是他自己不可得而闻，还是说他曾听闻，而寻常之人不可得而闻呢？

从《论语》一书而言，孔子论仁、孝、礼及为政、为学的内容甚多，而于性与天道确乎罕言。孔子论性只有一章，即《阳货》第十七，子曰："性相近也，习相远也。"孔子指称天的地方很多，但论天道似乎只有"天何言哉？四时行焉，百物生焉。天何言哉？"(《阳货》) 一句。即便在这两处，孔子也没有正面描述性与天道的内容是什么，只是外在地描述人之性相近和天道不言。所以，子贡说的"不可得而闻"，很可能指的是孔子于性与天道未曾说过什么，不只是寻常之人不与闻，孔子之弟子亦不曾听闻。不唯性与天道，于鬼神，孔子亦不曾正面论述。《先进》第十一，季路问事鬼神，子曰："未能事人，焉能事鬼？"曰："敢问死。"曰："未知生，焉知死？"可见孔子所教重在人事，其于天道、性、鬼神之事几乎没有言说。

正是因为孔子几乎没有言说，所以后世儒家对性与天道的理解具有较大的开放性。自汉至唐，人们一般从自然的意义上来理解性与天道，性即天之所生，主要是指人天生所表现出来的气质特点；天道即气化流行的世界以及万物化育所遵循的规律。正如何晏《论语注》所云："性者，人之所受以生也。天道者，元亨日新之道。"如若性与天道所指是这样的内容，孔子何以不言呢？《论语注》认为："深微，故不可得而闻也。"[①] 亦即，这并非孔子不对寻常之人或是不对弟子言

---

① (三国) 何晏注，(宋) 邢昺疏：《论语注疏》，中国致公出版社 2016 年版，第 69 页。

说，而是此理深微难以形之于语言。

宋明理学之于性与天道大书特书，其以天理为性，亦以天道即天理，故对《论语》此章的理解颇与汉唐不同。朱子《四书章句集注》云："性者，人所受之天理；天道者，天理自然之本体，其实一理也。言夫子之文章，日见乎外，固学者所共闻；至于性与天道，则夫子罕言之，而学者有不得闻者。盖圣门教不躐等，子贡至是始得闻之，而叹其美也。程子曰：'此子贡闻夫子之至论而叹美之言也。'"① 首先，朱子认为性与天道本质上是一物，皆是天理本身。其次，人们不曾听闻孔子谈论性与天道，这并非孔子不言，而是为学有次序差等，学力浅者不足与闻，至若孔子学力深厚的弟子自当与闻。子贡正是因为听闻孔子论性与天道而后发出这样的叹美之词，感叹寻常之人不得与闻。

从思想体系的结构来说，性与天道无疑是极为重要的思想话题，孔子阙而不言，后世学者也必将根据其理解补上这一块，尽管不同的时代对性与天道的理解各异。不过，我们仍须追问的是，在《论语》中，孔子的思想如果是自成一个系统的话，怎么会空缺这么重要的内容呢？如果不是空缺，其内容是什么？结合春秋时代的思想背景与孔子的言说，我们似乎可以推测，孔子对上天有虔诚的信仰。在《论语》的描述中，一方面，上天是其祈祷与发誓所指称的对象，是威严的；另一方面，天不言而以天地之行示人，表现出一定的理则，所以孔子又言"获罪于天，无所祷也"（《八佾》第三）。在人性论的问题上，孔子没有明确论述何谓人性。"性相近，习相远"说的是人性相近，而非相同。"性相近"指示孔子理解人性的经验，且这种经验不同于"习"所导致的人的差异。所以，孔子所说的人之性大致是指人有现实差异的天性与禀赋。

5.13　子路有闻，未之能行，唯恐有闻。

【广义】

子路勇于行义，闻夫子之道必能践行，如不能行，则不敢有闻。

---

① （宋）朱熹撰：《四书章句集注》，中华书局1983年版，第79页。

至少在子路这里，可见孔子之教行重于知。

5.14 子贡问曰："孔文子何以谓之文也?"子曰："敏而好学，不耻下问，是以谓之文也。"

【注解】

孔文子：卫大夫孔圉，谥"文"。

下问：向地位不如自己的人请教。

【广义】

子贡问孔子，孔文子何以谥曰"文"？孔子言孔文子求知之状，聪慧好学，而又能向不同身份的人请教，并不以己尊而有矜骄之态。

5.15 子谓子产，"有君子之道四焉：其行己也恭，其事上也敬，其养民也惠，其使民也义。"

【注解】

子产：即公孙侨，字子产，郑国大夫。

行己：指自我的修养。

【广义】

孔子认为子产有四个方面符合君子之道，一谓自我修养态度恭谦，二谓事奉上级态度尊敬，三谓养民有恩惠，四谓征用民力以道义。后世常用"内圣外王"来概括儒家的政治思想，孔子这里对子产的评论大体也是如此。子产作为郑国的执政大臣，首先有非常好的个人修养，能够恭己而敬人，可谓内圣；其次子产能安民、惠民，以道义对待百姓，可谓外王。

子产是春秋时期政治变革中的一位重要人物，我们可以通过孔子对子产的评论来认识孔子对那个时代政治变革的看法。子产的政治作为主要有以下几项，一是封田洫，《左传·襄公三十年》："子产使都鄙有章，上下有服；田有封洫，庐井有伍。大人之忠俭者，从而与之；泰侈者因而毙之。"二是，作丘赋，《左传·昭公四年》："郑子产作丘赋。"三是铸刑书，《左传·昭公六年》："三月，郑人铸刑书。"此外，据《国语》记载，子产不毁乡校，使国人得以自由地讨论时政。

5.16 子曰："晏平仲善与人交，久而敬之。"

【注解】

晏平仲：春秋时期齐国政治家晏婴，字仲，谥平，故称晏平仲。

【广义】

"久而敬之"有歧解，或谓人与晏子交久而不失对晏子的尊敬，或谓晏子与人交久而不失对他人的尊敬。不过，两解的共同点在于人之相交，久而能敬，这是一种可贵的品质。盖人之相与，初识相敬以礼，熟悉之后往往不以为意，忽于礼敬。久而能敬，可见敬人者之修养，使其能持久地、真正地尊敬他人。人之相交，生活不相交涉的陌生人之交更容易保持礼节上的礼貌，而越是共同生活的人，越难保持彼此之间的尊敬。盖陌生人之间无利害相关，共同生活的亲人利害相关，人若怀利己便己之心与人相交，久必生怨，安得相敬？有家有室者闻此宜加警悚。

又，晏子于孔子颇有意见。孔子青年时在齐国，齐景公对孔子颇为欣赏，欲以尼谿田封孔子，晏子向齐景公进言："夫儒者滑稽而不可轨法；倨傲自顺，不可以为下；崇丧遂哀，破产厚葬，不可以为俗；游说乞贷，不可以为国。自大贤之息，周室既衰，礼乐缺有间。今孔子盛容饰，繁登降之礼，趋详之节，累世不能殚其学，当年不能究其礼。君欲用之以移齐俗，非所以先细民也。"① 齐景公遂托以年老而不用孔子，孔子离开了齐国。但孔子对晏子并无怨言，反而予以称赞。又，晏子对孔子的评价不无夸张，其言论出于对孔子崇礼的反对。不过，孔子之学的确也重礼仪，而晏子尚简朴。《汉书·艺文志》列《晏子》书为儒家类，可见儒家学派内部实有不同。另外，对于汉代以降的中国社会来说，儒家其实就是主流社会文化与官学的代称，是中国主流社会文化的一个符号，未必与特定的思想观念相联系，而是对中国历史上许多不同的思想观念的一个概称。孔子与晏子学术不同，孟子与荀子之学也有差异，但他们都是先秦儒家的代表。后世儒家对先秦儒家的思想又有许多修正与完善，从而使儒学成为一个与时

---

① （汉）司马迁撰：《史记》，中华书局1982年版，第322页。

俱进的学术思想体系。

5.17　子曰："臧文仲居蔡，山节藻棁，何如其知也？"

【注解】

臧文仲：姬姓，臧氏，名辰，字仲，谥"文"，故称臧文仲，鲁国大夫，世为司寇。

居蔡：蔡指用于占卜的大龟，先秦时南方的蔡山产大龟，故称龟为蔡。居，藏。居蔡即家里藏有大龟。

山节藻棁：节，屋中柱头之斗拱，山节指在斗拱上绘有山形。棁，梁上短柱。藻棁即于柱上绘水藻。山节藻棁，天子宗庙之纹饰。

知：读"智"。

【广义】

臧文仲为鲁大夫，多有政治举措，如在鲁国饥荒时化解齐鲁矛盾，借粮于齐；善于外交，改善了鲁国的外交环境；废除关卡，推动了工商业贸易的发展等。臧文仲的诸多举措收到了效果，所以时人对臧文仲的评价颇高，称之为智者。然而，孔子认为臧文仲不守礼制，多有逾越礼制的行为，不可称之为智。春秋之时诸侯国以力相争，礼制已然崩坏，社会政治朝着富国强兵的实用的功利方向演进。孔子认为，在这个方向上走得越远，可能会陷入越深的矛盾。社会不能和谐，天下陷入无序，不知将如何收场。孔子对其时代深谋远虑，认为只有完善以礼让为核心的社会秩序，天下才能有道，人类社会才有希望。相较之下，臧文仲是一位推崇鲁国国家利益与百姓利益的政治家，或可称之为鲁之贤人，但他没有孔子那样对一个社会之根本秩序的深刻思考，对自身的修养亦不甚重视，所以孔子在时人推崇臧文仲时指出了其缺点。

5.18　子张问曰："令尹子文三仕为令尹，无喜色；三已之，无愠色。旧令尹之政，必以告新令尹。何如？"子曰："忠矣。"曰："仁矣乎？"曰："未知，焉得仁？""崔子弑齐君，陈文子有马十乘，弃而违之。至于他邦，则曰：'犹吾大夫崔子也。'违之。之一邦，则又曰：'犹吾大夫崔子也。' 违之。何如？" 子曰："清矣。" 曰："仁矣乎？" 曰："未知，焉得仁？"

【注解】

子文：芈姓，斗氏，字子文，名谷於菟，春秋时期楚国著名政治家。

崔杼：姜姓，崔氏，名杼，谥武，又称崔子、崔武子，春秋时期齐国权臣，执政二十年，弑齐庄公，立其弟景公，为人骄横。

陈文子：名须无，即田文子，谥文，齐庄公时大夫，与晏婴、崔杼等同时。

违：离开。

【广义】

此章孔子评价春秋时期的两位政治人物，子文和陈文子。子文三为令尹，为春秋时期楚国的强大作出了巨大的贡献。子文又有毁家纾难之举，即子文在楚国财政紧张之时，拿出自己的家产以救国用。子文一心为国，不为自己的名位有所悲喜，对继任者无所隐瞒。所以，孔子评价为忠。陈文子不仕无道之国，不与黑暗的政治同流合污，所以孔子评价为清。忠与清是美德，但尚未及于仁。

5.19 季文子三思而后行。子闻之，曰："再，斯可矣。"

【注解】

季文子：鲁大夫季孙行父，谥"文"。

【广义】

季文子遇事思虑再三，然后才行动，孔子认为思考两次也就够了，不必三思后行。宋儒程颐曰："为恶之人，未尝知有思，有思则为善矣。然至于再则已审，三则私意起而反惑矣，故夫子讥之。" 朱子云："君子务穷理而贵果断，不徒多思之为尚。"[1] 从一般的事理来说，遇到复杂疑难之事，需要三思，但不必事事三思。正如朱子所说，君子循理而行，贵在果断。一个人犹豫不决，或识理有所不明，

---

[1] （宋）朱熹撰：《四书章句集注》，中华书局1983年版，第81页。

或虽知事理但为利益计而不能决定。如程颐所说"三则私意起",一般来说,并不是因为一个人思考过多而后起私意,也即私意未必是思考带来的结果。相反,可能正是因为一个人心存私意,而其私意若不合于理,那么遇事举棋不定者往往有之。

5.20　子曰:"宁武子邦有道则知,邦无道则愚。其知可及也,其愚不可及也。"

【注解】

宁武子:卫国大夫宁俞,谥"武"。

【广义】

孔子认为,在治世中能够展现其政治才干的人很多,但在乱世中做一愚人的很少。这里的关键在于如何理解孔子所说的"愚"。皇侃《论语集解义疏》引孙绰之言云:"唯深达之士为能晦智藏名以全身远害。饰智以成名者易,去华以保性者难也。"① 即视其"愚"为"佯愚",在乱世中佯狂藏智以明哲保身。邢昺《论语注疏》:"若遇邦国有道,则显其知谋。若遇无道,则韬藏其知而佯愚。"② 不过,在乱世中佯愚隐身而自保,更似道家式的生存智慧,而非儒者所为。儒者之"愚",更近于明知不可为而为之。所谓"杀身成仁""舍生取义"是也。

朱子谓:"成公无道,至于失国,而武子周旋其间,尽心竭力,不避艰险。凡其所处,皆智巧之士所深避而不肯为者,而能卒保其身以济其君,此其愚之不可及也。"③ 面对无道之君导致的卫国危机,宁武子作为卫国大夫没有临危逃难,放弃职责,而是尽心竭力,最终得以"保其身以济其君"。在朱子的解释中,宁武子的形象无疑更近于有气节、负责任的儒者,但这样的形象并不是愚,而是大智大勇。程子也说:"邦无道能沉晦以免患,故曰不可及也。亦有不当愚者,比

---

① 徐望驾校注:《皇侃〈论语集解义疏〉》,江西人民出版社2009年版,第100页。

② (三国)何晏注,(宋)邢昺疏:《论语注疏》,中国致公出版社2016年版,第75页。

③ (宋)朱熹撰:《四书章句集注》,中华书局1983年版,第81页。

干是也。"① 程子认为这里的"愚"就是沉晦避祸的意思，但他又委婉地表示有时候君子当迎难而上，"不当愚"，如以死为谏的比干。当身处政治危乱时，何种情况下"当愚"，何种情况下"不当愚"？注《论语》者一般倾向于认为，君子在乱世中能够明哲保身是一种智慧，而且是一种难得的智慧。不过程朱对此略有不同的看法，他们认为君子应承担责任，力挽危局，哪怕不能成功，也须明知不可为而为之。明知不可为而为之，这不也是一种"愚"吗？

对于现代社会来说，以智取利者不少，而不计功利地坚守道义者可谓愚。人人皆表现为这样的"智"，整个社会反而会变得内卷，整体的生存境况也就更加令人焦虑。若能舍利求义，其行虽"愚"，而整个社会能得到更大的利益。智乎？愚乎？

5.21　子在陈曰："归与！归与！吾党之小子狂简，斐然成章，不知所以裁之。"

【注解】

党：乡党，吾党，本指同乡之人，后又指同类、同志之士。吾党之小子指孔子在鲁的门人弟子。

狂：志向过于远大，但又才学疏略。

斐然：有文采。

【广义】

孔子罢鲁司寇官之后带领弟子周游列国，长期居住在卫、陈两国。《史记·孔子世家》载："孔子居陈三岁，会晋楚争强，更伐陈，及吴侵陈，陈常被寇。孔子曰：'归与归与！吾党之小子狂简，进取不忘其初。'于是孔子去陈。"② 其辞与今本《论语》有异，或因司马迁所见《论语》版本与今本异。孔子去陈当在孔子周游列国后期，但具体在某年有多种说法，难以确定。

孔子离鲁经年，其志向未能实现，遂有归鲁之志。孔子感叹他的

① （宋）朱熹撰：《四书章句集注》，中华书局1983年版，第81页。
② （汉）司马迁撰：《史记》，中华书局1982年版，第325页。

弟子有志向、有才华，但尚缺历练，尚不能合理地规划和使用自己的才华。孔子的政治志向既然不能在诸侯国中实现，加之年纪渐老，孔子遂产生厌倦政治而欲回归文化与教育事业之心，所以举其弟子而称之。

5.22　子曰："伯夷、叔齐不念旧恶，怨是用希。"

【注解】

伯夷、叔齐：殷末周初孤竹君之二子，孤竹国为殷周时的诸侯国。

用：因而，因此。

【广义】

伯夷、叔齐兄弟是先秦时著名的贤人，其事颇有传奇色彩。孤竹君年老，欲立三子叔齐。孤竹君去世之后叔齐让位于兄长伯夷，伯夷以非父命而不肯受，离开孤竹国。叔齐亦不肯就君位，亦逃离孤竹国。二人在离开孤竹国的路上又相遇了，听闻西伯侯姬昌有德，皆欲前往投奔。在去周的路上听闻西伯侯已去世，其子武王正兴兵伐纣。伯夷、叔齐遂拦住武王的马说道："父死不葬，爰及干戈，可谓孝乎？以臣弑君，可谓仁乎？"周灭商平定天下之后，二人反对暴力革命，耻不食周粟，饿死于首阳山。临终作歌曰："登彼西山兮，采其薇矣。以暴易暴兮，不知其非矣。神农、虞、夏忽焉没兮，我安适归矣？于嗟徂兮，命之衰矣！"[①] 孟子评价说："伯夷，圣之清者也。"又说："故闻伯夷之风者，顽夫廉，懦夫有立志。"（《孟子·万章下》）

《论语·述而》篇子贡问于孔子："伯夷、叔齐何人也？"曰："古之贤人也。"曰："怨乎？"曰："求仁而得仁，又何怨？"如果这两条记载相关联的话，那么这里所说的"怨"不是指他人之怨，而是指伯夷、叔齐二人无怨无悔。所以，这句话的意思是，伯夷、叔齐不再挂念世上过去的恶，他们的内心无怨无悔。

一个时代有一个时代的政治主题。在儒家思想的主流传统中，武

①　（汉）司马迁撰：《史记》，中华书局1982年版，第390页。

王伐纣是顺应天命的正义之举，但伯夷、叔齐提出了不同的看法。司马迁表示这是"各从其志也"，即人各有志。当然，我们不免会问，既然武王伐纣是正义，为什么与之相反的意见仍然值得推崇？这是儒家伦理颇为可贵的一点。人类社会极为复杂，没有一种观念体系可以穷尽所有的可能并对其进行精确的伦理或道德价值排序，故难以构造一种严密而协调的正义秩序。从社会政治变革的角度来说，纣既不仁，武王伐纣以解除天下之苦，创建新的政治秩序，这是可以理解的正义。而伯夷、叔齐坚持他们自己的伦理主张和价值判断，即伦理上对忠与孝的绝对遵守。在宽泛的意义上，武王伐纣的行为或可理解为后果论，伯夷、叔齐坚持的是道义论。在这些不同的观念中，没有绝对的正确与错误。一个人可以坚持他自己的主张，只要他的主张带有伦理的性质，是道德的，是问心无愧的，而不只是为了满足自我的利益，那么我们就可以说这个人是高尚的、正直的。

由此，我们会发现，伦理观念之间或有冲突，但其共同点在于，其出发点不能是自我的利益，而是普遍的道德法则，或是公共的利益。伯夷、叔齐坚持自己的主张，反对以暴易暴的行为，虽然无力制止武王伐纣，但因为尽到了自己的努力与义务，虽死无憾。在这里，孔子强调"无怨"，正是伯夷、叔齐的坚持所彰显的价值所在。即即使我们有不同的观念，但我不会因为观念的不同，而采取暴力的方式来解决观念的分歧，甚至都不会因此而产生内心的不满。相反，一个坚持道义原则的人，会从这种道义坚守中获得内心的安宁，虽死亦无憾。

5.23 子曰："孰谓微生高直？或乞醯焉，乞诸其邻而与之。"

【注解】

微生高：鲁人，名高。

乞：讨要。

醯：即醋。

【广义】

人借醋于微生高，微生高不言自己没有，而借于邻人后与之。表面上看，微生高热情地想帮助他人，其实这是借他人之物来为自己赢得荣誉，故孔子认为不直。朱子谓"曲意殉物，掠美市恩，不得为直也"①，是中肯之言。如果自己方便，与人方便，施惠于人，这是一种善举。如若自己不方便，另有方便之人可满足他人之求，然而自己仍然想市人以恩，这就有故意施恩于人的嫌疑了。存心为善，虽然也值得嘉许，但其为人确有不直之嫌。

5.24　子曰："巧言、令色、足恭，左丘明耻之，丘亦耻之。匿怨而友其人，左丘明耻之，丘亦耻之。"

【注解】

令色：和颜善色取悦于人。

足恭：或以足为过分之意，即过分恭敬，意思可通，不过从言、色、足对举的角度看，这里的足当指人之足，即曲足而示恭敬貌。

左丘明：或谓即《左传》的作者左丘明，不详。

匿：藏。

【广义】

如果一个人对他人表示出过分的恭敬，取悦于人，左丘明以其人为耻，孔子亦然。如果一个人明明对他人心怀不满，但仍然装作友好的样子，左丘明以其人为耻，孔子亦然。二者看似不同，本质上是一回事，都指示一个人丧失自我人格，过于恭敬地取悦他人。巧言、令色、足恭者只是外在表现如此，未必发自真心。而当一个人感到自己对他人过分恭敬时，那么他对自己无尊严的表现亦必有憎怨，一旦对自己有了憎怨，就会设法为自己排解，从而将这憎怨归罪于他人。所以，一个人表现出过分谦卑和恭敬时，其内心往往是怀着怨恨的，本质上就是"匿怨而友其人"。

所以，在日常生活中我们要有独立的人格自尊，平等地待人，不要扭曲自己的心态。话虽如此，现实生活中人与人有社会地位的差异和利益的纠葛，往往会有不得不求人的情况。在这种情况下，我们仍

① （宋）朱熹撰：《四书章句集注》，中华书局1983年版，第82页。

然要反问自己，讨好他人以求利，丧失自我，心态发生扭曲，这值得吗？反之，面对他人对自己过分的恭谦，亦须作如是观。

5.25　颜渊、季路侍。子曰："盍各言尔志？"子路曰："愿车马、衣轻裘，与朋友共。敝之而无憾。"颜渊曰："愿无伐善，无施劳。"子路曰："愿闻子之志。"子曰："老者安之，朋友信之，少者怀之。"

【注解】

盍：何不。

裘：皮衣。

敝：坏。

伐善：夸耀自己的能干。

施劳：施读 yì，夸大自己的功劳。

【广义】

孔子问弟子之志，子路言待朋友以慷慨共财，颜渊言愿做一个谦逊的人。子路问孔子之志，孔子言愿能使老者获得安宁，使朋友能够信任，使少者能够怀念。子路与颜渊说的都是某种具体的合乎德性的行为，而孔子给出的是一种人心安顿的结果，这也许就是义与仁的区别吧。子路之慷慨，颜渊之谦让，可谓义之一端，能否实现仁则未知。孔子所谓安之、信之、怀之，仁者之能，使天下苍生各得其宜，其宏愿非常人所及。当然，这是孔子的愿望。从另一个角度来说，一个人可以由义而臻于仁。义者由我，即一个人可以选择义行，这是其行为的原则，不承诺结果的必然实现，不受客观条件的制约。而仁的实现则需要更多的条件，不是义行的叠加就可以实现的。孔子之谓仁表达了他对于理想之世的向往，指出一种理想的方向，并非承诺在特定条件下一定能够实现。

5.26　子曰："已矣乎！吾未见能见其过而内自讼者也。"

【注解】

内自讼：在内心作自我批判。

【广义】

孔子感叹，意识到自己的过错而能够作自我批判与谴责的人是如此少见。人莫不有过，而很多人也自知其过，但人们往往会给自己找借口，将其过错推诿于他因而为自己解脱，不敢径直承认自己的错误。每个人都有为其行为寻求正当理由的需要，即认为自己是对的。如果一个人明知自己的所作所为不对，仍然去做，其精神往往也会处于一种紧张不安的状态。而现实中许多人明明在做着不义之事，为何仍然安之若素？其原因就在于他们为自己的行为找到了开脱责任的理由。如人因贫而行窃，会将过错推诿于社会不公，而非自思其过。伤害他人者不思己过，而有责受害者之过而为自己开脱者。一个人为了将自己的行为合理化而找的理由要么是对现实的否认，要么是对道理的歪曲理解。故孔子所谓"自讼"者，就要求我们不能只是给自己找推诿过错的借口，而要反思所找的借口是否成立。如此才是一个正直的人对自己在道义上的严格要求，而非为求心安苟且于理。

5.27　子曰："十室之邑，必有忠信如丘者焉，不如丘之好学也。"

【注解】

十室之邑：形容城邑之小。

【广义】

孔子言忠信之人多而好学之人少。

雍也第六

6.1　子曰："雍也可使南面。"仲弓问子桑伯子，子曰："可也简。"仲弓曰："居敬而行简，以临其民，不亦可乎？居简而行简，无乃大简乎？"子曰："雍之言然。"

【注解】

雍：冉雍，字仲弓，孔子弟子。

南面：人君治朝面南而坐，故以南面代指诸侯国君。

子桑伯子：历史资料不足，其人不详。或疑为《庄子》中的子桑户。

大：太。

【广义】

孔子认为冉雍之才可使为人君。冉雍问孔子，子桑伯子之才可以为人君否？孔子答曰，可以，因为子桑伯子为政清静简省，不烦扰于人。冉雍说，如果其心恭敬地对待政事，在具体行政中又能保持简洁的风格，这样来治理，就很好；如果其心抱着简省的态度，来行简省之政，这样难道不是过于简略吗？孔子说，冉雍说的是对的。

孔子与冉雍讨论国君如何行政，孔子认为为君者当简，勿扰于官和民。冉雍对孔子的观点作了补充，认为还当以敬来行简朴之政。政事之繁与简，体现的是如何处理政治事务的方法与原则问题。政不欲繁，以简要为尚，政繁则冗，人浮于事，行政机制空转，不仅无益于解决问题，反而还会制造出政治问题。但组织机构皆有由简向繁发展的趋势，这是因为组织中的任何机构都有突出自我之重要性以获得更多利益的倾向，从而不断地增加人员与事项。添事则要添人，添人又会生更多事，如此反复。所以，简之一字说起来容易，实践起来难。要遏制组织机构膨胀的趋势，需要为政者以极大的魄力和能力精兵简政，克制政治权力日益滋长，要求支配更多的欲望。所以，人君能够为政以简，这是非常不容易的事情，需要为政者较高的道德修养与政治能力。

此外，值得注意的是，在孔子那个时代，国君之位应当是世袭的，为何会将出身普通的冉雍比拟为南面之君呢？如若将"南面"理解为人君之位，这实属难以理解之事，但自东汉包咸曰冉雍"可使南面者，言任诸侯治"① 以降，一般都是这样理解的。汉代的《白虎通义·封公侯》云："王者立三公、九卿、二十七大夫，足以教道，照幽隐，必复封诸侯何？重民之至也。善恶比而易知，故择贤而封之，以著其德，极其才。上以尊天子，备蕃辅，下以子养百姓，施行其道。开贤者之路，谦不自专，故列土封贤，因而象之，象贤重民也。"②《白虎通义》是汉代经学的总结之作，提出天子当择贤者封为诸侯。这在相当程度上可以视为汉代结合郡县制原则之后对封建体制的重塑。对于周代封建制度来说，分封诸侯主要体现为亲亲的原则，即周室所分封的，除了沿袭商代诸侯，以及周之功勋（如封姜太公于齐）之外，主要是周王室的亲族，即姬姓诸侯。周代分封制主要地并不体现立贤的特点。孔子一向维护周礼，这里认为冉雍之才可充人君之治，至少考虑了冉雍可以立为人君的可能性。如若在一种完全的等级制中，何人为君都是世袭的，不存在立贤的情况，那么我们很难想象孔子会说出将普通人比拟人君的话。孔子在这里间接地表达了应立贤者为人君的观点。如此，人君之位就不能只是通过世袭而获得了，有德有才之士就获得了更大的发挥其政治才能的空间。在当时的历史条件下，这种立君以贤的思想虽然显得过于理想，但是也反映了人们对理想政治与理想社会的追求，陈涉、吴广能够喊出"王侯将相宁有

①（三国）何晏注，（宋）邢昺疏：《论语注疏》，中国致公出版社2016年版，第79页。

②（清）陈立撰，吴则虞点校：《白虎通疏证》，中华书局1994年版，第133页。

种乎"① 的口号或许与这样的理想有关。汉代以降的注家才会自然地将这里的南面理解为君位，认为此位可以属于冉雍而不觉得不妥。这强化了儒家德位一致的政治原则。

6.2　哀公问："弟子孰为好学?"孔子对曰："有颜回者好学，不迁怒，不贰过。不幸短命死矣! 今也则亡，未闻好学者也。"

【注解】

贰过：一个错误犯第二次。

【广义】

孔子推举颜回之好学，为颜回之死深为惋惜。颜回之好学主要表现在对自身修养的无止境追求。孔子称颜渊之德曰"不迁怒，不贰过"。不迁怒者，反躬自求，反身自讼，勇于承担错误和后果，公正地对待自己与他人，不将过错推诿于他人。现实生活中，人们往往不能直面自己的错误，而会通过指斥他人来排解自己的情绪，将错误转嫁于他人，尤其是以这样的态度来对待亲人、孩子为多。不迁怒，是一个人克制情绪、完善自我、公正地对待他人的开始。同一错误不犯第二次，对于绝大多数人来说，难以做到。虽然如此，我们仍须以改正错误为志向，不要苟且偷安，为自己寻求心理上的解脱。如不能做到立马改正，再不犯同一错误，至少也要一次次地改善。颜回能做到不贰过，可见自我要求之严格，与意志之坚定。

6.3　子华使于齐，冉子为其母请粟。子曰："与之釜。"请益。曰："与之庾。"冉子与之粟五秉。子曰："赤之适齐也，乘肥马，衣轻裘。吾闻之也，君子周急不继富。"原思为之宰，与之粟九百，辞。子曰："毋! 以与尔邻里乡党乎!"

【注解】

子华：公西赤，字子华，孔子弟子。

冉子：指冉求。

---

① （汉）司马迁撰：《史记》，中华书局1982年版，第332页。

釜：容量单位，六斗四升为一釜。合今三斗二升，大约为一人一月之食。

益：增加。

庾：容量单位，二升四斗为一庾。

秉：一秉十六斛，一斛十斗，五秉合八百斗。

周急不继富：急，穷迫。周，补全不足。继，续其有余。

原思：原宪，字子思，孔子弟子。

九百：当为九百斛。

辞：推辞。

【广义】

从本章义理来说，君子济贫不济富，体现了孔子关爱弱者，主张经济平等的思想。子华为使，因其家之富，在齐过着相对奢华富足的生活，孔子不愿多与；原宪家贫，孔子多与粟九百。

从孔子、冉子与其他孔门弟子的关系来看，孔子与其弟子的社会关系颇为复杂。孔门似乎掌握了相当的政治经济权力，尤其是，孔子的一些弟子如冉有在季氏家中占据重要位置，具有相当的经济权力。另外，从这样的政治经济权力结构上来看，孔子对弟子的管理是宽简有度的，道义要求严谨，但并不在行为上加以特别严厉的约束与苛责。是以冉有可以绕开孔子之意而行事。

6.4　子谓仲弓曰："犁牛之子骍且角，虽欲勿用，山川其舍诸?"

【注解】

仲弓：即冉雍。

犁牛之子：犁牛，耕牛。犁牛之子，指耕牛的小牛犊。古代用于祭祀的牲专门圈养，耕牛不用于祭祀。

骍：赤色，周人尚赤。

角：指牛角周正，适宜于祭祀。

用：指用以祭祀。

山川：指山川之神。

【广义】

孔子对冉雍的褒赞意味深长。祭祀是古代社会生活中极为庄重之事，祭祀有身份等级的不同，能为祭祀所用也被认为是牲中之高贵者。耕牛虽有用于农业，但不能用于祭祀。孔子以犁牛之子喻冉雍，所欲说明的是，冉雍虽然出身不高，但其才德堪为南面之任。其时的社会宗法制度虽不会选用庶人为君，但在孔子看来，神灵必不弃庶人之才。这预示着后世儒家对宗法社会与贵族社会身份制度的突破，追求人才选拔更为公平的社会制度。

6.5 子曰："回也，其心三月不违仁，其余则日月至焉而已矣。"

【广义】

每个人的内心都有对道义的强调需要，即认为我所做的事情是对的才去做，否则就会产生自我否定的情绪。但如若做了不义之事，人们往往会否定事实或歪曲道义为自己开脱。向往仁德的人很多，但对于许多人来说，只是偶尔想一想，能真正直面事实，直面道义的人很少。偶或见义勇为，坚持道义，以仁待人者有之，但能长期做到的人极少。孔子言颜回三月不违仁，这是极高的赞誉了。

6.6 季康子问："仲由可使从政也与?"子曰："由也果，于从政乎何有?"曰："赐也，可使从政也与?"曰："赐也达，于从政乎何有?"曰："求也，可使从政也与?"曰："求也艺，于从政乎何有?"

【注解】

果：果敢，决断。

达：通达于人情事理。

艺：多有才艺。

【广义】

季康子作为鲁之执政问孔子弟子孰可从政，有求贤之意。孔子各举弟子之才以对，亦有向季康子举荐人才之意。注家多有对比 6.5 章孔子对颜回的称赞，并从全体之仁与具体德目的关系来理解孔子对颜回、子路、子贡、冉有等弟子的评价，及其中褒贬之意。钱穆云："此章见孔子因材设教，故能因材致用。"① 较为平实。仁者高远，难以蹈空而致，能果、达、艺，亦堪为人才。

此外，此章亦可见春秋晚期鲁国的政治体制已经朝向选贤与能的方向转变，而有别于宗法制下的贵族社会传统。

6.7　季氏使闵子骞为费宰。闵子骞曰："善为我辞焉。如有复我者，则吾必在汶上矣。"

【注解】

闵子骞：名损，字子骞，孔子早年的弟子。

费：季氏家邑，读 bì。

宰：本为家臣，这里指费邑之长。春秋时期，季氏所任命的费邑宰屡屡反叛，季氏欲招闵子骞为宰。

辞：推辞。

复：指复来招聘。

汶：水名，在齐鲁之间。汶水之上为齐，即言欲再招则去鲁之齐矣。

【广义】

《论语·先进》篇谓孔子四科中的德行科有：颜渊，闵子骞，冉伯牛，仲弓。闵子骞不欲出仕，逃季氏之聘。孔子弟子亦多有为季氏之家臣者，如子路、冉求等。季氏为鲁三桓之一，专鲁之政，鲁君失势，从政治正当的角度来说季氏有擅权之嫌。而季氏向孔门求人才时，孔子也没有拒绝，可见孔子教人亦有顺应时势的一面。闵子骞不欲为季氏臣，亦有其道义上的坚持。人各有志，窃以为不必厚此而薄彼。

6.8　伯牛有疾，子问之，自牖执其手，曰："亡之，命矣夫！斯人也而有斯疾也！斯人也而有斯疾也！"

【注解】

伯牛：冉耕，字伯牛，孔子弟子。

---

① 钱穆：《论语新解》，生活·读书·新知三联书店 2002 年版，第 133 页。

有疾：《淮南子》言伯牛为厉，即癞。①

牖：窗。伯牛有恶疾惧其传染，不欲见人，故孔子自牖执其手。

【广义】

冉伯牛位列孔门四科之德行科，然不幸而有恶疾，在那个时代难以治愈，孔子伤之，归之为命。宗教学与伦理学往往会假定德福一致以劝人为善，然而孔子并不如此认为。伯牛有德，然遭逢此疾，德祸两不相干，孔子以为命也。君子怀德，不必期以福，心安而已。君子当以德为怀，其为德在己；不当以福为志，其为福不在己，有所谓命也。宅心于德则心安，无德则命薄，即便有福与位，亦易失去。

6.9　子曰："贤哉，回也！一箪食，一瓢饮，在陋巷。人不堪其忧，回也不改其乐。贤哉，回也！"

【注解】

箪：盛饭食的竹器。

瓢：剖瓠盛水之具。

【广义】

孔子赞颜回在陋巷中过着贫苦的生活，却不以为忧，仍然有其生活之乐，这是一种多么高尚的贤德。

现代社会较之于古代社会科学技术要进步得多，物质生活显然更为丰富。但是，除了物质的丰富与医疗水平的进步提高了人的平均寿命与生活质量外，现代人的生活焦虑感、工作的时长等，似乎并没有随着科技的进步而得到更好的缓解。明明随着科技的进步，投入较少的劳动就可以实现同等的生产成果，为何加班现象甚至比以往更为严重？现代社会的绝大多数人明明吃穿不愁，为何仍然生活在焦虑之中？

人活着究竟是为了什么？追求什么？想得到什么？对于社会中的大多数人来说，往往不会真正去思考这些问题，而是随社会潮流而动。也即人往往并不是为自己而活，而是生活在社会关系、人际关系

---

① 何宁：《淮南子集释》，中华书局1998年版，第550页。

中，受他人之眼光影响，为他人而活。人人皆欲得到的东西，争而得之，即可获得成就感，可使人满足和快乐；人人皆不欲之物，无人争之，视为土苴，委弃于地。

人在儿童时喜欢玩具，得一石一叶，一枝一棍，玩得不亦乐乎。如果这玩具有人争夺，就更起劲了，愿己得之而不愿与他人共享。长大之后不再能够从这些玩具中得到乐趣，一个重要的原因就是社会中人都不以此为贵，独自赏玩也就索然无味。故人所贵者不在物本身，而在竞争。如足球与篮球比赛，人并不以得球、进球为贵，而以进球多为贵。是以数人争抢一球，球员与观众皆以此为乐。如若人手一球，各投一篮，则玩者无味，观者无趣，不若数人争抢为乐。然而，既然有竞争，那么就有胜负。人喜胜而恶负，胜者才能得到物质利益，胜者也才能得到更多的尊重与认同，而负者往往为人所轻鄙。

孔子厌恶竞争，以射为德。射者不竞于人，而竞于己。但求自我的进步，无关他人。故孔子曰："君子无所争。必也射乎！揖让而升，下而饮。其争也君子。"（《论语·八佾》）君子不争，则无胜负于其中。人不求胜负，仅从生存所需着眼，其所求就容易得到满足，就不会有更多的欲望与贪念。

颜回在陋巷，怡然自得，靠着仅够生存的物资就过得很快乐。原颜回之心，他自然不会担心自己因为贫困而为人所轻视，也没有胜过他人而获得优越感的心理需要。如此安然自得的生活，没有焦虑，没有烦恼，自然而乐。

现代社会的焦虑来自竞争，也来自赛道的狭窄与拥挤。如果我们不只以名利取人，不以世俗的成功与否取人，而能够欣赏人与世界的多样性与生活本身乐趣，甚至泯却欣赏的需要，减少好胜之心，减少贪求之念，那么在科技进步的今天，就可以生活得多么轻松而愉快。颜回在陋巷之中，一箪食，一瓢饮，犹然可乐，更何况物质相对充裕的今天呢？人们在现代生活中所背负的枷锁究竟是什么？难道不正是将人生的意义与生活的乐趣仰仗于他人目光的心理需要吗？这种心理需要过于强烈实属对生命本身有害。

然而，人的本性究竟难以改变。人不能没有追求，对于孔子来说，人生活的意义如果在于向外追求，其成功与否取决于他人的眼光，不如向内追求，追求自身品德的完成与个人生活的情趣，如此则不必以他人肯定与否为取舍，如此则生活自然可乐。是以，以德为目标，追求更美好的自我，其得在我不在人。以胜过他人，以某种外在的幸福为目标，其得在人，或曰在命，不在我，如此，科技进步适成竞争的手段。这种竞争的态势没有改变，科技进步对人生活的正面意义也就有限。

贤哉，回也！

6.10　冉求曰："非不说子之道，力不足也。"子曰："力不足者，中道而废。今女画。"

【注解】

说：悦。

废：止。

画：划，指划地自限。

【广义】

在孔门弟子中，冉求以多才多艺著名，后为季氏家臣。孔子因材施教，最欣赏的是颜回、冉雍、闵子骞等以德行著称的几位弟子，以才艺著称者如子路、子贡、冉求，孔子亦能欣赏，但希望他们能在仁德修养上更进一步。冉求告诉孔子，他也欲于仁德之地更进一步，而力有不逮。孔子答之曰，力不足者可以中途休息，俟后有力再图前进，现在冉求则不然，以力不足为借口自己限定了自己。

在孔子看来，人之进德无有止境，其决定因素不在力之大小，而在于志向之有无。《论语·述而》谓"志于道"，苟能志于道，德进无疆。孔子曰："我欲仁，斯仁至矣。"所以，问题的关键在于人能否以道为志，以仁为志。人人皆知利益的好处，以满足自己的欲望为乐。以道为志，以仁为志，不知其为乐如何。是以人多倾向于追求快乐，而不欲以未曾体验过的抽象原则为志。如何激发人的求道之志、向仁之心？换言之，如何将人趋利避害、趋乐避苦的生理本能引向对道的向往，激发其道德动机，这是教育者所要思考的问题。

个人理性的意志未必坚定，多数人受环境的影响更大。因此，道德动机的养成需要为之营造相应的文化环境与舆论环境。家庭、学校的教育难以与社会大环境相对抗。虽然如此，社会、学校、家庭都需要往有利于道德教育的方向努力，不可将道德文化完全视为个人的选择而不予表彰与提倡。

6.11   子谓子夏曰："女为君子儒，无为小人儒。"

【注解】

子夏：卜氏，名商，字子夏，孔子弟子，以文学著称。

【广义】

孔子教导子夏当为君子儒，勿做小人儒。君子者，尊德而重道；小人者，求乐而嗜利。春秋时所说的小人虽然暗含道德含义，不过主要还是指人通过某种职业来谋生的身份，是相较于大人、君子这样的贵族身份而言的。儒者即当为君子，尚有小人之儒乎？《说文》："儒，术士之称。"先秦时儒是一种职业，或谓以六艺为业，与巫、祝、史、卜、工并。在这诸行业之中，儒者本为相礼之人，因孔子特别推崇知识、道德、教育与认识世界的理性精神，儒者就有了更好的知识传承与学术传统，故而从诸行业中脱颖而出，成为中国传统社会知识、道德、教育的象征。故在春秋时，孔子既以儒门自立，故告诫子夏勿以儒者为谋生的职业而已，而当以君子为理想，志于道而不汲汲于谋生。

6.12   子游为武城宰。子曰："女得人焉尔乎？"曰："有澹台灭明者，行不由径。非公事，未尝至于偃之室也。"

【注解】

子游：即言偃，字子游，孔子弟子。

武城：鲁邑名。

澹台灭明：复姓澹台，名灭明，字子羽，鲁武城人，后亦为孔子弟子。

径：小路，捷径。行不由径，指遵守礼制规范，不为了方便而走捷径。

【广义】

孔子问子游在武城是否发现了贤人，子游告之曰澹台灭明有操守，恪守规则，不走捷径，不与长官攀附私人关系。

走捷径，攀关系，或许可以获得更多的利益。如若一个人所钻营者只是利益，其人格势必卑下。钻营利益者重视利益，亦将为了利益而患得患失，有所焦虑，其所失者不只是自己的人格与操守，还包括真正发自内心的快乐。

6.13　子曰："孟之反不伐，奔而殿。将入门，策其马，曰：'非敢后也，马不进也。'"

【注解】

孟之反：名侧，字子反，鲁大夫。

伐：夸耀。

奔：军败而逃。

殿：殿后，指军队奔亡时殿后拒敌。

策：鞭策。

【广义】

孟之反在败军之中殿后拒敌，人赞其勇，孟之反推辞这项荣誉，说这并不是自己勇敢，只是马跑得不快。美名者，人之所欲，无论孟之反是以实情相告，还是自谦而推辞，均可见他不以此美名为意。

6.14　子曰："不有祝鮀之佞而有宋朝之美，难乎免于今之世矣！"

【注解】

祝鮀：字子鱼，卫国大夫。祝，即祝史，掌祭祀之赞词。

佞：有口才。

宋朝：宋国之公子，其时出奔在卫国，有美色。

【广义】

孔子言，如果一个人没有祝鮀那样的口才，而有宋朝那样的美貌，则他难以在这个世道中保全自己。

6.15　子曰："谁能出不由户？何莫由斯道也？"

【注解】

由：经由。

【广义】

人都要通过门户以进出，人难道不也是通过道而生活吗？为什么人们很少率道而行？孔子此言可以包含两个判断，一，道是普遍的，每个人的生活都必须经由道，我们只是不知道而已；二，道是人所应当过的合理的生活，是人所应当遵循的行为方式，但世人多背道而行。所以，"道"这个概念可以包含多个层次。首先，道就是这个世界运作的方式，万事万物莫不体现着道。其次，既然万事万物都体现着道，那么现实社会生活中的一切内容皆有其道理，只是这道理是客观的、普遍有效的，却不一定是人意欲的善的内容。因此，"道"的概念就有了一种狭义的应用，即道体现的是万事万物的根本法则，而不是所有的法则，人应当遵循这种根本法则。这样的道或应称为道义。对于孔子来说，遵循道义才是人生值得过的生活，人们也因此才得以保全，获得安身立命。人之不由斯道，不唯志向之不坚，亦是知识上的缺陷。

6.16　子曰："质胜文则野，文胜质则史。文质彬彬，然后君子。"

【注解】

质：质朴，质地，指人本能的性情。

文：文饰、文章，引申为外在的礼仪、制度。

野：如野人之鄙陋、野蛮。

史：本义为掌管文书之官，这里指掌管文书的文学之士多文而诚不足。

彬彬：文质兼备貌。

【广义】

孔子认为人有质有文，质过于文则其修养不能制其情，表现为野；文过于质则伪而不诚，无感情实质，表现为史。只有文质相当才能称之为君子。

文质是儒家形容人品性的一对独特概念，进而用以概括一个社会的风俗与制度特点。质即实质、本质，人之质即人之性情，是人发自内心的真情实质及其气质、性格与特点。情是人之质，一个人若薄于情，不可谓人矣。但人又不可纵于情而不加节制，纵于情者无修养，近乎野，即如同野人一样，缺乏教育。反之，如若人之修养与礼貌多于其所应有的感情实质，则流于虚伪，如同文史之士多矫饰情性，用心不诚。所以，一个人应当有情，同时应有恰当的修养来表达情，如此方可称为君子。

后世学者又将文质之变引申到制度领域，以制度粗略为质，而以制度周密为文。如《礼记·表记》言："子曰：虞夏之质，殷周之文，至矣！虞夏之文，不胜其质；殷周之质，不胜其文。"汉代董仲舒《天人三策》云："夏上忠，殷上敬，周上文者，所继之救，当用此也。……今汉继大乱之后，若宜少损周之文致，用夏之忠者。"① 又董氏《春秋繁露·三代改制质文》云："王者以制，一商一夏，一质一文，商质者主天，夏文者主地，《春秋》者主人，故三等也。"②《史记》论三代制度变迁云："夏之政忠。忠之敝，小人以野，故殷人承之以敬。敬之敝，小人以鬼，故周人承之以文。文之敝，小人以僿（即薄），故救僿莫若以忠。三王之道若循环，终而复始。周秦之间，可谓文敝矣。秦政不改，反酷刑法，岂不缪乎？故汉兴，承敝易变，使人不倦，得天统矣。"③

诸说都认为周制的性质是文，但对夏商两代性质的理解有所不同。《礼记·表记》认为虞夏为质，殷周为文；《春秋繁露·三代改制质文》主张换代则改制，夏文，商质，周文。其说不同，背后的原

---

① （汉）班固撰，（唐）颜师古注：《汉书》，中华书局2005年版，第1915页。
② （清）苏舆撰，钟哲点校：《春秋繁露义证》，中华书局1992年版，第200页。
③ （汉）司马迁撰：《史记》，中华书局1982年版，第83页。

理相似，即以制度的文质互救为原则。制度之文指的是制度严密，规定细致，以防人心之狡诈；制度的质指的是规章制度较为粗略，其假定人能够根据制度的精神自觉地施行。制度过密者使人事陷入烦琐，人心浮而不实，制度过简者易致疏漏，有罅隙可乘。大率而言，在特定的组织机构中，制度有从简到繁的演进趋势，组织机构无不有自我膨胀从而求得自身利益最大化的趋向。要打断这样的趋向须加以外部干涉，精兵简政，裁汰冗余。但一个国家作为整体而言，不易得到外部干涉，故需要自我革命。这也就是中国改朝换代的一种制度意义，废除旧制，创立新制，其背后即有质文循环的规律，其实质是组织机构从创设到利益膨胀以致自我塌陷，再到重生的过程。《表记》《天人三策》《史记》《白虎通义》皆有夏忠、殷敬、周文之说，三教互救，从宽泛的意义上来说也是文质互救的一种表现形式。

6.17　子曰："人之生也直，罔之生也幸而免。"

【注解】

直：正直，直道。

罔：欺骗，不正直。

【广义】

孔子说，人天生即正直，率性而诚；如果一个人生而不直，怀有诬罔狡诈、欺骗虚伪之心，那么他能够免于刑罪或免于早死，只不过是运气好罢了。

《中庸》云："诚者，天之道；诚之者，人之道。"谓天道本身就是诚，不会隐藏自己，不会欺骗人什么，而人则不然，人会隐藏自己的意图与行迹，欺骗于人，如是则不诚，正因为人或有不诚，故须努力复其诚。所以，孔子说，人之生本于天道，无有欺罔，盖上天何欺之有？如果人人行此直道、诚道，则世道亦将正直，罪恶亦将减少。但现实社会中有许多狡诈欺罔，人之不直亦可知也。在一个不直的、缺少诚的世道中，人生就会变更艰难，充满了陷阱。

不过，从另一个角度来说，人生之直需要直接地、正面地对待自我与人生。然而，现实中的人莫不有这样或那样的缺陷与不足，其心若不能满足，则思歪曲现实以自慰其心，求得满足，如此，则不直。所以，人不唯善于欺骗他人，亦善于欺骗自己。人是一种追求完美意义的动物，需要优越感，以获得心理上的舒适。这其实也是一种欲望。基于此，人就会难以直面自己的不足，进而通过虚幻的方式来满足自我。人连自我都能够欺骗，更不用说对他人了。是以人之生也虽直，但很少有人能够直面现实的自我与人生，而需要在一种或宏大或夸张的意义叙事中获得心理上的满足。君子不需要心理安慰，能够以坚毅之志直面自我的缺陷与人世的不幸和残酷。人生在世，循物理而动，率道而行，不偏狭，不妄作，不以物喜，不以己悲，喜怒同于天地四时，此可谓直与诚。

6.18　子曰："知之者不如好之者，好之者不如乐之者。"

【广义】

孔子说，人知晓某种事理，拥有某种知识，不如以之为好，以之为好不如以之为乐。朱子引张栻之语云："知而不能好，则是知之未至也；好之而未及于乐，则是好之未至也。此古之学者，所以自强而不息者欤？"[①]《学而》篇云："学而时习之，不亦说乎？"孔子认为，学习本身是一件令人喜悦之事。人无知时心中为之堵塞，一旦知之则豁然开朗，此诚可乐。但现实中人的求知之乐往往被他事所压倒，从而带着别的目的去学习，而不完全是凭着自己的喜好去学习。如在考试的压力下，为了考试成绩而学习，如若考试成绩不佳，将要面对自己与他人的失望，这种压力使人觉得学习是一件极痛苦的事情，不愿意面对。如若有自由的时间，无其他功利的目的与压力，人的求知本性就能显露出来。因此，欲使求知者能好之乃至于乐之，需要为求知创造一种宽松自然的环境，消除外在的压力，感受知识、知道所带来的成就感，如此才能好之、乐之。

---

① （宋）朱熹撰：《四书章句集注》，中华书局 1983 年版，第 89 页。

6.19　子曰："中人以上，可以语上也；中人以下，不可以语上也。"

【注解】

语：告知。

【广义】

孔子虽然认为性相近，但现实中人与人的知识与理解能力差异甚大。孔子认为现实人群是分层的，认知层次较高者才能理解那些较高深的道理，而认知层次较低者则难以理解。对人群的知识能力进行分层，是孔子因材施教的基础。能够现实地把握不同层次人群的特点及其相应的利益诉求，也是实现优良的社会治理的基础。忽视人群分层，盲目地追求所有人的某种人性或某种能力的全面实现，容易导致政治上的激进主义，脱离社会现实，从而带来社会灾难。正是因为人类社会是分层的，所以需要给予相应人群以合适的位置。

6.20　樊迟问知。子曰："务民之义，敬鬼神而远之，可谓知矣。"问仁。曰："仁者先难而后获，可谓仁矣。"

【注解】

樊迟：樊须，字子迟，孔子弟子。

知：读"智"。

务民之义：以民之义为急务。

先难而后获：难事争做在前，收获甘居人后。

【广义】

从孔子的回答来看，樊迟所问应当是为政何谓智？孔子回答，为政者以民事为急务，对鬼神之事宜加尊敬，但要远之，不要专务于鬼神之事。孔子又说，对于为政者来说，仁就是多贡献，少索取。为政是公共服务，为政者当思迎难而上，不怕艰险，以贡献于国家与人民为义，而以个人利益的索求为后，如此可谓仁。

孔子二论极有深意。春秋之世，尚少现代科学这样以理性的态度来理解世界的观念，流行各种神灵信仰，不独中国为然，世界各民族的历史皆然。孔子早在两千多年前提出敬鬼神而远之，这是对世界的理性认识。之所以要敬鬼神，是因为人心需要一种超越者来抚慰。社会信仰总是存在的，敬鬼神可以满足人的心理需要，这是一种需要重视的社会文化，应当积极地维护。但对于为政者来说，敬鬼神看重的是其社会功能，而非鬼神本身有什么超自然的能力。为政者须率民做实际的事情，不可盲目地信奉鬼神。这是为政之智。至于为政者之用心，在贡献与收获之间，孔子并非全教公务员只贡献不收获。公务员也需要生活，也需要利益的满足。但公务员比其他人群掌握着更大的权力和更重要的社会资源，应有为社会贡献在先、向社会索求在后的品德与觉悟。

6.21　子曰："知者乐水，仁者乐山；知者动，仁者静；知者乐，仁者寿。"

【注解】

知：读"智"。

【广义】

智与仁是儒者所推崇的两种美德，二者的性质有所不同。孔子认为智者近乎水，灵动，仁者近乎山，坚毅；智者常动，仁者常静；智者快乐，仁者长寿。君子见山不动而思意志坚定，君子见水流动而思处事灵活，达其效而后已。孔子以山水喻仁智，于自然中见品格与智慧，体现了中国传统思想中的天人合一之境。

6.22　子曰："齐一变，至于鲁；鲁一变，至于道。"

【广义】

春秋时期的齐国经过管仲的政治变革之后变得更加强大，不过，孔子认为齐国虽强，其社会政治的理想性不如鲁。鲁虽有三桓专政之弊，国亦不甚强，但孔子认为，鲁的礼乐秩序尚存，故其政治优于齐国。鲁国若能更进一步，则可以达到更高的理想，即实现道。

春秋战国以来，各国纷纷以法家变法，厉行奖惩，以激励人心，明确社会竞争机制，激发社会活力，从而使国家变得更为强盛。但孔子对此另有深思。一个为功利所激励的社会，真的那么理想吗？孔子认为，一个礼乐秩序主导的社会，人虽有安分保守之弊，但人无争心，各安其位，这样的社会更理想。然而，历史进程表明，社会中的竞争不仅不会停止，反而会愈演愈烈。这并非说明孔子迂腐，恰恰证明一个社会不能只是考虑更快地发展，更多的财富增长，更先进的科学技术，这些外在条件并不一定使人过得更好，而人内心的美德与宁静比向外追求更可贵。当代社会物质丰富，而在内卷的情形下人过得仍然那么焦虑，那么辛苦和艰难，这需要我们反思人类社会的追求究竟应该是什么。孔子所说诚为圣哲之言。

6.23　子曰："觚不觚，觚哉！觚哉！"

【注解】

觚：酒器，其形上圆下方，其量二升。

【广义】

"觚不觚"有两解，一谓制觚当有棱，工人为简省不制其棱，制觚不以旧制；一谓觚为酒器当依礼使用，其用失礼，不成其觚。二说不知孰是，其义相近，即今时制觚不似旧制，用觚不依其礼，那么觚还是觚吗？盖孔子感其时政治失序，礼制崩解。或谓秩序始终都在变迁之中，旧制解体，将形成新制，何必一仍旧制？春秋时期的政治变革亦为孔子所见，在孔子看来，如能在周礼基础上形成新的以礼为中心的秩序是较为理想的，但其时周礼解体所形成的新制趋向于刑法之治，务于功利，导致诸侯国竞争加剧，社会冲突更为剧烈，孔子对这样的历史方向深感忧虑。

6.24　宰我问曰："仁者，虽告之曰，'井有仁焉'，其从之也？"子曰："何为其然也？君子可逝也，不可陷也；可欺也，不可罔也。"

【注解】

井有仁：或谓此"仁"字当作"人"，即谓有人跌落井中，仁者会随之下井（冒着危险）去救吗？或谓，如其字，即有人落井，仁者（冒着危险）下井救人为仁举，他会去做吗？

何为其然也：为何会如此？

逝：往。

陷：陷害。

罔：迷惑，欺骗。

【广义】

宰我问孔子，对于一位仁者来说，如果有人告诉（欺骗）他井下有人，但他去救的话就会牺牲，他会去救吗？孔子回答说，为什么会这样呢？君子可能会被诱骗过去，但不会这样被陷害；君子可以被小人歪曲事实来欺骗，但不会在道义选择上迷惑。

此章言仁者之仁必不愚。世上或有愚忠、愚孝之事，即人为忠为孝而不知变通，有害大义，是为愚，但仁者为仁必不愚。人行仁而愚，则为愚人，不得为仁者。仁者或为人所欺骗，不知真假，但与愚忠愚孝之不明大义不同，仁者不会惑于事理而做出愚蠢的行为。

6.25　子曰："君子博学于文，约之以礼，亦可以弗畔矣夫！"

【注解】

文：指典籍、制度、礼仪之类的知识。

约：本义为以绳束物，引申为简约、约束。

畔：同"叛"。

【广义】

君子广泛地学习文章与礼乐，再以简约的礼仪原则约束自己，如此则不会背离自己所学的理论知识。

博与约是孔子非常强调的两个君子修养原则。天地广大，万事万物莫不有理，君子不可不知，为学宜博。博者不可尽行，君子当择其有益己身者践行之，故修身以约。博学而约礼，其为学为人日益笃实，方有进益。

6.26　子见南子，子路不说。夫子矢之曰："予所否者，天厌之！天厌之！"

【注解】

南子：卫灵公夫人，传闻其人淫。

矢：誓。

否：不。予所否者，指不合乎礼者。

厌：厌弃，或谓厌即压。

【广义】

卫灵公夫人南子名声不佳，孔子见南子，子路不悦，孔子誓言若有非礼之举将为上天所厌。

6.27　子曰："中庸之为德也，其至矣乎！民鲜久矣。"

【注解】

鲜：少。

【广义】

《中庸》曰："中庸其至矣夫！民鲜能久矣。"其文与《论语》稍异。

中庸乃百姓日常之道，广大易行，而现今之民多不能行此道，可见民风之衰，风俗颓坏。

6.28　子贡曰："如有博施于民而能济众，何如？可谓仁乎？"子曰："何事于仁，必也圣乎！尧舜其犹病诸！夫仁者，己欲立而立人，己欲达而达人。能近取譬，可谓仁之方也已。"

【注解】

施：施舍，给予。

何事于仁：即与仁有何相关？孔子之意是，能博施济众者，不只是仁，乃可谓圣，须是圣人之行。

病：缺陷，不足。

立：成立，能成就人道。

达：指志向实现。

譬：譬喻。

方：路径，方法。

【广义】

此章论及仁与圣之不同。子贡问博施济众可以称作仁吗？孔子答曰，苟能如此，不只是仁，乃是圣人之行。即便是尧舜亦不能做到博施济众。孔子又言，什么是仁者？自己所欲做成的，同时也能够帮助他人实现，一个人能心存此念，可谓仁者。能将自己的感受与意志推及他人，思及他人同怀此心，而欲成就之，这就是成就仁的方法了。

在孔子那个时代，由于生产力所限，物质常不足，人类总体生存状况较为贫乏。即便是仁者，在那样的时代也只能说具有仁心，能够以己喻人，自己能够成就的，就希望能够成就他人。但仁者之心能否普遍地实现，则还要取决于客观历史条件的限制。若是物资不足，可以开发的自然资源与社会生产力不足以承载众多的人口，即便是尧舜那样的圣人，也不能做到博施济众。现代社会物资相对充裕得多，博施济众尚可实现。

社会经济条件对伦理道德的实现实有极大的影响。大致而言，经济发达，社会犯罪率会下降，社会总体道德水平会得到改善。经济落后，人为了生存，犯罪行为可能频发。反过来，因为经济发达，生存不再构成问题，人与人之间的依赖下降，人生活的自由度上升，道德的约束力就会下降；经济落后，人有生存压力，生活的自由度更小，人与人之间的依赖更强，伦理与道德所构成的约束力就越强。如若在经济发达的时代，人们能够提升其道德水平，那么这样的社会无疑是更理想的。

述而第七

7.1 子曰："述而不作，信而好古，窃比于我老彭。"

【注解】

述：述其所闻。

作：著作，创制。

窃：谦辞，私自，暗自。

老彭：商代之贤大夫。窃比于我老彭，即窃比我于老彭。

【广义】

孔子自言传述其所闻，而不创作新义、新制，笃信而喜好古代文化，自比于商之贤人老彭。我们可以将夫子自道视为自谦之辞，不过从另一个角度来说，在孔子的自我理解中，他并不是所谓的儒家创始人，而是华夏古代文明的继承者，其所述不过是古圣贤之礼乐制度与义理思想。从中国历史来看，华夏文明源远流长，至少在周公之时中国思想与礼乐制度就已相当成熟，通常我们视之为中国人文主义与理性主义思想的起源。的确，在宗周文化中，对天道的理解已从神转向了德，这就意味着我们的先人对世界的理解从对神灵的信仰转向了对世界秩序及其运作原理的深刻把握。在《论语》中，孔子亦多次提及周公，表达对周公的崇敬，其为信古者确有所本。后世以孔子为圣人，盖记载前圣之事的文献多不存，孔子传述六经，于时代变迁中实有其思想的创著，不能因其自谦而掩其思想的光芒。

老彭其人不可考，或谓老彭即道家所说老聃与彭祖。其名似有关联，但彭祖特以长寿闻，而老子为出世之隐者，二者在先秦礼乐文明主流中并不突出，以孔子比老聃、彭祖义无所取。

7.2　子曰："默而识之，学而不厌，诲人不倦，何有于我哉？"
【注解】

识：读"志"，记。

何有于我：或解为于我何难，有自夸之嫌，似应理解为此三事于我何有。

【广义】

此章亦孔子自谦，谓人之好学，见到他人的长处或有意义的知识就在心里默默地记住，好学而不知厌，教诲弟子而不知疲倦，人或以此况我，而我真能做到吗？

7.3　子曰："德之不修，学之不讲，闻义不能徙，不善不能改，是吾忧也。"
【注解】

徙：迁徙，改而从之。

【广义】

夫子自道其志，在乎修德，讲学，闻义而从，改过迁善。人之好学从德，其进无疆，诚为可喜可贵之事。一日如此似不难，一生如此诚为不易。坚持而力行，是一切品德的基础。

7.4　子之燕居，申申如也，夭夭如也。
【注解】

燕居：闲居。

申申：舒适安闲貌。

夭夭：容色和悦貌。

【广义】

孔子闲居时，舒适安闲，容色和悦，则其为人宽宏简易可知。尽管性情有天生的一面，更是后天养成的。儒家认为人之修身变化气质，无不可臻于善。当代人多讲究权利，人我之界限分明，人之相与，易为侵犯。人之易怒，常为此类事情计较故。君子修养常以简易宽大为怀，常责己恕，能恕人过，性情平易，如春风和煦。如若人难以相处，动辄结怨，常常是因为自己的内心不够强大，容易受到利益、情绪、关系、得失的影响。一个人如若能够向内自求，以德为尚，勿责于人，则能恕人。观孔子闲居之貌，知其内心充实，不求于人，不责于物，故能怡然顺物。

7.5　子曰："甚矣吾衰也！久矣吾不复梦见周公。"

【注解】

衰：年老之叹。

【广义】

孔子壮年有治平之志，以周公为榜样，故常梦见周公。春秋时势之乱难以挽回，在资源有限、人口增长的情况下，中国社会不可避免地走向更激烈的社会竞争。一旦社会竞争加剧，固有的宗法礼乐制度难以维系，而新的礼法制度尚未成型，然孔子年老，壮心已衰，徒然感叹世道无可挽回，遂有不复梦见周公之叹。

7.6　子曰："志于道，据于德，依于仁，游于艺。"

【注解】

艺：才艺，春秋时有所谓六艺，曰礼、乐、射、御、书、数。

【广义】

道应当是人的最高志向，但道无形，体现为德。德即人将道内化为自身的内容，体现为人格修养与人对他人、对社会所作的贡献。道之在人足为可据，所以人当"据于德"。仁是人对世界、对他人，也是对自我所具有的爱的感情，在这种感情中体现其精神满足与价值追求，故"依于仁"。艺是人所具有的才能，是人在日常生活与工作中所展现出来的能力以及高尚的生活方式。游者，自信而从容之貌。道德仁艺，是从抽象到具体的实现路径；志据依游，是人从志向到践行的生活现实，向我们展现了修身的内容与方法。

7.7　子曰："自行束脩以上，吾未尝无诲焉。"

【注解】

束脩：古代拜师之礼物，即干脯，一般认为是十条腊肉。周代礼制，士大夫相见必执赘以为礼，《周礼》载："孤执皮帛，卿执羔，大夫执雁，士执雉，庶人执鹜，工商执鸡。"束脩不在身份执礼之列，一般认为是礼之薄者。

【广义】

春秋时是宗法贵族社会，平民一般无受教育之机会。即使在春秋后期，随着工商业发展，平民也有富裕者，但文化教育仍是贵族之专利。孔子有教无类，开放教育之门，广收学生，体现了孔子平等视人的观念。

近代以来，国人往往将中国古代与现代西方之社会特质对立起来，以西方为自由，以中国为专制，以西方为平等，以中国为不平等，以西方为开放，以中国为保守，诸如此类。但这出于近代国人为西方之强盛所惊骇，在西方传教士批评中国社会伦理的诱导下所做的自我批判，往往言过其实。如若考察中国古代的思想与社会，我们就能发现中国传统社会对平等的追求远远超过同时期的西方，甚至更接近于现代社会。在古希腊人以人的材质尚有金、银、铜、铁之别时，中国早在《尚书》中就将"民"放在天命与国家政治的中心位置。先秦诸子之学关注的焦点问题在于社会治理结构与治理方法的设置，不在区分人先天身份的不同。在其时所建构的社会治理结构中，民通过学习成才而成为国家治理者，这不仅是诸子的主张，也是春秋战国所发生的历史事实。孔子面向广大民众有教无类的思想并非其首创，而是其时代思潮的一种反映。当然，这不能否认，在追求教育平等权利方面，孔子是伟大的先行者。

7.8　子曰："不愤不启，不悱不发，举一隅不以三隅反，则不复也。"

【注解】

愤：郁于心而不通。

悱：口欲言而不能。

隅：角落，物之一面。

反：反证。

复：再次。

【广义】

孔子言教学生之法，贵在学生求学之志，不在老师知识灌输。今日之教育同样也讲求学生要有好奇心，向学之志，以及发奋于学的内驱力。家长与老师在教育时需要注意让学生自己从学习中获得成就，激发其好学之志，保持其好奇心，促使其通过学习内容的收获以实现内在的激励。这是教育最有成效的方法。

7.9 子食于有丧者之侧，未尝饱也。子于是日哭，则不歌。

【广义】

有人丧其亲人，孔子身当此境，同感其恻怆隐痛之情，食之不饱。人有丧而饱食若素，是无同情之心。哭出于哀戚，哀戚之日不为欢乐之事。

在儒家对人的理解中，人不可无情，对情的感通是人生在世的基本特征，是人之为人的意义所在。只有理性能力而无情感的人，不过是工具人。

7.10 子谓颜渊曰："用之则行，舍之则藏，惟我与尔有是夫！"子路曰："子行三军，则谁与？"子曰："暴虎冯河，死而无悔者，吾不与也。必也临事而惧，好谋而成者也。"

【注解】

用之则行，舍之则藏：指其才能用于治世，那么就将出仕，如果不能用于治世，则退隐过自己的生活，不为所忧。

暴虎：徒手搏虎。

冯河：徒步涉河。

与：赞与。

【广义】

孔子自述其志，且赞颜渊，言人能否实现其政治理想，不仅在于自己的作为，也有所谓命运，如若不能实现，那么也将接受这样的命运，安之若素。与孟子"达则兼济天下，穷则独善其身"旨意相近。子路自告其勇，言若统率三军作战，则可与子路共。孔子对子路之勇作了委婉的批评。孔子反对近乎鲁莽的勇气，而赞赏严谨慎重的行事风格。

7.11　子曰："富而可求也，虽执鞭之士，吾亦为之。如不可求，从吾所好。"

【注解】

执鞭之士：赶车之人，指地位不高的差役。

【广义】

孔子言，如若富贵是可以追求的，那么即便从事卑微的工作我也会去追求；如若富贵是不可求的，那么我当遂我心意地去生活。孔子意在表达不可汲汲于富贵，但求活得适意的人生态度。

注家一般认为此章包含一种富贵在天而不可求的意思，《论语》中固有"富贵在天"之语，不过这也是劝诫人们勿汲汲于追求富贵之意，并不是说富贵完全出于命定而不可求。问题在于，追求富贵所付出的代价是什么，社会所有阶层都以富贵为人生目标，那么整个社会将会变成什么样？

春秋后期，私有制形成，工商业发展，平民通过经商或努力劳动而致富的可能性是存在的。而孔子所考虑的主要不是个体经济，而是整个社会的状况。如果一个社会中的人皆以富贵为目标，那么这个社会势必形成激烈的竞争，功利成败将成为这个社会主要的评价机制。孔子认为这不是一个理想的社会。一个理想的社会应当让人能够按照其喜好的方式来生活，即"从吾所好"。当然，有的人会说，一个贫穷的人，如何能够实现"从吾所好"？不过，其"所好"未必是富贵才能实现之事，对于孔子来说，"饭疏食饮水，曲肱而枕之，乐亦在其中矣"，其乐也，非富贵而后能为乐。

对于大多数人来说，现代社会的焦虑并非生存的焦虑，而是能否富贵的焦虑。从个体理性的角度来说，通过努力谋求更好的物质生活条件，这是应当之事，但同时对利益的追求不可掩盖对其他生活意义的欣赏与追求。而对于社会整体来说，判断一个社会优良与否的标准不仅仅在于物质财富的积累与生活条件的改善，更在于社会关系的改善与和睦，人与人之间正向的协作关系。人固有好胜之心，意欲胜过他人，追求竞争的胜利。如若人人皆以追逐富贵为心，社会的赛道就变得极其狭窄，人将越来越焦虑，社会整体将变得不再适宜生活，人人皆成输家。所以，在个人努力谋求职业以获得生存的基础上，我们的社会应当拓展生活的丰富性，欣赏不同的成功，而不仅仅追求富贵名利。这就需要文化建设，文化可以带给人更丰富的人生意义体验，而不仅仅是物质利益与好胜之心。文化提供了人生意义更多的选项，提供了更多样的生活方式。社会整体的文化氛围改善了之后，现代社会生存竞争的焦虑亦将得到缓解。当然，在这个过程中，我们更需要相对公平的社会条件。

7.12　子之所慎：齐，战，疾。

【注解】

齐：读"斋"，祭祀之前的斋戒。

【广义】

孔子所慎者三事，斋戒、战争与疾病。斋戒之所慎其实是祭祀。疾病事关人之生死，尤其是在古代医疗条件落后的情况下，重视身体健康是自然之事。《左传》云："国之大事，在祀与戎。"战争对国家的重要意义易于理解，战争的成败可以决定国家之安危存亡。祭祀何以如此重要？尤其是儒家并不完全肯定鬼神的存在，为何孔子仍然如此重视祭祀？

对于古代社会来说，祭祀的重要意义有二，一是告慰亡灵，安抚生者；二是可以更好地维系共同体的组织与生命。在一个家庭、家族中，如若长辈过世，子女之间的联系就没那么紧密了，而每年的家祭，可以让家庭、家族更加团结，加深彼此的情感联结。在周代宗法社会中，贵族的家族组织同时即国家最为核心的政治组织。周代分封之初，姬姓诸侯国之间尚有较近的血缘关系。而随着世代的传递，诸侯国之间的血缘亲情越来越浅。将创建基业的太祖符号化为家族与国家的象征，通过对其共同祖先的祭祀来实现其政治共同体的认同与团结，这是维持其政治共同体组织必不可少的环节。因此，祭祀在古代社会生活中具有重要意义。在现代社会，无论是国家祭祀还是家庭祭祀，其意义也是一样的。由此我们就可以理解，孔子之所慎者，何以是斋、战、疾三事。

7.13　子在齐闻《韶》，三月不知肉味。曰："不图为乐之至于斯也！"

【注解】

《韶》：舜乐名。古代时一朝有一朝之礼乐，据《周礼·大司乐》载，黄帝、尧、舜、禹、汤、周武王六代之乐分别是云门大卷、大咸、大韶、大夏、大濩、大武。

【广义】

孔子赞叹韶乐之美，以至于三月不知食肉之味。

7.14　冉有曰："夫子为卫君乎？"子贡曰："诺。吾将问之。"入，曰："伯夷、叔齐何人也？"曰："古之贤人也。"曰："怨乎？"曰："求仁而得仁，又何怨。"出，曰："夫子不为也。"

【注解】

为：赞同，帮助。

卫君：卫灵公之世子蒯聩与灵公夫人南子相恶，蒯聩欲杀南子，卫灵公逐蒯聩，蒯聩逃至晋国。卫灵公薨，蒯聩之子辄即位，为卫出公。晋国赵简子派阳虎等送蒯聩归国，欲立蒯聩为君。卫国不纳，发兵击蒯聩。时孔子在卫，此章对话即发生在蒯聩与辄父子相争期间，这里的卫君指卫出公辄。

伯夷、叔齐：事见前文，这里引伯夷、叔齐兄弟辞国君之位而不受的典故，他们的父亲命叔齐为君，叔齐让于伯夷，伯夷不违父命而逃，叔齐以己非嫡长而不受君位，亦逃。

【广义】

春秋之世，诸侯国为争夺君位引发无数的政治冲突，乃至于战争。其根本原因或不在于人心崩坏，盖人心往往是由社会环境所塑造的，但人先天的本性是难以改变的。诸侯国中争夺君位的现实原因是周天子权威的丧失，上无监督机制，则下肆无忌惮，往往有弑君者不怕被制裁。卫国为争夺君位而致政治动荡由来已久，如早在春秋前期就有州吁之乱。

蒯聩之乱发生时孔子与群弟子正在卫国，其弟子有仕于卫者，则必然牵涉其中。如子路为孔悝之家宰，孔悝为卫国大夫，而孔悝之母为蒯聩之姊，孔悝是蒯聩的外甥。其时孔悝之母逼迫孔悝与蒯聩结盟，以助蒯聩，子路前去援救孔悝，被蒯聩的手下所杀。

在此之前，蒯聩入卫欲夺其子辄的君位，冉有与子贡欲知孔子的立场。子贡没有直接问孔子是否助卫君辄抵御其父蒯聩，而是问孔子伯夷、叔齐之事，孔子答曰求仁得仁，无所怨。如若人人按照礼制行事，则天下自安，问题出在有人不按礼制行事，而其人恰恰又是礼制中所应尊崇的君与父，如此则给臣与子带来无法克服的矛盾。伯夷、叔齐的父亲孤竹君不当命叔齐继位，而当命伯夷继位，如此则名正言顺。蒯聩如不归国与辄争位，卫国亦不必陷入此种内乱。如此来看，则主要的过错在蒯聩一边，而辄面对其父的过错，亦不知如何自处，孔子亦不愿看到子与父相争。

或认为，冤有头，债有主，谁制造了问题，应当追溯其责任，从源头上予以纠正。孤竹君之命不当，则应有相应的政治机制来纠正君不恰当的命令。蒯聩为卫灵公所逐，则自然失去为卫君的资格，辄之反抗是有道理的，即不以父命辞王父命。在先秦宗法制下，君位继承原则固然大于父子之亲，但父子之伦是宗法制成立的重要根据，父子关系本身即君位继承的直接根据，如果失去父子之伦，那么宗法制本身也就将抽象为一般性的政治关系，与血缘亲情没有关系了。如此，建立在血缘亲情基础上的宗法贵族制也就失去存在的意义了。而在春秋之时，人们尚不能预见宗法贵族制之外政治组织的方案还可以是什么，所以，当这种政治乱局危及宗法制本身时，孔子亦无可奈何。对于他来说，只有更好地遵守礼制，秩序才能得以矫正。

有人认为，如若先秦宗法制不能恰当地安排政治秩序，实现政治公正与稳定，那么应当变革其制，将人的不稳定性因素消除在制度框架中。这样的考虑无疑是有意义的，在好的制度中人的缺陷对政治秩序的干扰将得到一定程度的克服。不过，制度需要人去遵守，而不能自行运转，制度之有效有赖于政治均衡的条件。如果政治均衡被打破了，那么制度也将沦为虚设。春秋宗法制失去了其社会政治基础，权势下移，打破了君臣之间固有的均衡，是以本有的君臣之礼就失去了其效用。政治均衡固然受许多现实的因素影响，而孔子于其中特别强调人本身的道德修养，和对抽象道德原则的恪守。后世的政治均衡将如何演变孔子难以预料，但无论在何种情形下，制度都需要人来遵守，因此，人服从于制度及其道义的品格在任何时候都是值得推崇的。

7.15　子曰："饭疏食饮水，曲肱而枕之，乐亦在其中矣。不义而富且贵，于我如浮云。"

【注解】

饭：食用。

疏食：粗饭。

肱：手臂。

【广义】

夫子自道其志，不愿追求不义的富贵。浮云者，来去无踪，了无痕迹，人自不可追逐浮云而获得什么。不义之富贵于孔子亦是如此，既不可持有，也不必挂怀。孔子于清贫的生活中自然可乐，所乐何事？生命的意义在于生命本身，不在对生命之外物的追逐。消除了多余的欲望与焦虑，生活本身的可贵就显现出来了。

7.16　子曰："加我数年，五十以学《易》，可以无大过矣。"

【注解】

易：或作"亦"，读作"五十以学，亦可以无大过矣"。其理由是，孔子不必五十方始学《易》，且为何学《易》即无大过？不过，同样的理由也可以追问作"亦"者，孔子为何五十始学？故从"易"，不从"亦"。

五十：或以"五十"字误，当作"卒"。

【广义】

孔子言，如有更多的时间研习《周易》，那么可以无大过。《周易》推天道而形成一套简易的模拟系统，正如朱子所说："学《易》，则明乎吉凶消长之理，进退存亡之道，故可以无大过。"[1]

人生于世，在抉择取舍之际，往往踌躇于利害得失，动情于中，而生焦虑。明乎《周易》，知事体自然之理，人生无须勉强，勉强所得，亦必甚费于生命，所不值也。

7.17　子所雅言，《诗》、《书》、执礼，皆雅言也。

【注解】

雅言：雅，常。雅言，即平素所常言。

【广义】

此章述孔子平素生活中常以《诗》《书》及礼为言。宋明理学所常探求的天理与性理，孔子所罕言。《诗》《书》《礼》人所能行，笃行此道者可以为君子，为贤人，常称性理、天道者，或为妄人，未必有笃实之行。

或以雅言为正言，犹国语或标准语，谓孔子读书执礼时必用标准语。

7.18　叶公问孔子于子路，子路不对。子曰："女奚不曰，其为人也，发愤忘食，乐以忘忧，不知老之将至云尔。"

【注解】

叶公：楚国大夫沈诸梁，字子高，为叶县尹，称叶公。

奚：何不。

---

[1] （宋）朱熹撰：《四书章句集注》，中华书局1983年版，第97页。

【广义】

孔子自述之言，其义有二，一是好学，以至于"发愤忘食"；二是以学为乐，以至于忘却了忧愁和衰老。在《论语》中，孔子一般是谦虚的，但他从不掩饰自己的好学。儒家区别于其他文化传统的根本要素就在于，儒者以理性的力量来把握世界，直面人生，通过学来理解未知，把握未知。通过学的积累，自我的理性力量就能增长，就不再需要其他因素来安慰自我的情绪与惧怕。正因如此，学既是对好奇之心的满足，也是自我力量的体现，这种自我实现的成就与对世界和人生的把握带给人更深刻的快乐。

7.19　子曰："我非生而知之者，好古，敏以求之者也。"

【注解】

敏：勤快，快捷。

【广义】

中国古代以孔子为圣人，无论汉宋之儒，皆有以孔子为生而知之者。在这里，孔子自述其非生而知之，不过是特别喜好古代圣贤所传下来的学问，并表示自己就是如此求知不倦的人。对于宋明理学家来说，孔子作为圣人一定是生而知之的，但孔子在这里亦非假意而言。如若我们在文明论的意义上将孔子理解为通过努力而实现其为文明之典范，这无疑更能激励儒家士大夫的追求，何必一定要将孔子视为神化了的圣人呢？

7.20　子不语怪、力、乱、神。

【广义】

孔子平素不言稀奇古怪之事，暴力或强力，悖乱之事，以及有关神的事情。这与前章"子所雅言"形成鲜明对比。孔子留意的是人间之事，是人世的生存结构与价值内容，其论神也往往着眼于神灵祭祀对人世的意义。这体现了儒家的理性品格，对理性所不能及的领域保持沉默，而通过人的理性可以把握的，则努力发掘其于人世的实际意义。孔子之所以能够如此，其背后是对世界有一种更为深刻的理解，即对道的理解。这个世界所展示的无不是道的体现，而道是人的理性可以体知、可以理解的。人在理解道的基础上对自身就有了切实的意义体验与掌握自身命运的把握。如此，则怪、力、乱、神何所用？如若人不能有见于道，才会惑于怪、力、乱、神之事。

7.21　子曰："三人行，必有我师焉。择其善者而从之，其不善者而改之。"

【广义】

圣如孔子亦常求己过，而思人之贤，这是儒家的修身之道。与朋友交，当择其善而学习，其不善者自加反省，未必责之于友人。改过迁善本是不易之事。至于亲亲，相责以善，则必有伤于感情。孟子云："父子之间不责善，责善则离。"（《孟子·离娄上》）董仲舒云："以仁安人，以义正我。"[①] 对待自己当以严格的道义来要求，对待他人宜以宽宏谦让之心，此乃君子之道也。

7.22　子曰："天生德于予，桓魋其如予何？"

【注解】

桓魋（tuí）：又称向魋，宋国人，任宋司马，谋反失败被逐。

【广义】

时孔子在宋，与弟子演礼于树下。宋司马桓魋伐其树威胁孔子，孔子如是言。

在春秋衰乱之世，孔子有传承华夏文明的使命感，为上天所选中，故称"天生德于予"。孔子以文德之教为使命，桓魋又能如何呢？孔子以其道德，无惧于命运的风波与坎坷。

德者，得也，天道之灌注于人身，人对天道的禀受，内化为人的内在修养。

---

① （清）苏舆撰，钟哲点校：《春秋繁露义证》，中华书局1992年版，第243页。

7.23　子曰："二三子以我为隐乎？吾无隐乎尔。我无行而不与二三子者，是丘也。"

【注解】

隐：隐瞒。

【广义】

孔子之德深广，人所不及，是以孔子弟子怀疑其师有未传之学。孔子言并非有所隐瞒而不传。儒者实不必重视所谓的秘传之学。对于孔子来说，学者进益之路与君子修身之道是平易而明白的，即有向道向学之志，然后改过迁善，日新其德，日积月累，必有所成。人之不能成就其德与学，并不是未能得到什么秘闻与诀窍，而应反躬自省，是否每日有所长进。正如孔子批评冉有："力不足者，中道而废。今女画。"（《论语·雍也》）

7.24　**子以四教：文，行，忠，信。**

【广义】

承上章，孔子于弟子并无所隐，其所教者四，曰文献典籍，礼仪行为，及忠信之心。

7.25　**子曰："圣人，吾不得而见之矣；得见君子者，斯可矣。"子曰："善人，吾不得而见之矣；得见有恒者，斯可矣。亡而为有，虚而为盈，约而为泰，难乎有恒矣。"**

【广义】

此章言修身立德之难。孔子言，圣人世所稀有，固不得见之，世上能有君子，也可以满意了。又言，本心良善之人亦不多见，一个人能有恒心立德行善，也可以满意了。糟糕的是，人们常常无知装有知，空虚装充实，贫乏装丰富，如此则很难有恒心了。

人常不愿甚至不能直面自己。人都有心理满足的需要，不只是物质追求、精神需要，也有道义的需要，即使一个人干了亏心事，也常常寻他人的责任而在道义上为自己开脱。一个人如果不能正视自己，那么就不能客观地自我反省，也就难以承认自己的不足，改正错误，也就谈不上坚持修身改过的恒心了。修身之难如此，是以君子与善人尚不可多得，更何况圣人乎？宋明以降在道德修养上好高骛远，直指圣人之境，以圣人自期，反而多有画虎不成反类犬者，心不诚之故也。是以学者勿轻言圣人，但求笃行君子。

7.26 子钓而不纲，弋不射宿。

【注解】

纲：大绳，这里指以长绳系很多鱼钩而网鱼。

弋：以绳系于箭而射。

宿：这里指宿于巢中之鸟。

【广义】

孔子不以渔猎为生，其钓与射不过是生活之闲情，属于"游艺"之类，故不必多求猎物。宿鸟或是倦而晚归，或是卧巢护养幼鸟。钓而不纲者，不求贪多；弋不射宿者，仁者之心。

7.27 子曰："盖有不知而作之者，我无是也。多闻择其善者而从之，多见而识之，知之次也。"

【注解】

作：著作。

【广义】

孔子言，世上多有无知而著作的人。无知而作，妄作也。孔子认为，一个人应当虚己以学，并践行其所学，这是最好的；即使不能践行其所学，也要知道什么是好的，什么是不好的，具有广泛的知识和辨别能力，这是次好的。

对于孔子来说，一个人的行为应当以道义为中心，道义所在，即义不容辞，道义所非，就不能为了贪求利益而妄为。这其实是一个很高的要求，尤其是在今天的市场经济时代。现代出版的目的并不在于是否有知识上的价值，如从知识创新的角度来说，许多书籍都是不必出的。现代社会因为出版的便捷，已没有了古代对文字的那种尊崇。中国传统社会提到文字，文化人，或是读书人，都假定了其所具有的道德内涵。而在今天，文献、文人都已中性化，文献只是传递信息，信息的功能可能有教化的意义，也可以仅仅是工具性的。有知识的人也只代表有知识，并不承诺就是一个道德上的君子。

7.28　互乡难与言，童子见，门人惑。子曰："与其进也，不与其退也，唯何甚！人洁己以进，与其洁也，不保其往也。"

【注解】

互乡：乡名，其乡风俗恶，其人不通道理，故称"难与言"。

与：赞与，支持。

唯何甚：如此有什么过分的呢？

洁己：谓其人有洁身自好之心。

【广义】

此章述孔子待人之宽宏。互乡之童子出身不佳，过往或有谬误之处，门人怪孔子为何与此等无教养之人相见。孔子则嘉其向道之志。此亦既往不咎之义。

7.29　子曰："仁远乎哉？我欲仁，斯仁至矣。"

【广义】

人以仁为难，而孔子言仁之易。仁之难易不在外在条件变化，而在自我心志的改变。心志的改变说难即难，难在人皆愿获得现实的利益与好处，不愿在穷困中守道义；说易即易，只在心志的转向，亦一刹那间，无待于其他条件。人之逐于名利，往往期于名利之可得，在得失之间而有所焦虑不安。人若体知患得患失之心态亦是一种煎熬，转念间顿觉放下的轻松自在，或许也就能够转变其自利与追求之心，变成向道自足之志。此理不在说教，学者须沉心体会。

7.30　陈司败问昭公知礼乎？孔子曰："知礼。"孔子退，揖巫马期而进之，曰："吾闻君子不党，君子亦党乎？君取于吴为同姓，谓之吴孟子。君而知礼，孰不知礼？"巫马期以告。子曰："丘也幸，苟有过，人必知之。"

【注解】

陈司败：陈，指陈国。司败，或谓即司寇之官。

昭公：鲁昭公。

巫马期：孔子弟子。"揖巫马期而进之"，指陈司败在孔子走后揖巫马期而与之言。

同姓：指鲁昭公娶于吴国，皆为姬姓。古代同姓不婚。

吴孟子：按春秋习俗，吴女应称孟姬，昭公讳其同姓，故称吴孟子。

【广义】

陈司败有心刁难孔子，问鲁君知礼否，孔子为君讳，而曰知礼。陈司败举昭公娶同姓而难之，孔子没有为昭公辩解，也没有为自己辩解，坦诚他人能指出自己的过错，使自己能够知错而改，是自己的幸运。

此章可见孔子为人坦荡宏大，不与人计较小节。钱穆称其辞"微婉而严正"，于陈司败亦是一种教诲。① 为难他人以为胜，不免有狂狷偏狭之气。学者宜正学以养己德，勿伺他人之过而求胜，亦不必与偏狭之士争一长短。

7.31 子与人歌而善，必使反之，而后和之。

【注解】

反：反复，重复。

【广义】

孔子喜好音乐，闻有善歌者则向其请教，直至学会。

7.32 子曰："文，莫吾犹人也。躬行君子，则吾未之有得。"

【注解】

文：指文献知识。

莫：疑词，大约，或许。

---

① 钱穆：《论语新解》，生活·读书·新知三联书店 2002 年版，第 175 页。

【广义】

此章记孔子自谦。孔子自言，文献知识或许我与他人一样掌握了一些，但要说躬行君子，我还称不上。亦见儒者之为学重在实行，不在以知识胜人。化知识为自身的德行与修养，方是为己之学。

7.33　子曰："若圣与仁，则吾岂敢？抑为之不厌，诲人不倦，则可谓云尔已矣。"公西华曰："正唯弟子不能学也。"

【广义】

孔子修为至高，但自谦不敢当于圣与仁，其所不谦者一为好学，二为诲人不倦。其为圣为仁，人所不及，普通人难以到达此种境界，至于教与学，是人在日常生活中可以追求的，故孔子示之以能。

7.34　子疾病，子路请祷。子曰："有诸？"子路对曰："有之。《诔》曰：'祷尔于上下神祇。'"子曰："丘之祷久矣。"

【注解】

《诔》：祷告文。

【广义】

先秦时医疗不甚发达，人亦多不明疾病的生理机制，所以时常求之于巫与神。孔子则不信鬼神之事，但重视鬼神信仰与祭祀的社会组织和教化功能，故敬而远之。孔子认为，即便鬼神有知，那也将因人之德而赐福，不会不分青红皂白地听从人的祈祷。所以，对于子路之祷，孔子是不以为然的，并认为自己之敬鬼神由来已久，而不在临时抱佛脚。

7.35　子曰："奢则不孙，俭则固。与其不孙也，宁固。"

【注解】

孙：同"逊"。

固：固陋，简陋。

【广义】

孔子推崇节俭，反对奢华。在古代经济增长不可预计的条件下，节俭可以让既定的物质资源最大程度地养活更多人。尤其是，节俭作为一种品德，不浪费，不虚荣，不放肆。奢华体现了一个人的自我满足来自外在的物质享受，其内心空虚，缺乏德的修养，亦可见一斑。

现代社会主张通过刺激消费以拉动经济增长，或主张富人奢华，多花钱，让财富流通起来，盘活经济，让不同的阶层都得到好处。这需要分情况来讨论。在国际经济竞争的情况下，通过各种方式发展本国经济，可以在竞争中占得先机。不过从个人修养的角度来说，为了拉动消费或贩卖焦虑，或刺激奢靡享受之心，或为了一时的经济利益，而有损于长远的社会道德风气，弊大于利，不可取。在这样的情况下，即便实现了经济增长，而社会中人的生存境况并没有改善，反而会因为经济竞争和攀比之心变得更加焦虑，整个社会的处境更加糟糕。

7.36　子曰："君子坦荡荡，小人长戚戚。"
【广义】

君子胸怀坦荡，不忧不惧；小人则常怀忧戚之情。

君子之坦荡，并非没有生活中的忧虑，只是不以为忧。君子之志在道与德，不在个人利害安危。道与德的修养在己，人所不能夺，所谓"我欲仁，斯仁至矣"，故无所忧。小人志不在道与德，而在自己的利害安危。一个人的利害安危有不在己者，受条件所约束，得失无常，故常患得患失，是以为忧。

7.37　子温而厉，威而不猛，恭而安。
【广义】

孔子既严厉令人敬畏，又不失谦恭温和，其内心充实而安宁。

泰伯第八

8.1　子曰："泰伯，其可谓至德也已矣！三以天下让，民无得而称焉。"

【注解】

泰伯：周太王之长子，太王次子仲雍，三子为季历。季历子昌，有圣德，太王欲立之。泰伯知其意而逃至吴地，仲雍从之。季历为君，传子昌，是为周文王。

三以天下让：让天下让了三次。其说不同，一说泰伯避之吴地，一让；太王殁，不返奔丧，二让；太王三年之丧后，泰伯断发文身，终身不返周，是为三让。二说季历、文、武三代相传而有天下，本乎泰伯所让。

【广义】

参见4.13。

8.2　子曰："恭而无礼则劳，慎而无礼则葸，勇而无礼则乱，直而无礼则绞。君子笃于亲，则民兴于仁；故旧不遗，则民不偷。"

【注解】

劳：劳累怠殆。

葸：畏惧。

乱：犯上。

绞：急切。

遗：遗忘舍弃。

偷：薄。

【广义】

恭而无礼者，过分恭谦而不以礼节制，这样的行为近乎谄媚。谄媚必求利于人，求不得又易生怨。过于谨慎则内心焦虑害怕。勇敢之人不以礼节制则易冒犯于人，乱人伦之序。刚直之人若不能以礼节制，则行事急切。可见，诸种德性皆须节之以礼，否则过犹不及，不能中道。君子如若能够以亲亲之道对待亲人，这将为社会带来良好的示范，百姓则因此而兴仁让之心。如若一个人能够宽厚地对待故旧之人，那么百姓也将不再斤斤计较于利益竞争，而能以宽厚之亲谊对待他人。

此章宗旨承上章而来。泰伯身为王长子，率而让天下于人，不以君位害其亲亲之心，此所谓"君子笃于亲，则民兴于仁"。孔子认为，一个人能行谦让，必根于亲爱之心，而人之亲爱，最自然的莫过于亲人之间。所以，笃于亲与兴于仁有内在的关联。如若不能笃于亲，如墨子兼爱，则人之兴于仁或流于虚伪，盖人之本性本有自私自利的一面，而人对亲人情感的需要亦属一种自利，人之于亲人有情感则易于仁让。离开亲亲而能兴仁，是对人性提出了极高的要求。循乎人性，亲亲以兴仁，是儒家的一种根本的方法。

8.3　曾子有疾，召门弟子曰："启予足！启予手！《诗》云：'战战兢兢，如临深渊，如履薄冰。'而今而后，吾知免夫！小子！"

【注解】

疾：病重。

启予足，启予手：掀开被子察看其手与足。

免：免于刑罚。古有五刑，曰墨、劓、剕、宫、大辟。

【广义】

春秋之世多肉刑，盖古时社会产生力低下，监禁犯人需要社会资源来供养，消耗政府资源，所以肉刑既节省了司法及社会资源，又具有极强的威慑力，其缺点就是极不人道。所以，随着社会经济的进步，人道主义观念逐渐深入人心，肉刑也就逐渐被废除。

曾子病重，召其弟子而诲之。曾子以孝道著称，传《孝经》于世。《孝经》云：“身体发肤，受之父母，不敢毁伤。”在今天看来，身体的毁伤主要是出于外在的原因，如被人所伤害，或发生其他意外等情况。而在《孝经》成书的时代，身体的毁伤主要是指因犯罪而遭受肉刑，当然也包括其他被人伤害等情况。人之孝亲，当以父母之心为心。如若身体受到伤害，终身痛苦，父母必为之伤心，所以，为人子女当努力保全自身，不要让父母伤心。如若犯罪遭受刑罚而致身体残疾，则不仅让父母伤心，更让父母蒙羞，是大不孝。所以，曾子召弟子而示之其手足之全，表示其孝道之全。此亦可见，春秋战国之时世道之乱，君子以明哲保身为德。

8.4 曾子有疾，孟敬子问之。曾子言曰：“鸟之将死，其鸣也哀；人之将死，其言也善。君子所贵乎道者三：动容貌，斯远暴慢矣；正颜色，斯近信矣；出辞气，斯远鄙倍矣。笾豆之事，则有司存。”

【注解】

孟敬子：鲁大夫仲孙捷。

问：存问，指探视病情。

曾子言曰：不作“曾子曰”而多一“言”字，表明曾子不答己之病情，而特以道德箴言相告之意。

动容貌：对待他人有恭敬之心，指改易自己的脸色与态度以表达恭敬之心。

正颜色：庄重，不作谄媚浮夸之状。

出辞气：说话吐辞爽朗清楚。

鄙倍：鄙，卑鄙，鄙陋；倍，通“背”，即违背，或指背理之事。

笾豆：放置食物的礼器，这里代指礼仪活动。

有司：掌管相关事项的人。

【广义】

曾子告孟敬子作为卿大夫明哲保身之道。

8.5 曾子曰："以能问于不能，以多问于寡；有若无，实若虚，犯而不校，昔者吾友尝从事于斯矣。"

【注解】

校：计较。

吾友：或谓颜回。

【广义】

曾子言其友人为人谦逊好学，且不计较别人的冒犯。

8.6 曾子曰："可以托六尺之孤，可以寄百里之命，临大节而不可夺也。君子人与？君子人也。"

【注解】

六尺之孤：古代以七岁为成年，六尺指十五以下，这里指受命辅佐幼主。

百里之命：百里，指诸侯国，周代分封，侯爵分封百里，所以百里为较大的诸侯国。百里之命指国政所系。

大节：国家存亡、个人安危所系的关头。

【广义】

曾子论何谓君子。在一般的儒家观念中，君子即指道德高尚之人。而在这里，曾子提出，君子固然应当有"临大节而不可夺"的道德气节，但更要有可以担负一国之命运的能力，能够承担政治责任。一个道德高尚的好人可以是君子，而一个既道德高尚又有治国救民之才的人，更是君子。问题是，在现实生活中，二者往往不能兼备，有才者未必有德，有德者未必有才，曾子认为，君子应当德才兼备。而且，他说的才不是小才，而是经天纬地之大才。另外，曾子的这句话也反映了春秋末年多有主危国乱之现象，故须君子辅幼主而安邦国。

8.7 曾子曰："士不可以不弘毅，任重而道远。仁以为己任，不亦重乎？死而后已，不亦远乎？"

【注解】

弘：弘大，弘扬。

【广义】

曾子说，士当弘大其坚毅的品格，因为士所担负的责任是实现仁的理想，其道必将遥远漫长，难以骤然实现。

士的本义是武士，是周代贵族中地位最低的一级，故士往往为执士之士。孔子之出身亦为士。在春秋末年，世卿世禄的宗法制逐渐解体，贵族之家衰落，降为平民，而政府亦须招徕有才之士，于是士作为一个阶层在国家政治中的地位也就越来越重要。在曾子看来，士不能仅仅自视为需要找工作的流动性人才，而要树立高远的道德理想，勇于担负社会责任。

8.8　子曰："兴于《诗》，立于礼，成于乐。"

【广义】

孔子言君子之养成，因《诗》而见其志，以礼立身，最后达到乐所表现的境界。当代教育重视知识的掌握与能力的培养，于文化与道德方面的教育较为缺乏。这样培养出来的学生可以成才，才干之才，但其志向往往在于个人幸福的追求，而对何谓道、何谓君子茫然无知。功利性需求的满足是有一定限度的。人更内在的还有情感与意义的需要。孔子教人，先重其为学之志。孔子所说的诗指《诗经》。《诗经》体现了周代礼乐文明，其中包含丰富的个人情感、君子人格、政治责任及道德升华等内容。君子因《诗》而感其性情，树立道德理想，又能够习礼而能立身，并在乐的境界中完成其德。这里所说的乐，如前文舜之韶乐尽善尽美，周之大武尽美而未尽善之类。诗与乐在周代本是一体，诗可演为乐，乐中自有诗。

文化者以文化人，文不只是指文字之文，更是诗礼乐这些可以表现情志与道德的载体，人于其中养其情性，抒发其情志，而成其道德情感。现代教育也应当借助于诗、礼、乐的形式，强化人格道德教育，传播社会文化，传承礼乐文明。文化才是人终极的栖居之所，而不能仅仅停留于理性知识与社会功利的追求。

8.9 子曰："民可使由之，不可使知之。"

【广义】

此章有多种理解，原孔子之意，应理解为，君子可使民按照一定的政治、伦理等原则去实践，但很难让民众知晓其道理所在。

现代以来，多有学者据此章指责儒家有愚民思想，而将此章解读为，只可让百姓如此这般地去做，而不可让他们知道为何如此做。古代儒家强调对民的教化，所谓教化，即使有知教无知，使先觉觉后觉，有何不可使民知之者？不可使知之，不在于君子教人有不可告人之事。在孔子看来，人之知识有多寡，天赋有高下，正如其所说"生而知之者，上也；学而知之者，次也；困而学之，又其次也；困而不学，民斯为下矣"（《论语·季氏》）。在当今社会，在相似的教育环境中，学生的知识程度亦有高下，有的人可以成为科学家、学者，有的人成绩不佳，无心学习。这样的差别是怎么造成的？这是政府与学校的阴谋吗？

现代社会的成才犹是难题，在文化教育极不发达的古代社会，孔子感叹教化之事甚为艰难，不也是自然之事吗？甚至，在当时的儒家看来，人的道德品性与志向本就是分层的，只有少数君子有好学之心，向道之志，社会中的多数人是嗜利而贪图享乐的，无意于追求知识，也不关心道德，最多能够按照社会伦理的要求去做而不被人所指责而已。古往今来这样的人性分层并没有多大的改变。正是面对这样的情形，孔子特别地表彰君子人格，君子的好学之心与向道之志，这在任何社会都是极为难能可贵的品质。当然，基于对社会大众之人性的不同理解，其所构想的社会治理秩序也不一样。古代儒家基于君子少而小人多的现实，其政治思想偏向于精英政治。如若按照现代人皆有理性的假设，则更加推崇民之自治。

8.10 子曰："好勇疾贫，乱也。人而不仁，疾之已甚，乱也。"

【注解】

疾：厌恶，憎恶。

【广义】

孔子云，一个人若好勇而憎其贫，则易生乱；如果一个人过于憎恶不仁之人，亦易于生乱。所以，人若能安贫，自乐其道，则勇者不生乱；能容不仁之人，使其能够自处，则亦不至于作乱。

在这里，孔子固然表达了对于乱的厌恶，而他更关心的是，人于何处可以获得安宁、安顿。一个好的社会，虽然存在贫困，但要能够使贫者亦有生理之乐，使不仁者在社会上亦有容身之处，这是安宁社会之道。

8.11　子曰："如有周公之才之美，使骄且吝，其余不足观也已。"

【广义】

孔子戒人不可自傲，即使有周公圣贤之才，如若恃人傲物，其才亦不过如此。盖天地之广大，历史之深远，世道艰难之不可测，而仁以为己任之重之远，人当乎其间，何其渺茫。人之骄且吝，不过坐井观天，适见其胸怀之狭隘，见识之短浅，志气之卑下耳。

8.12　子曰："三年学，不至于谷，不易得也。"

【注解】

谷：以谷为俸禄，指出仕。

【广义】

春秋时本是贵族社会，世卿世禄。春秋末年，贵族制逐渐解体，面对激烈的政治竞争，诸侯国纷纷求贤，是以孔子培养弟子成才而后有仕进之途。拜孔子门下者，亦多有求仕者。所以，孔子感叹，求学而不急于求仕，是真好学，殊不可得。今天之大学，既为求学，亦为求仕，即求职业发展之前程。能遣荡就业之焦虑，而能专心于学业者，亦为难得之才。

8.13　子曰："笃信好学，守死善道。危邦不入，乱邦不居。天下有道则见，无道则隐。邦有道，贫且贱焉，耻也；邦无道，富且贵焉，耻也。"

【注解】

守死善道：坚守善道，至死不渝。

【广义】

君子学为善道，坚守善道。孔子这里说的善道是什么？曰，国家将亡，其势危险之国不可入，道德败坏，纲纪紊乱之国，不可常居；天下有救治的希望，则君子出而尽其才，天下没有救治的希望，君子当隐居而自洁其身；国家有救治的希望而不去救治，这是可耻的，在无道之国度享有其富贵，这也是可耻的。

8.14　子曰："不在其位，不谋其政。"

【广义】

孔子说，不在其职位上，就不参谋其政事。在组织系统中，职权分明，各司其位，循名责实，其政自平。如若不在其位而议其政，则议论纷纷，政有所不行。不过，政治事务的复杂性就在于，在其位者或因为能力不足而行政有失，或因为道德问题而失其政，必须有所监督，有所建议，可资为鉴。另外，士忧心天下之事，发为处士之议，以采下情，达上听，于政不无补益，此士之位也。朱子《集注》引程子之言云："不在其位，则不任其事也，若君大夫问而告者则有矣。"[1] 士可以不任其事，而不可不思其事，君大夫不可不问，此即委婉地表达士虽无位亦当参政议政之意。

所以，孔子此言的意义当具体分析。在组织系统中，各任其职，不得相逾越，是则不在其位，不谋其政，这是组织原则，以免干扰行政。但若政事有失，须以舆论为鉴，沟通上下，士之任也。不过，舆论常有偏激的倾向，尤其是在互联网舆论盛行的今天。不在其位不任其责而议事，也容易流于浮夸，不能笃实研究以期解决问题，此士之所当深诫。

---

[1] （宋）朱熹撰：《四书章句集注》，中华书局1983年版，第106页。

8.15 子曰："师挚之始，《关雎》之乱，洋洋乎！盈耳哉。"

【注解】

师挚：鲁国之乐师，名挚。

乱：终了。古之乐，始于兴歌，终于合乐。

【广义】

孔子爱好音乐，以音乐陶冶情性。

8.16 子曰："狂而不直，侗而不愿，悾悾而不信，吾不知之矣。"

【注解】

侗：无知貌。

愿：谨慎，老实，质朴。

悾悾：愚而无能貌。

【广义】

人之性情有一失或有一得，如狂妄者或可取其刚直不虚伪，无知者或可取其质朴，无能者或可取其诚实。如若狂妄却不直，无知而又狡诈，无能而又不诚实，是则一无可取。

8.17 子曰："学如不及，犹恐失之。"

【广义】

此章形容学者好学之状，面对要学的内容仿佛来不及一样，又像害怕失去一样。时日可贵，逝者不复来，学者最戒把今日事留待明日，一日拖一日终不可得。好学之人尤当要有这样的紧迫性，今日放过了机会，明日复为他事耽搁，恐不再学。

8.18 子曰："巍巍乎！舜禹之有天下也，而不与焉。"

【注解】

巍巍：高大、崇高貌。

不与：此辞简约，有歧解，或谓舜禹无为而治，不与具体事务；或谓舜禹得自禅让，不与求而有天下；或谓舜禹有天下而中心淡然，心无所预。

【广义】

孔子崇尚谦让之德，舜禹之时能行禅让，不争君位，孔子深为嘉许。所以，这里的不与，既可以指舜禹不与夺天下之争，也可以指舜禹道德广大，并不汲汲于任天下之君。此章解题的关键在"有天下"一语。春秋之时，政治失序，父子兄弟相残以争君位，孔子深以为恨，而以泰伯之让为至德。考察舜禹之事，他们本无意为君，由禅让而得，其任天子只是为了服务于国家，而于己心略无自得之意，这是孔子极为推崇的圣君仁心。此篇论尧舜禹之旨意大抵如此。

8.19　子曰："大哉尧之为君也！巍巍乎！唯天为大，唯尧则之。荡荡乎！民无能名焉。巍巍乎！其有成功也；焕乎，其有文章！"

【注解】

则：法则，准则。

荡荡：广大深远貌。

名：以言语指称之。

焕：光明。

文章：礼乐法度。

【广义】

孔子赞叹尧之为君道德广大，民受其德，而难以形容其德之高之广。

8.20　舜有臣五人而天下治。武王曰："予有乱臣十人。"孔子曰："才难，不其然乎？唐虞之际，于斯为盛。有妇人焉，九人而已。三分天下有其二，以服事殷。周之德，其可谓至德也已矣。"

【注解】

臣五人：禹、稷、契、皋陶、伯益。

乱：治。

十人：谓周公旦、召公奭、太公望、毕公、荣公、太颠、闳夭、散宜生、南宫适，其一人谓其母文母，或谓其妻邑姜。子无臣母之义，当为邑姜。

才难：人才难得。

不其然乎：难道不是这样吗？

唐虞之际，于斯为盛：指唐虞之后，以周初人才最为鼎盛。

有妇人焉：妇人不与政事，故不算在内。

【广义】

此章似有两层含义，前谓政治人才难得，后谓周的实力远过于商，犹服事于商，可谓至德。在商纣时，周有德而天下向往，其政治实力已然超过了商，但此时周犹然奉商为王，甘居臣下。又，孔子谓周之乐《大武》尽美未尽善，可见，孔子认为，武王以干戈灭商，虽然是形势使然，是当时最好的选择，但从政治理想的角度来说，孔子最推崇的仍然是政治上的谦让，而非政治竞争，更何况是暴力的政治竞争。即以德服人者上也，以力服人者次也。虽然德未必能服人，须辅之以力，但这终非至善至美之事。因此，周之德高，势力强，犹然服事于殷，在政治竞争关系中表现出谦退礼让之德，这让孔子至为感叹。

8.21　子曰："禹，吾无间然矣。菲饮食，而致孝乎鬼神；恶衣服，而致美乎黻冕；卑宫室，而尽力乎沟洫。禹，吾无间然矣。"

【注解】

无间然：间，罅隙，指非议。无间然即无从非议。

菲饮食：菲，薄，即禹自奉饮食极为俭朴。

黻冕：黻，礼服上黑与青相间的花纹。冕，冠。黻冕统指祭服。

卑宫室：指禹自己所居住的房子极为简陋。

沟洫：田间水道，指禹平水土，致力于农业。

【广义】

孔子述禹之德，自奉微薄，而尽心于祭祀与民事。通过孔子对禹之德的赞美，可见儒家的政治理念一在于政治秩序的组织，二在于政治功能的实现。就政治组织而言，三代之政治以宗法封建为政治原则，论宗法则莫重于敬祖而收族。盖先祖作为族群的领袖为族群的发展壮大立有至高的功业，从而成为将族群团结在一起的核心力量。先祖既没，后世不至于分崩离析者，即出于宗法组织关系，通过祭祀的方式再次确认先祖在场，从而实现族群的团结。就政治功能而言，儒家主张以民为本，执政为民，禹平水土，尽力于农事，有至高之功德。尤其难得的是，禹尽心于政事，而自甘于薄，即其心不在自我尊显与奉养，其德已至于无我之境，故孔子反复赞叹之。

子罕第九

9.1　子罕言利与命与仁。

【广义】

利、命、仁，三者皆孔子所罕言。或言，此章应断句为"子罕言利，与命与仁"，但这样似乎改变了语句的连贯，当从汉宋以来的主流读法，此章即道孔子所罕言之事。或曰，孔子在《论语》中论及命与仁的地方并不少，又如何称得上罕言？《论语》所记，是其弟子及再传弟子在孔子身后回忆夫子所教，择其重要的内容加以记叙，其所反映的孔子并不如《朱子语类》反映朱子之学那般详尽。所以，《论语》记载孔子对仁的论述确乎不少，但这未必反映了孔子日常教学的特点。正如《述而》篇所载："子所雅言，《诗》，《书》，执礼，皆雅言也。"《诗》《书》与礼才是孔子日常的教学内容，而利、命、仁只是论及，但非"雅言"。

孔子何以罕言利、命、仁？纵观《论语》，孔子更推崇道德践履，厌恶夸夸其谈，徒有其辞，而不行其实，这近乎虚伪，会带来浮夸之风。大抵而言，汉儒亦重践履，而不事理论上的高谈阔论。宋儒则辨理欲、性情、公私、义利，谈论圣贤气象，较之孔子有更系统的理论与高迈的道德理想。理论辨之愈深，践履则愈难。宋儒的这个特点不免有佛教理论刺激的影响。对于孔子来说，以道为志，以礼为行，正言正行而已，至于去其利与欲以至于无，必求人达于命理与仁义之境，则孔子不责人如此之细。君子虽不主于求利，而要人做到无利无欲也实难。孔子不经常与弟子谈论利、命、仁，是因为孔子欲人践行

171

其道，而不苛责人纯然有理无欲。

9.2　达巷党人曰："大哉孔子！博学而无所成名。"子闻之，谓门弟子曰："吾何执？执御乎？执射乎？吾执御矣。"

【注解】

达巷党人：党者，春秋时期已出现的居民组织单位，五百家为一党，达巷或为党之名。

无所成名：不以擅长某艺而著名。

执：专执于某艺。

【广义】

达巷党人称赞孔子伟大，"博学而无所成名"也应当是称赞孔子的话。古注多称此言乃惋惜孔子不能以一艺成名，似与"大哉孔子"语意不一致。丁纪之言是也。

孔子说，假如我以一艺成名，是射箭呢，还是驾车呢？还是驾车吧。

在春秋末年，孔子名高而实不能用，出身又微，所以多遭人嘲笑。这里，达巷党人也许有挪揄之意，意即不是说孔子伟大吗，会很多谋生的技能，怎么不见他因为某项谋生技能而成名呢？孔子也答之以自嘲，说，那么我从事什么行当呢，射箭当军士呢，还是当赶车的人呢？

9.3　子曰："麻冕，礼也；今也纯，俭。吾从众。拜下，礼也；今拜乎上，泰也。虽违众，吾从下。"

【注解】

麻冕：麻丝做的礼冠，用丝精细。

纯：以丝为冠，不如麻冕之细。

拜下：指臣与君行礼，先拜于堂下，君辞，再拜于堂上。

拜乎上：仅在堂上拜其君。

【广义】

礼制有古今之变，孔子在历时变化的礼制中如何选择，其标准是什么，这是我们关心的问题。从此章可知，礼制从众是一个重要原则。正因如此，孔子才能突出从俭、从下的价值。但从众不是最重要的标准，更重要的是其礼是否正当，其礼不正当，虽为众人所选择，孔子也持反对态度。其时权势下移，君不能制臣，臣不能制其家臣。臣拜君不拜于堂下而拜于堂上，就是这种政治现状的反映。孔子强调君臣上下之秩序，故从旧制。至于礼冠，作为器物之用，因时变革，孔子认为没有必要执着旧物，让今人不便。此可见孔子对其礼制既有坚守的一面，也有灵活变通的一面。尤其是，所谓周公或圣王制礼作乐，从政治与社会秩序新建的角度来看，或有其事。不过，要说其时的礼乐制度既已完备，或优于后世，当为后世所效法，乃至于复古，这显然是出于后人褒扬先圣的修辞，并非历史真实。孔子也并不认为古代圣王之礼就是完备的，他对礼制的理解显然包含了历史的维度。礼制因人因时而异，并不存在某个历史阶段中有完美的制度。

9.4　子绝四：毋意，毋必，毋固，毋我。

【注解】

意：通"臆"，或作"亿"，指臆想。

必：志在必得之必，凡事进取期其所得，不知其退。

固：固陋，固执，执滞于一处而不知更进。

我：自私，自我。

【广义】

孔子无以下四种弊病，即意、必、固、我。从心理上来说，人皆有自我肯定的需要，以获得心理上的自我和谐。人的这种心理需要有积极与消极两方面的影响。从积极的角度来说，一个人倾向于去做他认为是对的事情，这会给人一种道义上的满足感，使其心理得到滋养，如若一个人做了他认为不对的事情，就会产生自我否定的倾向，导致心理不适和情绪上的变化。所以，人固有性善的倾向与需要，善良的人容易保持心理健康，容易得到满足和快乐。从消极的角度来说，人的这种自我肯定倾向会带来固执，甚至会为了内心的自我肯定而否认事实，歪曲道理，只选取对自己有利的证据，从而陷入臆想、固执与过于自我。孔子则不是这样。孔子以其高深的修养调节自己的心理需要，不以自我满足为追求，而能够超越自我，与作为普遍法则的道义融为一体。以此观照自我，则能避免主观自我的干扰，客观看待自己与这个世界，有过则改之，既不执着于追求身外之物，也不执着于追求心理上的自我满足，因此就没有内在与外在的各种功利之想。孔子的这种心理境界，值得后学者体会，对照反省。

9.5　子畏于匡。曰："文王既没，文不在兹乎？天之将丧斯文也，后死者不得与于斯文也；天之未丧斯文也，匡人其如予何？"

【注解】

畏：一般理解为畏惧，然孔子乃圣人，安有所畏？故畏谓遭厄。

匡：邑名，《史记》云："阳虎曾暴于匡，夫子貌似阳虎，故匡人围之。"

后死者：孔子自指，孔子生在文王后，故自称后死者。

斯文：文者，礼乐制度，此指宗周文明，乃至华夏文明。

【广义】

孔子师徒在匡为人所围困，恐遭不测，孔子弟子或有不安。孔子道，文王去世之后，文明的火种当由我来传播。如果上天有意将这华夏文明的火种熄灭，那么我也就不能与闻斯道。既然我能够与闻于道，肩负文明传播的使命，天命所系，匡人岂能奈我何？孔子虽未必如理学所说自知其为圣人，但他无疑有传承文明的使命感，弘道的使命感。今天，华夏文明的赓续与弘扬，在我，在你，在每一个读书人。学者不可自弃。

9.6　太宰问于子贡曰："夫子圣者与？何其多能也？"子贡曰："固天纵之将圣，又多能也。"子闻之，曰："太宰知我乎！吾少也贱，故多能鄙事。君子多乎哉？不多也。"牢曰："子云，'吾不试，故艺'。"

【注解】

太宰：官员，春秋时主要掌管祭祀等礼仪及宫廷内务。这里不知是何国之太宰。

天纵：纵，放纵，不予限制，即天赋之圣不可限量。

将：大。

鄙事：身份低下者所执之事。

牢：《孔子家语》有琴牢，卫人，字子开，一字张，孔子弟子。

试：用，任用。

艺：多技艺。

【广义】

孔子早年丧父，家道艰难，为了谋生，习得多项职业技能。以现在的眼光和个人的前途发展来看，孔子应当渴望通过努力实现社会阶层的跨越，重获士，乃至于大夫的地位。据史记，孔子尝为乘田委吏，即管理农田和仓库的小官。又，孔子熟悉礼仪，会射箭，善驾车，可见他应该还从事过其他执事。后来孔子官至司寇，爵为大夫，不用再通过这些技能来谋生存了。对于贵族社会来说，孔子会这么多项职业技能，并不那么光彩，太宰之语，或有取笑之意。子贡接话说孔子大圣之人，何所不能，作了一个正面的回应。孔子听闻后，感叹道，我之所以会这么多谋生的技能，都是因为出身低贱啊，但对于君子来说，能以技能多而羞愧吗？君子技能多并不是坏啊。弟子牢回应说，我的老师曾说过，正是因为不能在政治上施展其才能，实现其抱负，所以才学习多项技能，在社会中讨生活啊。

虽然说职业无贵贱，但社会分阶层，古今皆然。孔子早年为谋生而不得不从事普通的职业，他也不讳言这一点。后来因此而屡遭人嘲笑，孔子自然不会以此介怀。对于孔子来说，谋生不难，也不是不光彩的事。孔子曾言："富而可求也，虽执鞭之士，吾亦为之。如不可求，从吾所好。"（《论语·述而》）对于普通人来说，从事某种职业而求富，这是正当的。只是，孔子之志并不在此，而在于更高远的道义追求。事实上，孔子招收弟子并不是要开办职业技术学校，所以当樊迟请学稼时，孔子说："小人哉，樊须也！上好善，则民莫敢不敬；上好义，则民莫敢不服；上好信，则民莫敢不用情。夫如是，则四方之民襁负其子而至矣，焉用稼？"（《论语·子路》）同样，我们可以想见，弟子如若想学其他技能，孔子也会教导说，如果我们能把国家治理好，四方之民前来依附，我们的国家与社会就能兴旺发达，何必从事这些具体的职业呢？可见，孔子之志在于更远大的社会政治理想，而不在为个人谋出路。春秋时所谓六艺"礼、乐、射、御、书、数"，是为有志于仕进者准备的，并不是为在社会上谋生准备的。

9.7　子曰："吾有知乎哉？无知也。有鄙夫问于我，空空如也，我叩其两端而竭焉。"

【注解】

空空如也：无知之状。或言孔子自况，或言孔子描述来问者之状。依文意似为前者，孔子自道问答间无知之貌，前后语意关联。

【广义】

此章述孔子教人之法。为师者不可径将自己的知识灌输于人，一个人如果不是自己主动去寻求知识，他得到得越轻易，也将遗忘得越迅速，此与前文"不愤不启，不悱不发"之意相似。所以，孔子言自己本无知，不过即探求事物道理的方法而求知罢了，如有人来问，亦以同样的方法教于他。这个方法就是叩其两端，即就事物两个不同的方向而假设之，使其理解不断地趋于真相。

9.8　子曰："凤鸟不至，河不出图，吾已矣夫！"

【注解】

凤鸟不至：古代相信天命降则有相应的天象或祥瑞出现，如传说中舜与文王时有凤凰出现，作为圣人受命、天下太平的象征。

河不出图：传说伏羲时有龙马从黄河中背负河图而出，伏羲观之而作八卦。《周易·系辞》："河出图，洛出书，圣人则之。"

已矣夫：到此为止吧，感叹生命或使命即将终结。

【广义】

此当是孔子晚年之言。祥瑞不至，孔子自言其使命未能实现而生命将终。

9.9　子见齐衰者、冕衣裳者与瞽者，见之，虽少必作；过之，必趋。

【注解】

齐衰：衰，本作"缞"，齐衰服为五等丧服中的第二等，仅次于最重的斩衰服。丧服不齐边者曰斩衰，齐边者曰齐衰。

冕衣裳者：冕，冠也；衣，上衣也；裳，下衣也。冕衣裳指着礼服者，依语境，当指参与丧礼的司仪人员或吊丧者。

瞽者：盲人，古代乐师常为盲人，这里或指丧礼中的司乐者。

少：指年少。

作：起，站起。

趋：快步走。

【广义】

或言冕为大夫之冠，故冕衣服指有爵位的尊者，但这样一来，这里所列举的齐衰者、冕衣裳者与瞽者有何关联呢？如理解为丧礼中的不同角色，则语意自然，即孔子哀在丧者，兼敬参与丧礼的人，虽然年少亦予以尊重，以示哀悼。

9.10　颜渊喟然叹曰："仰之弥高，钻之弥坚；瞻之在前，忽焉在后。夫子循循然善诱人，博我以文，约我以礼。欲罢不能，既竭吾才，如有所立卓尔。虽欲从之，末由也已。"

【注解】

喟然：叹息声。

仰之弥高，钻之弥坚：对孔子之道越是仰望，就越发发现他的崇高；越是钻研，就越发发现他的坚实。

循循然：进学有次第。

既竭吾才，如有所立卓尔。虽欲从之，末由也已：我竭力地追赶，总是发现孔子在前犹有所立，我虽然想追随老师的步伐，但总感到前面无路可走。

【广义】

颜渊描述他对孔子的感受，从中可见孔子之道的伟大与高深。但孔子之伟大与高深并非来自理论上的夸夸其谈，恰恰在于孔子一步一步的平实践履之中，这是孔子之为学与为德的可贵品质。孔子因材施教，看重对弟子求知欲的激发与志向的培养，而不在理论与知识的灌输。毋乃说，孔子是反理论的。孔子没有建构一套形而上学的理论来解释世界，甚至对社会政治与人性亦无系统的理论说明，此亦是孔子学说的可贵之处。天地广大，道理难寻，孔子以其智性的真诚，言其所知，不言其所不知。孔子对弟子的要求也是踏实地践履，勿作高远的玄思。但孔子之学并不是零碎的，透过《论语》，我们可以窥见孔子对天地自然与社会人生的深刻思考。虽然孔子循循善诱，但要是真跟上孔子的步伐，才发现孔子永远在前面指引，这一步之遥，竟是如此难以跨越。颜渊之于孔子，可谓真切实感之学者也。

9.11　子疾病，子路使门人为臣。病间，曰："久矣哉！由之行诈也，无臣而为有臣。吾谁欺？欺天乎？且予与其死于臣之手也，无宁死于二三子之手乎？且予纵不得大葬，予死于道路乎？"

【注解】

疾病：指病重。

使门人为臣：子路指使其门人来做孔子之家臣，协助预备后事。春秋时大夫有家臣，孔子时去位，无家臣，子路的意思是以大夫之礼的规格来为孔子预备后事。

大葬：君臣有爵者之礼葬。

【广义】

孔子将死，其身份已经不是大夫，当以士礼葬之。子路可能代表了孔子门人的意见，欲以大夫之礼来为孔子准备身后事。孔子知道后对子路的做法提出了严厉的批判。孔子一生以恢复规范礼制为使命，认为自己不当用大夫之礼，如用大夫礼，难道是要欺骗上天吗？孔子说，与其以大夫的身份死于家臣之手，不如死于诸弟子之手，纵然得不到高规格的礼葬，难道我还能死于道路而无人收尸吗？

弟子或欲尊事孔子，而孔子对逾礼之举反应激烈。在春秋宗法等级社会中，贵族有其等级秩序，但在春秋末年，既有的礼制等级未必能反映现实中人的权势、贡献与影响力。孔子虽身为布衣，但在春秋当时就有极大的文化影响力。孔子弟子或不能接受孔子的丧礼规格与其功德、爵位不相匹配，司马迁《史记》升孔子为世家，亦犹子路等尊孔子为大夫夫？孔子本人对此坚决反对，以为天不可欺，礼不可逾。

9.12　子贡曰："有美玉于斯，韫椟而藏诸？求善贾而沽诸？"子曰："沽之哉！沽之哉！我待贾者也。"

【注解】

韫：藏。

椟：木匣子。

贾：同"价"，善贾即善价。或言贾即商人，义相近。解为价文意更通畅。

沽：卖，出售。

【广义】

孟子曰："穷则独善其身，达则兼济天下。"儒者之志不在孤老山林，求己之安，而在国家治平，心怀苍生。子贡问孔子既怀美才，面对不正义的世道，岂能见而不救？如同美玉，焉能藏于椟中而不实现其价值？子贡为商人，故以商业为喻。孔子接其语云，诚为美玉，当然应该在市场中实现其价值，一个人既然怀有治世之才，当然不可让其埋没山林。这体现了儒家在现世中进取的态度和追求价值理想的勇气。美玉当售于市是一定的，人才也应当用于世；美玉之售应取相当之价值，人才之用当有相应的尊贤之道。孔子所谓价，非如待遇条件之类，而是能否将人才放在合适的位置上，给予相应的尊重，发挥其才干，而非指使为爪牙，求为权势之用。君子进退有道，其道在于自身的操守与为人的原则。所谓无道则隐，有道则现，当作如是解。另外，文人多浮夸，有理论之谈则未必有实践之用，有道德者亦未必有处事治人之才。所谓待价而沽，既当相时而动，也须正视自我，戒为愤青之类，狂狷之士。

9.13 子欲居九夷。或曰："陋，如之何！"子曰："君子居之，何陋之有？"

【注解】

九夷：夷居东方，春秋时谓有九夷。

陋：僻陋无文。

【广义】

孔子不能行道于中国，有乘桴于海，教化他方之志。人或疑夷地野蛮无文，孔子自信以文化人，不避其陋。

9.14 子曰："吾自卫反鲁，然后乐正，《雅》《颂》各得其所。"

【广义】

孔子自卫返鲁是在晚年，其时他已无意于仕，回到鲁国致力于编辑《诗》《书》等典籍，校正乐章，将《诗经》中的《雅》《颂》按次序排列，明确礼仪秩序而不至于乱。政治实践有一时之功，而典籍的文化影响则至为深远。孔子作为圣人，华夏文明的重要奠基者，不在于他在鲁国为官的作为，而在于他所编定的五经文献的传承，以及其言行向我们昭示的道德与思想。这些礼仪传统及其思想所建构的文明使中国成为中国。

9.15 子曰："出则事公卿，入则事父兄，丧事不敢不勉，不为酒困，何有于我哉？"

【广义】

或云，孔子父兄早丧，及其长大，无从事父兄。可见，孔子此言非徒自述行状，而是为人所发。孔子认为，一个人要承担其责任，其公共政治服务的责任就是出仕，体现为事公卿，其家庭责任在于事父兄。当然，古今时代不一样，今天已无公卿，父兄往往也已分家，不过伦理结构仍然是相似的。现代公民，一则在社会中有其工作与职业，敬业而尽其职守，是其公共义务；二则在家庭中照顾家庭，夫妻扶助，孝养父母，养育子女，是其家庭责任。丧事不敢不勉者，尽心于礼仪习俗，是忠厚诚恳之人；不为酒困者，自我节制，不放纵自己，是人格修养成熟的标志。

9.16 子在川上，曰："逝者如斯夫！不舍昼夜。"

【广义】

孔子临河而感叹时间流逝如江河东流不可止息，不可逆转。此是自然之理。而在其他文明传统中，多有轮回的解脱与永恒的追求，以求抚慰人心，消除对死亡的恐惧，并通过灵魂不朽或转世之说来劝善。儒家则不然。对于君子来说，首先要有智性的诚实，知之为知之，不知为不知。时间流逝不可逆，人死不可复生，这是我们可以观察到的、可以实证的事情，至于永恒的时间，不灭的灵魂，是人不可实证的，故君子不言。既然人死不可复生，则人们很难免于对死亡的恐惧。君子修德而顺阴阳之化，求心安而已。面对时间流逝永不停息，更让行道者产生弘道的紧迫感。所以，孔子面对时间如江河流逝，非徒伤感自身的老去，更是感叹志业之急迫。君子当珍惜时日，以成就其德业，何暇乎自我感伤？

9.17 子曰："吾未见好德如好色者也。"

【广义】

好色是人的生理本能，不待学而有。相较之下，对德的喜好殊为难得。或认为此言专为卫灵公而发。卫灵公宠幸其夫人南子而荒废政事，夫子是故有此言。君子修身当思省察自心，贪色心乃至于一般的嗜欲嗜利之心多一分，向道之心就少一分。利欲或不可去，但须自觉地克制。放纵其利欲之心，终将败德而毁弃其身。

9.18 子曰："譬如为山，未成一篑，止，吾止也；譬如平地，虽覆一篑，进，吾往也。"

【注解】

篑：竹筐。

【广义】

孔子言，如堆一座山，只差一筐土未成，应当止的，我就停止；

如只在平地上垒了一筐土，应当继续堆的，我就继续堆。朱子注云："盖学者自强不息，则积少成多；中道而止，则前功尽弃。"① 似乎为中道而止可惜。不过，孔子在这强调的似乎是，当止则止，哪怕只差一篑，当进则进，哪怕前路漫漫。所当戒者，在于人的志向不在道与德，而在功与利。现代有所谓沉没成本一词，言人们往往因为在某事上有了先期投入而不忍放弃，哪怕这是不划算的行为。当然，孔子之意不在功利计算，恰恰相反，人应当舍弃功利上的不忍，而依据道义行事。即不合乎道义的，哪怕是重大利益，也当放弃，合乎道义的，哪怕任务极为艰巨，也要勇敢地承担。朱子讲的是为学与修德之进与不进在于自己的志向，而不在才力，回应的是子夏"非不悦子之道""力不足"之语，这里的主旨应当是君子的抉择不出于成败利钝的考虑，而在于道义之正当与否，当行则行，当止则止。董仲舒云："正其谊不谋其利，明其道不计其功。"② 此之谓也。

9.19　子曰："语之而不惰者，其回也与！"
【广义】
孔子赞叹颜回为学不惰，较他生为优。

9.20　子谓颜渊，曰："惜乎！吾见其进也，未见其止也。"
【广义】
孔子赞叹颜回学无止境。

9.21　子曰："苗而不秀者有矣夫！秀而不实者有矣夫！"
【注解】
秀：谷物吐穗开花。
实：果实，这里指成谷。
【广义】
孔子说，有禾苗长得苗壮，未必能吐穗开花；能吐穗开花者，亦

---

① （宋）朱熹撰：《四书章句集注》，中华书局 1983 年版，第 114 页。
② （汉）班固撰，（唐）颜师古注：《汉书》，中华书局 2005 年版，第 1918 页。

未必会结出果实。就人才成长而言，幼而聪慧者有之，但不能断言其卒能成才，还需要持续的努力。孔子以此勉励其弟子学问之道不可骄傲自满，须付出持续的努力。

人生漫长，知识广博，而进德无疆。较之于外在的才华，人们更需要内心的充实，才能在人生道路上不断地取得知识、修养与事业的成就。就今天的教育而言，苗而秀者甚多，家长在孩子年幼时投入大量的教育资源以期成才。不过，孩子最终能否从学习中获得成就感，从而将知识转化为内心的力量，这是更重要的。若在孩子年幼时对他施加了过大的学习压力，使其早早地失去了学习乃至于人生的乐趣，可谓拔苗助长，过犹不及。

9.22　子曰："后生可畏，焉知来者之不如今也？四十、五十而无闻焉，斯亦不足畏也已。"

【广义】

孔子感叹年轻人尚有更多的时日来学习，其成就将不可限量，故称后生可畏。至于四十、五十尚无一学一艺成名，而年华已逝者良多，孔子深为惋惜。此章重在警诫学者当惜时，亦戒年长者勿恃已有之学问与地位而自傲。

9.23　子曰："法语之言，能无从乎？改之为贵。巽与之言，能无说乎？绎之为贵。说而不绎，从而不改，吾末如之何也已矣。"

【注解】

法语：法，法则，法语即正义之言。

巽：恭敬而顺从貌。

说：悦。

绎：寻绎，理出头绪。

【广义】

孔子言，人或以正言相告，则当反省己过，能改为贵；人以好言称赞，则思其何以如此，或因为自己果有嘉行，或因为他只是想取悦自己。一个人若因为他人的恭维而沾沾自喜，可见其不自知。人应当客观地审视自我，如果自己有缺点，面对他人的劝诫，宜加改之。要警惕他人的恭维，反问自己何德何能可以承受他人的称赞。如此则能正确地看待自我，而修德日进。不听他人劝告，闻人好言则沾沾自喜，是不自知，其为人也不足道。

9.24　子曰："主忠信，毋友不如己者，过则勿惮改。"
重出，参见 1.8。

9.25　子曰："三军可夺帅也，匹夫不可夺志也。"
【广义】
此章似可作两解，一谓，即使三军之帅可以为人所夺，匹夫只要立志坚定，也不会被人夺去其志；二谓，三军无帅，人心涣散而不成军，匹夫无志则其人萎靡不振，不足为人，所以，即便教三军无帅，匹夫也不可无志。

孔子强调，人当有志，甚于三军有帅。君子安身，立志坚定，守志不移。君子之志在道义的实现，不在利。

9.26　子曰："衣敝缊袍，与衣狐貉者立，而不耻者，其由也与？'不忮不求，何用不臧？'"子路终身诵之。子曰："是道也，何足以臧？"
【注解】
敝：破旧。
缊袍：乱絮所充之衣袍。
狐貉：狐貉皮衣。
不忮不求，何用不臧：出自《诗经·卫风·雄雉》。忮，害；臧，善。一个人不为嫉妒别人所有而害之，不为自己没有而贪求，如此则何为而不善？
【广义】
孔子赞扬子路不为家贫而耻，内心充实，故不嫉恨他人，也不因此而贪求。子路闻言而时时记诵。孔子认为子路应当有更远大的志向，不必满足于这样的善道。

9.27 子曰："岁寒，然后知松柏之后凋也。"
【广义】

顺境中易作好人，逆境最考验人的品格。南朝鲍照有诗云："时危见臣节，乱世识忠良。"[①] 人在艰难困苦中仍能坚持道义，方是真君子。

9.28 子曰："知者不惑，仁者不忧，勇者不惧。"
【广义】

智者不惑，非谓智者通晓所有的知识，而是说智者在面临选择的时候，明辨义利，不为所惑。仁者不忧，非谓仁者没有忧愁，而是说仁者心通天地，与天地自然和天下苍生同忧同喜，廓然大公，心地坦然，不为一己私情所忧。君子有惧，惧父母之年，又临事而惧，其惧出于爱亲与敬慎于事。勇者不惧，指君子以其坚定的意志勇于承担责任，直面人生与世界，在命运面前无所畏惧。

9.29 子曰："可与共学，未可与适道；可与适道，未可与立；可与立，未可与权。"
【注解】

适：往，之。

权：秤锤，权衡。
【广义】

孔子说，一个人或可与他共同学习，探讨学问，但未知其是否有向道之志；一个人有向道之志，可以与他一起追求道义，但不知其志是否坚定，可以卓然立身；一个人向道之志坚定，卓然立身，但不知他在实践中是否具有权变的智慧，既能守经，又能审时度势地在复杂环境中实现道义。

---

① 王友怀、魏全瑞主编：《昭明文选注析》，三秦出版社2000年版，第356页。

经虽然载有诸项道义与制度，但现实世界极为复杂，人面对复杂乃至于矛盾的处境，经不能自决，需要人审时度势地作出选择，这就是权。有的选择甚至需要在表面上违背经义，但为了实现更大的道义，亦在所不惜。所以，汉代公羊学强调君子能行权之可贵，其所谓权，即谓"反经合道"，虽然看起来违背了经典所载与礼义规定，但能真正地实现道义。宋代程颐认为："汉儒以反经合道为权，故有权变权术之论，皆非也。权只是经也。"① 如若权亦是经，则经与权有何区别呢？在实践中，经与权是有区别的。其区别有二，一者，经本身不是一个特别融洽一致的系统，经义亦有歧说，不同的道理在实践中亦可能发生冲突，如忠孝不能两全之类的伦理冲突。如此，仅仅守经则难以应对复杂的实践情况。二者，即使理论是自洽的，从理论到实践亦有一定的距离。实践中的路径选择及其轻重缓急，须考虑条件的变化，而经义不可能穷尽所有的实践情况，故而需要实践的经验与智慧。换言之，实践具有时间性与空间性的差异，穷经者可谓学者，但仅此尚不足以成为政治家。政治与伦理的实践需要经验与智慧。故孔子极为重视道义实践中的权，知权者可谓知道。

9.30 "唐棣之华，偏其反而。岂不尔思？室是远而。"子曰："未之思也，夫何远之有？"

【注解】

唐棣之华：唐棣为蔷薇科植物，华即花。

偏其反而：指花朵翩翩翻动貌。

岂不尔思：岂不思念你？

室是远而：所居之室相隔太远了。

【广义】

此诗或为《诗经》所不载的逸诗，其意是，唐棣花在风下翩翩翻动，我岂不思念你？只是我们相隔太远了。孔子说："这是不思念。若思念，那还远吗？"

---

① （宋）朱熹撰：《四书章句集注》，中华书局 1983 年版，第 116 页。

人或相思而不相见，孔子言，如果有所思念，岂能不相访见？思而不见，只是未思。人或以仁过于高远，孔子曰："仁远乎哉？我欲仁，斯仁至矣。"（《论语·述而》）人不能体察于仁，以仁过于高远，在孔子看来，这并没有真正地以仁为志，主动地去寻求仁。如能以仁为志，则仁亦不远。

乡党第十

10.1　孔子于乡党，恂恂如也，似不能言者。其在宗庙朝廷，便便言，唯谨尔。

【注解】

乡党：春秋时的基层居民组织，孔子少时生活于曲阜之阙里。

恂恂：温恭信实貌。

便便言：便通辩，即清晰地辩论。

【广义】

孔子在乡与在朝姿态与行事不同。乡党多父老，孔子在乡谦和而恭敬，似不能言者。在宗庙朝廷，政教之事重大，孔子必辨析清楚而言，态度严谨而慎重。

10.2　朝，与下大夫言，侃侃如也；与上大夫言，訚訚如也。君在，踧踖如也，与与如也。

【注解】

侃侃：和乐能言貌。

訚訚：和悦而正直地争辩。

踧踖：恭敬不宁貌。

与与：徐徐，威仪中适之貌。

【广义】

孔子朝而与大夫言，是在朝论事，非闲居聊天。时孔子或居下大夫之位，与下大夫同僚言事则能言善辩，要在厘清事理。与上大夫言，就是面对职位更高者亦能据理而辩，不畏高位，但又不失恭敬。如若君在，则更加地恭敬拘谨，而又不失风度。

此可见在日常工作中，孔子面对同僚与上级，皆能恭敬和悦，又能争于事理，不趋炎阿附于人，亦不凌驾于人，其言以事理为据。

10.3　君召使摈，色勃如也，足躩如也。揖所与立，左右手。衣前后，襜如也。趋进，翼如也。宾退，必复命曰："宾不顾矣。"

【注解】

摈：同"傧"，迎接宾客。

勃如：猝然变色，面色变庄重。

躩如：快速走。

所与立：指同为傧者。

左右手：这里指揖其左手者则移其手向左，揖其右手者则移其手向右。

衣前后：作揖时一俯一仰，衣服随之前后摆动。

襜如：（衣服摆动）整齐的样子。

趋进：快步向前。

翼如：如两翼张开状。

【广义】

此章形容孔子作为傧者迎宾、送宾之状，恭己敬人，其仪肃整。

10.4　入公门，鞠躬如也，如不容。立不中门，行不履阈。过位，色勃如也，足躩如也，其言似不足者。摄齐升堂，鞠躬如也，屏气似不息者。出，降一等，逞颜色，怡怡如也。没阶趋，翼如也。复其位，踧踖如也。

【注解】

如不容：公门宽大，躬身而过，似不能容身，以示恭谨。

立不中门，行不履阈：互文，行立皆不中门，不履阈。中门，门中树短木曰阑，分左右门，以堂为向，主人走阑右门，宾走阑左门，士大夫走公宫之右门，皆靠阑而行，唯君行右门之中。阈，门槛，不

189

履阈即不践踏门槛。

过位：君不在场时路过君常在之位。

其言似不足者：说话过简似未尽，指在君位前非说话之地，故应答简促似有不足。

摄齐：齐，衣下缝线处。摄齐，即将下裳从缝线处提起。

出，降一等：指见君毕，出朝堂降阶一级。

逞颜色：脸色舒展。

没阶：下完台阶至平地。

复其位：再次经过君常在之位。

【广义】

此章描述孔子在朝见君时的仪态，通过其礼仪的恭敬，重在表现孔子尊君的态度。

10.5　执圭，鞠躬如也，如不胜。上如揖，下如授。勃如战色，足蹜蹜，如有循。享礼，有容色。私觌，愉愉如也。

【注解】

执圭：圭，玉器，访问邻国时作为君之信物。

上如揖，下如授：谓持圭姿势要平衡，手举圭高不过作揖的动作，低不超过以物授人的动作。

战色：战战兢兢，犹有惶恐之色。

蹜蹜：走路时脚离地不高。

如有循：如同循地上之物那样走路。

享礼：向君献礼物。

有容色：指颜容和气。

私觌：公事毕，私见其君。

愉愉：和悦之色。

10.6　君子不以绀緅饰。红紫不以为亵服。当暑，袗绤绤，必表而出之。缁衣羔裘，素衣麑裘，黄衣狐裘。亵裘长，短右袂。必有寝衣，长一身有半。狐貉之厚以居。去丧，无所不佩。非帷裳，必杀之。羔裘玄冠不以吊。吉月，必朝服而朝。

【注解】

绀緅：绀，青紫色。緅，青赤色。绀緅为斋戒祭祀所服之色。

饰：领与袖边之文饰。

亵服：闲居在家穿的衣服。

袗绤绤：袗，单衣。葛布细者曰绤，粗者曰绤。

必表而出之：表，上衣。外出则必加上衣。

缁衣羔裘：缁衣，黑衣。羔裘，黑色羊皮衣。黑衣内着羔裘。

素衣麑裘：素衣，白衣。麑，小鹿。白衣则内着鹿裘。

亵裘长：亵裘，家居所穿。亵裘取长，利于保暖。

短右袂：袂，衣袖。右袂短，便于做事。

寝衣：睡衣。

长一身有半：身，上衣下裳不相连，上衣所覆为身，一身有半大致是由颈及膝下。

狐貉之厚以居：居，坐。以狐貉皮裘为坐褥。

去丧：除丧。

无所不佩：指腰带上佩玉。

非帷裳，必杀之：杀，指裁缝，帷裳之外的衣服需要用斜幅裁缝。朝与祭所穿的礼服，用整幅布制成，不加裁剪。

羔裘玄冠不以吊：吊丧不穿黑色羔裘，不戴玄冠。

吉月：或曰每月初一，或曰正月。

10.7　齐，必有明衣，布。齐，必变食，居必迁坐。

【注解】

齐：斋戒。

明衣：斋戒期间沐浴后所穿的干净内衣。

变食：改变平常的饮食，不饮酒、不茹荤。

居必迁坐：改变日常的居处。

10.8　食不厌精，脍不厌细。食饐而餲，鱼馁而肉败，不食。色恶，不食。臭恶，不食。失饪，不食。不时，不食。割不正，不食。不得其酱，不食。肉虽多，不使胜食气。惟酒无量，不及乱。沽酒市脯不食。不撤姜食。不多食。祭于公，不宿肉。祭肉不出三日。出三日，不食之矣。食不语，寝不言。虽疏食菜羹，瓜祭，必齐如也。

【注解】

食不厌精，脍不厌细：食，粮食。脍，细切的肉。此句有两解，一谓粮食舂得越细越好，肉切得越细越好；一谓粮食虽精，但不吃得过饱，肉虽细，亦不吃得过饱。

饐：食物腐败变质。

餲：食物馊臭。

鱼馁而肉败：鱼腐败曰馁，肉腐败曰败。

色恶：食物变色。

臭恶：食物变味。

失饪：烹调未熟或过熟。

不时：五谷与果蔬未到当季成熟时。

割不正：割肉不方正。

不得其酱：肉无相应的酱。

肉虽多，不使胜食气：吃肉不超过主食的量。

惟酒无量，不及乱：饮酒量无具体标准，以不醉为度。

沽酒市脯：从市上买来的酒和干肉，因不是自己制作，吃得不放心。

不撤姜食：食毕，他食皆撤，唯姜不撤。或认为姜可以在夜倦时提神。

祭于公，不宿肉：助祭于君，祭祀需两日，祭毕颁赐祭肉或已三日，肉过三日将腐败，所以不能再留其过夜，须在得到祭肉的当天就分食。

祭肉不出三日：这里指自己家祭，肉亦不出三日就分食。

疏食：粗粮为食，一般指稗饭。

菜羹：以菜与米屑煮为羹。

齐如：齐即斋，恭敬貌。

10.9　席不正，不坐。

10.10　乡人饮酒，杖者出，斯出矣。乡人傩，朝服而立于阼阶。
【注解】
乡人饮酒：乡社蜡祭皆行乡饮酒礼。
杖者出，斯出矣：杖者，老者。年长者离席，即随之离席。
傩：乡间驱厉鬼的仪式。
【广义】
孔子敬乡党父老。

10.11　问人于他邦，再拜而送之。康子馈药，拜而受之。曰：
"丘未达，不敢尝。"
【注解】
问人于他邦：在他国与人相问候。
丘未达，不敢尝：未达药性，故不尝。

10.12　厩焚。子退朝，曰："伤人乎?"不问马。
【注解】
厩：马舍。

10.13　君赐食，必正席先尝之；君赐腥，必熟而荐之；君赐生，
必畜之。侍食于君，君祭，先饭。疾，君视之，东首，加朝服，拖
绅。君命召，不俟驾行矣。
【注解】
腥：生肉。
荐：祭，荐于先祖。
君赐生，必畜之：国君若赐活物，则必养之。
君祭，先饭：春秋临食必先祭，君祭祀时先行吃饭。

东首：在室内以西位为尊，故君在西朝东，病人则头在东朝西。

拖绅：绅，束腰的大带。病人在床，不束带，拖放在床上。

不俟驾行矣：闻君命就立即徒步出发，不待马车备好。

10.14　入太庙，每事问。

重出，参见 3.15。

10.15　朋友死，无所归。曰："于我殡。"朋友之馈，虽车马，非祭肉，不拜。

【注解】

无所归：无人操办丧葬之事。

于我殡：殡，收敛入棺后停放在宅内为殡。于我殡即谓朋友之棺可停放于我处，意指代办丧事。

虽车马，非祭肉，不拜：车马指称礼物之贵重者，礼物虽贵不拜谢，馈祭肉则拜谢。拜谢祭肉，以示敬其祖。

10.16　寝不尸，居不容。见齐衰者，虽狎，必变。见冕者与瞽者，虽亵，必以貌。凶服者式之。式负版者。有盛馔，必变色而作。迅雷风烈，必变。升车，必正立执绥。车中，不内顾，不疾言，不亲指。

【注解】

寝不尸：睡觉时不僵直地卧着。

居不容：闲居不作恭肃之容。古代有专门的容仪训练。

见齐衰者，虽狎，必变。见冕者与瞽者，虽亵，必以貌：语义与《子罕》篇第九章相近，可参见。虽狎，必变，即虽然是亲近友人，亦必改作严肃之容。亵，指年少地位低者。虽亵，必以貌，虽然地位低，但犹然作恭肃貌。

凶服：丧服，指有亲属去世服丧者。

式：车前横木，站立车上俯身抚式以示敬意。

负版者：注家多歧说，或曰版即图籍，载地理民数之类，与民命相关，故孔子式之。据上下文意，孔子礼敬卑者，这里的版或可理解为贩，即负贩，以力事人者。

盛馔：主人设盛宴待宾。

作：从座席起身致敬。

迅雷风烈必变：敬畏天变。

绥：登车时手挽的绳索。

不内顾，不疾言，不亲指：三者或干扰驾驶，故不为。

10.17　色斯举矣，翔而后集。曰："山梁雌雉，时哉！时哉！"子路共之，三嗅而作。

【注解】

色斯举矣：指鸟见人之脸色惊疑而飞起。

翔而后集：翔，鸟在空中盘旋。鸟为人惊起，盘旋审视确认安全而后再落下。

山梁：山涧上的桥。

时哉：见机能识时。

共：拱手致敬。

三嗅而作：嗅，先秦不见"嗅"字，《说文》亦无"嗅"字。或谓，嗅当作臭，或𪃑，又作狊，指鸟张翼飞。

先进第十一

11.1 子曰："先进于礼乐，野人也；后进于礼乐，君子也。如用之，则吾从先进。"

【注解】

先进于礼乐，野人也：先受礼乐之教化者，其在文质之中偏向于野。

后进于礼乐，君子也：后受礼乐之教化者，其在文质之中偏向于文。

【广义】

按照儒家思想，应当用君子而退野人，但孔子这里主张任用先进于礼乐的野人，而不任用后进于礼乐的君子，其意费解。注家多认为，先进于礼乐者，其质犹存，视之为野人，后进于礼乐者，文多而质少，称为君子，但孔子认为文多于质之君子尚不如质多于文之野人。

或认为，这里的先进指的是五帝，后进指三王；或认为先进指孔子早年弟子，后进为孔子后期弟子。本篇主要评述孔子弟子，如此来看，则本章亦当指孔子对弟子的评价。那么，其先进则是颜回、闵子骞、仲弓、子路等，后进则指子游、子夏等人。孔子早年，名气尚不是很大，因追求名利而从孔子学的情况相对较少，故孔子赞其质多于文。而在孔子成名之后，学生追随孔子求学，其中功利因素可能会更多。

文质之间，孔子更赞赏质。所谓质者，即人的道德本心与感情实质；所谓文者，即人的道德与感情所表现出来的外在行为方式，即礼仪言语制度文章之类。有质无文则情感易放纵而为野，有文无质则徒有礼仪而流于虚伪。从人类社会演进的经验来看，从质到文似乎是社会发展难以逆转的规律。质者，朴质之情，往往表现为爱憎分明而无城府，率直不虚伪。这样的人在品德上更值得称赞，但在社会竞争中往往容易吃亏，其刚直易为人所嫉恨或利用。文者，礼仪文饰，待人周全，但内心未必有相应的情感，易为虚伪。但文者情感内藏而不露，又有周全的礼貌使人愉悦，在社会竞争中不易为人所嫉恨与利用。所以，在社会竞争中，质者常不如文者获利之多，因此，一个社会演进的历史越悠久，社会经验逐代积累，文者就越多，而质者越少。

今天所说社会一词，如作形容词用，常为贬义，即为人华而不实，胸有城府之意。孔子认为君子当有直朴的道德情感，憎恶礼仪外饰而内心虚伪的人。在《论语》中，孔子多次表达其对巧言令色的厌恶，对木讷有德之人的推崇。有德者不必有利，而狡诈虚伪者常能得利，人心尚新奇，追求快乐，而虚伪有城府者更懂得投其所好。儒家文化有厚古薄今的倾向，厚古者，厚君子直道而言，不虚伪，不狡诈，薄今者，薄小人虚伪取悦于人而图利。虽然，由于社会经验的积累，原本直朴之人亦难免会在社会现实中收起真心，但人类社会的前途不在基于机巧之心而设立复杂的制度，而在通过道德情感的教育使人更加直朴。孔子从先进而尊野人，其思想有超越时代的深邃之处。

11.2　子曰："从我于陈、蔡者，皆不及门也。"德行：颜渊，闵子骞，冉伯牛，仲弓。言语：宰我，子贡。政事：冉有，季路。文学：子游，子夏。

【注解】

从我于陈、蔡者：孔子年六十一而厄于陈、蔡之间。《史记·孔子世家》载其事云："孔子迁于蔡三岁，吴伐陈。楚救陈，军于城父。闻孔子在陈蔡之间，楚使人聘孔子。孔子将往拜礼，陈蔡大夫谋曰：'孔子贤者，所刺讥皆中诸侯之疾。今者久留陈蔡之间，诸大夫所设行皆非仲尼之意。今楚，大国也，来聘孔子。孔子用于楚，则陈蔡用事大夫危矣。'于是乃相与发徒役围孔子于野。不得行，绝粮。从者病，莫能兴。孔子讲诵弦歌不衰。"①

不及门：一说不及仕进之门，指从孔子于陈、蔡者未能出仕为官；一说孔子感叹其弟子离去，现已不在其门下。

【广义】

此即所谓孔门四科，分别是德行、言语、政事与文学。其中德行与政事与今意相近，言语在春秋时期的语境中主要指外交辞令，文学指为文之学，如治典籍文章。

此可见孔子教人多在可以践履之事，而非理论思辨，尤以德为第一。或曰，《论语》中孔子有同问而异答者，有异问而同答者，似无严谨的理论。透过文辞的不同，其实可以看到孔子在道理与实践之间有其理论的秩序与方法。只是，其理论与方法不是通过抽象概念的方式呈现，而是通过行事原则及价值取向来说明。这样的说明方法可以减少理论上的分歧而使人易于理解和实行。抽象概念离事实已隔了一层，不同的人读之有不同的理解，易生歧说。基于理解分歧的抽象概念建构理论体系，徒有其理论而难以实践。所以，孔子教育的原则在于培养德性及其实践能力，而不在于抽象理论体系的建构。后世儒家虽有派别的不同，但彼此无根本的义理分歧，这得益于孔子的教学方法，即以践履为先而不建构形式上的理论体系。

11.3 子曰："回也非助我者也，于吾言无所不说。"

【广义】

教学相长，师生之间若有学问讨论，则可以相互启发，如孔子曾称"启予者商也"之类。而颜回则闻一知十，于孔子之道已然融会贯通，无所问于孔子，孔子故有此叹。朱子《论语集注》言："夫子云然，其辞若有憾焉，其实乃深喜之。"引胡安国言："夫子之于回，岂

---

① （汉）司马迁撰：《史记》，中华书局 1982 年版，第 327 页。

真以助我望之。盖圣人之谦德，又以深赞颜氏云尔。"① 宋儒多以孔子为无所不知的圣人，本不必望颜回之相助。孔子所说实为教学相长的道理，若非如此，其助我之称就是虚发。孔子不必假意为言。王阳明同样认为圣人道德完备，不须相助，但他并不认为孔子假意为言，而是作了调和，其言曰："道本无穷尽，问难愈多，则精微愈显。圣人之言，本自周遍，但有问难之人，胸中窒碍，圣人被其一难，发挥愈加精神。若颜子闻一知十，胸中了然，如何得问难？故圣人亦寂然不动，无所发挥，故曰非助。"②

11.4　子曰："孝哉闵子骞！人不间于其父母昆弟之言。"

【注解】

间：离间，非议。

【广义】

孔子称赞弟子闵子骞有孝行，其父母昆弟皆称其孝，旁人无从非议。闵子骞丧母，父更娶，闵子骞克谐其家，故称其孝。常言道："亲爱我，孝何难，亲憎我，孝方贤。"如若父母慈爱，家庭完整而和谐，子女能孝顺，是常有之事。而世事多有不平，如现代社会离婚率高，往往各带子女重组家庭，如此而克谐克孝者，可谓难能可贵。人面对复杂的人际关系，特别是一家之中的感情关系，本能地想要独占其爱，不欲他人分其爱，对己出在感情上更为偏好，对非己出则易有感情上的忌妒。爱我者我思爱之，不爱我者我欲憎之。诸如此类，皆人之常情。顺此常情，则一家之中，一个社会之中，常常起冲突。人若要结成团体过共同生活，修治己情，以从伦理，敬人而后己，克治私情，以大我为我，这是实现和谐快乐的最好方法。人皆有珍视自己情感习惯的心理，不愿意走出所谓心理的舒适区，如此则无从修身，处于情感与利益的纠葛中也就难以避免。齐家之难，正在此处。君子或能自己修身，但难以感化身边的人，清官难断家务事，能齐家者，

---

① （宋）朱熹撰：《四书章句集注》，中华书局1983年版，第125页。

② 程树德撰，程俊英、蒋见元点校：《论语集释》，中华书局2014年版，第963—964页。

诚可为政治上的股肱之材。

11.5 南容三复白圭，孔子以其兄之子妻之。

【注解】

三复白圭：《诗经·大雅·抑》："白圭之玷，尚可磨也。斯言之玷，不可为也。"意为，白玉上有污点，尚可以磨去，而出言有毛病，就难以挽回了。三复白圭即多次诵习这两句诗。

【广义】

南容咏白圭之诗而遵其谨行慎言之教，夫子赞之，故以其兄女妻之。参见5.1。

11.6 季康子问："弟子孰为好学？"孔子对曰："有颜回者好学，不幸短命死矣！今也则亡。"

【广义】

6.2与此章内容相似，唯多"未闻好学者也"六字，可参见。

11.7 颜渊死，颜路请子之车以为之椁。子曰："才不才，亦各言其子也。鲤也死，有棺而无椁。吾不徒行以为之椁。以吾从大夫之后，不可徒行也。"

【注解】

颜路：颜渊之父，亦孔子弟子。

请子之车以为之椁：请求孔子卖掉其车而为颜渊购置外棺。

才不才，亦各言其子：谓论才我之子不如汝之子，不过各自的父子之亲是一样的。

【广义】

颜渊去世，其父请孔子卖其车而置椁，孔子没有答应，言其子死亦无椁，且其大夫的身份不可无车。钱穆先生认为此章语义不通，可疑，"颜氏家贫，孔子何不能为办一椁？颜路请孔子助椁，何为独指明欲卖孔子之车？孔子不欲卖车徒行，岂更无他长物可卖？且孔子之车，当是诸侯赐命之车，岂可卖之市？而颜路请之？孔子在卫，曾脱骖以赠旧馆人之丧，至是必别买有骖，颜路何不以卖骖请？窃谓孔子距今逾两千五百年，此等细节，岂可一一知之。"① 或许其时有卖车助葬的习俗？然而《春秋》有"求赙"非礼之讥，颜路求椁于孔子合乎礼吗？这些问题，或许确如钱穆先生所言，不可得而解了。

11.8 颜渊死。子曰："噫！天丧予！天丧予！"

【广义】

孔子痛颜渊之死，亦哀人才早亡，不能为行道之辅，是上天不能助夫子之道。

11.9 颜渊死，子哭之恸。从者曰："子恸矣。"曰："有恸乎？非夫人之为恸而谁为！"

【注解】

恸：哀伤过度地哭。

【广义】

这几章皆表现了孔子痛颜渊之死的真情流露。人莫能无情，圣人亦然。

11.10 颜渊死，门人欲厚葬之，子曰："不可。"门人厚葬之。子曰："回也视予犹父也，予不得视犹子也。非我也，夫二三子也。"

【注解】

回也视予犹父也，予不得视犹子也：孔子葬其子有棺无椁，非厚葬。颜渊家贫，孔子反对厚葬而得行，故谓颜回视自己像父亲那样，而自己却不能待颜回如自己的孩子那样。

【广义】

孔子对颜渊之死极为哀痛，但并不赞成厚葬。或谓，情深而葬薄，情与礼难道不应当相协调吗？对于孔子来说，"葬之以礼"，这是确定的，不得由情之厚薄而变更。另外，即便孔子哀痛颜渊之死，仍

---

① 钱穆：《论语新解》，生活·读书·新知三联书店 2002 年版，第 255 页。

然反对厚葬之，可见孔子不主张厚葬，准确地说，孔子主张"葬之以礼"。墨家批评儒家厚葬，主要就国君大夫之礼而言，至于贫者，儒家并不主张厚葬。

11.11　季路问事鬼神。子曰："未能事人，焉能事鬼?" 敢问死。曰："未知生，焉知死?"
【广义】
子路问孔子鬼神之事，孔子答之以事人先于事鬼；子路又问人死之事，孔子答曰人生之事先于人死，对鬼神与死亡之事没有作正面回答。

世界古代文明大多以宗教组织社会，而儒家对鬼神之事采取敬而远之的态度，重人事甚于重鬼神。孔子罕言怪力乱神之事，子路向孔子追问，孔子仍然答之以人事为先。从社会功能的角度来说，宗教以信仰共同的神将族群团结在一起，以区别于其他族群及其所信仰的神，并以从神而来的威权来构建社会组织结构，实现其社会治理。儒家社会则走上了另一条道路，即通过以祖配天的方式将天上神灵与祖先神灵结合在一起，天上神灵有普遍性，祖先神灵则没有普遍性，各家族的祖先神灵各不一样。如此，华夏民族因崇拜祖先神灵而淡化了共同的普遍神灵，并将作为普遍神灵的天神的本质归结为德，而非人格神的力量，将祖先之德与上天之德联系起来，得出普遍的道德法则与伦理秩序。如此，宗族组织就成为社会建构的主要原则。宗教组织与宗族组织的本质区别在于，以宗教组织社会内含有神信仰的观念，而以宗族组织社会则以伦理为中心，伦理秩序的本质是理性的、道德的，而非信仰的。

东周以降，宗法社会逐渐解体，但其伦理秩序所包含的理性与道德要素则延续了下来，并转化为更为理性的政治组织结构，这就是秦汉大一统所建构的中国传统社会结构。当然，宗法的原则并没有消失，宗法作为国家政治组织的原则丧失了其封建的权力，下沉为民间社会的组织原则。

孔子思想深刻地塑造了中国社会。在这样的社会结构中，鬼神不是解答世界与人生终极问题的答案，人们甚至不再热衷于探求这些终极答案，而转向更为理性的政治与伦理建构。另外，宗教信仰的功能在于满足信众对死后世界的信仰需要，孔子对死后世界避而不谈，固然体现了其智性的诚实，知之为知之，不知为不知，没有凭证之事不作臆测，但儒家如何解答人们对生死之事的困惑呢？孔子的观点或可概括为尽人事而安天命。如若一个人对世间的事尽了伦理上的责任，那么就可以获得心安，就可以问心无愧，坦然地面对死亡。至少，对于君子来说是如此。当然，人的情感经常是脆弱的，所以，中国古代的儒家社会以佛教道教为信仰的补充，唯君子才能以其修养直面人生。

11.12　闵子侍侧，訚訚如也；子路，行行如也；冉有、子贡，侃侃如也。子乐。"若由也，不得其死然。"

【注解】

訚訚：说话和悦而又能辩明是非。

行行：刚强貌。

【广义】

子路刚直，在乱世恐不得善终，孔子伤之。

11.13　鲁人为长府。闵子骞曰："仍旧贯，如之何？何必改作？"子曰："夫人不言，言必有中。"

【注解】

长府：藏财货、武器的府库。

仍：因循，因袭。

旧贯：旧制度，旧办法。

【广义】

鲁国政府欲改建府库，闵子骞认为不必改，孔子称赞闵子骞言必中理。多数注解认为，闵子骞以改作府库劳民伤财，故不欲改之。鲁人改造府库，如果是因为破旧而须修缮，则是必要的改造，肯定不能"仍旧贯"，闵子骞无由反对。闵子骞认为不必改而可以仍旧贯，可见其旧可仍，而鲁人欲改者在更改府库的规模。考虑到春秋末年社会经济状况及其经济制度的变迁，可知其改造府库的必要性在于赋税增加需扩大府库的规模。税指农业税，赋指军赋，民人需要自行准备军事装备以服兵役。鲁国之所以需要改造府库，很可能是因为，鲁国的经济政策从征民人之劳役以求公田的收获，改为直接向民人征收赋税，提高了国家财政收入。而闵子骞主张不必改作实质上是反对其经济政策的改变，且得到孔子的支持。这从一个侧面可以反映孔子并不赞成春秋战国间的社会政治与经济变革。

11.14 子曰："由之瑟奚为于丘之门？"门人不敬子路。子曰："由也升堂矣，未入于室也。"

【注解】

升堂入室：比喻学习进步的阶梯，由浅及深。

【广义】

孔子不喜子路弹琴所体现的音乐风格，子路刚直，其瑟音不和，门人受孔子的影响而轻视子路，孔子对门人的态度作了批评，补充说子路的音乐造诣已升堂，尚未入室而已。此可见孔子在弟子心目中的权威形象。

11.15 子贡问："师与商也孰贤？"子曰："师也过，商也不及。"曰："然则师愈与？"子曰："过犹不及。"

【注解】

师：子张。

商：子夏。

【广义】

过与不及皆非中道。孔子以实践之得宜为准绳，不注重理论的精致。高远精致的理论，往往为人性所不及，用之于实践则难免有强人所难之处，反而贻害社会。孔子不立系统的理论规定，而主张实践合乎中道。何谓中道？情理得宜也。若有人据有道理，得理不饶人，则有害于情；人纵于情，则难免有害于理。所以，情理得宜为中道。如何才能达到情理得中？世事万千，没有完全相同的条件，故无确定不移的理论规定，关键在于在实践中的把握。西学东渐，传来西方政治学与哲学中的一些"主义"，主义者，主某义为优先项，甚至排斥与之相异的思想观念，近乎孔子所说"过犹不及"。人类社会是一个复杂的体系，"主义"往往是看待世界的一种角度与立场，犹如盲人摸象，各得一端。综而观之，或许更接近全貌。"过犹不及"向我们所显示的中道方法，应当对当代的理论建构及其实践有更多的启示。

11.16 季氏富于周公，而求也为之聚敛而附益之。子曰："非吾徒也。小子鸣鼓而攻之，可也。"

【注解】

周公：周公旦之次子留在王庭为卿，其后世为周公。季氏富于周公指季氏为诸侯之卿而富于天子之卿，是以孔子讥之。

聚敛：急于敛取赋税。

附益：增益，增加其财富。

【广义】

春秋时期权势下移，天子与国君所掌握的经济与政治资源日益减少，天子之卿大夫不如诸侯之卿大夫拥有的财富与权势多。孔子认为这不合乎礼制所规定的尊卑之序。季氏之富本已逾制，而冉求等犹然为季氏敛财不止，贪婪成性，孔子对此作了严厉的批评。儒家传统主张藏富于民，为官不与民争利，季氏执政而务敛财，是恶之大者。

虽说君子无私利，在封建制下，君子作为贵族，根据其爵位的高低有大小不等的封地，其经济生活是可以得到保障的。除此之外更求利益，孔子认为这是小人之行，非君子之行。在孔子看来，为政者既然已有较为丰厚的经济利益保障，就不当再求利益，应为政以德，执政为民。为政者本有相当的政治权力，用公共权力来为自己谋利，这是政治的败坏。现代亦有高薪养廉之说。但问题在于，对经济利益的贪婪是人的一种本性，人若不能志于道，他将不会满足于其按规定所应得的高薪。所以，孔子认为，君子不当在其固有的收入之外另求利。制度设计须有理念先行，对政治腐败的遏制除了完善相关制度之外，还需要在观念上教育为政者。为政者本有高于常人的利益，为政则不可再求利，这是儒家基本的政治伦理。

11.17　柴也愚，参也鲁，师也辟，由也喭。

【注解】

柴：高柴，字子羔，孔子弟子。

参：指曾参。

师：姓颛孙，名理由，字子张。

辟：偏僻，邪僻。

由：指子路。

喭：刚猛。

【广义】

此章记孔子指正弟子的相关缺点。

11.18　子曰："回也其庶乎，屡空。赐不受命，而货殖焉，亿则屡中。"

【注解】

其庶乎：差不多了吧，这里指颜回差不多近于道。

屡空：屡次陷入穷困。

赐：子贡。

不受命：有多解，或谓不受禄命，即不受富贵之命运；或谓古代商贾须由官府所命，是方能行商；而子贡非官所命，是私营为商，或谓不受教命、不受天命等。不知确指。

货殖：贸易货物以生殖财富。

亿则屡中：亿，通"臆"，意度，猜测。指子贡屡次能预测市场行情。

【广义】

这里将颜回与子贡对举。颜回有德而贫，子贡不受命而富。"不受命"一语有多种解释，不详确解，不过总体上应该偏贬义。所以，即便在春秋之世，从个体的角度来说，德与财往往也不是正相关的，有德者不必有财，有财者不必有德。如此来看，《论语》的劝善之效有所欠缺。不过，这正是孔子以正道立言之处。有财无德，孔子不为，有德无财，孔子对这样的生活态度却极为赞赏。所以，前章云"富贵如可求"，孔子实际上想表达的意思是富贵不当求，当求者德也。

11.19 子张问善人之道。子曰："不践迹，亦不入于室。"
【注解】
践迹：践前人之迹。
【广义】
此章语义难解，注家莫衷一是。朱子《论语集注》认为，本章的意思是，善人虽不践旧迹为恶，亦不能入圣人之室。大致言善人虽然有美好的品质，可惜不能通过学习进一步提高而臻圣人之境。[①]

11.20 子曰："论笃是与，君子者乎？色庄者乎？"
【广义】
孔子说，发议论笃实中肯，可以赞许，但这就可以算是君子吗？抑或只是辞色庄重？君子应当内外合一。观察一个人是否为君子，须察其言而观其行，不可仅凭其言辞与容色而判断。

11.21 子路问："闻斯行诸？"子曰："有父兄在，如之何其闻斯行之？"冉有问："闻斯行诸？"子曰："闻斯行之。"公西华曰："由也问闻斯行诸，子曰'有父兄在'；求也问闻斯行诸，子曰'闻斯行之'。赤也惑，敢问。"子曰："求也退，故进之；由也兼人，故退之。"
【注解】
退：退却，畏惧。
兼人：超过他人，一人顶两人。

---

① （宋）朱熹撰：《四书章句集注》，中华书局1983年版，第129页。

【广义】

子路问，听闻一个道理，或一件应当做的事，就可以马上去做吗？孔子答曰，有父兄在。意思是，一则要考虑父兄的意见，二则要为家人负责，不能轻易地让自己置于危险之地。冉有问闻斯行诸，孔子则答曰，你听说了就去做吧。弟子公西华为孔子同问异答而感到疑惑，孔子解释说，冉求为人怯弱，所以需要鼓励他要有果敢的行为，而子路勇于行为，但考虑或不周全，所以要加以限制。

孔子因材施教，根据弟子不同的气质特点加以教诲，期其以成就君子人格为目标。君子者，不但应当有内在的美德与学识，也要在道义追求中表现得恰当。教育不在普遍规范的标准化运用，因为每个人的心理特点及其处境各各不同，教育的意义在于点亮每个心灵，弱者使之勇敢，强者使之顾虑周全，皆使其内外兼美而成为君子。

11.22　子畏于匡，颜渊后。子曰："吾以女为死矣。"曰："子在，回何敢死？"

【广义】

公叔戍叛卫国，以为孔子助卫，故在匡地截留孔子师徒。在孔子带领弟子逃离时颜渊落了伍，孔子为之担心，可见其情况之危险。生死是人之大事，尤其是孔子肩负弘道之使命，即使华夏文明得以在此乱世中赓续而发扬之，他所整理的经典，及其培养弟子所作的教化之功，皆为不朽之文化事业。颜渊对此有深刻的认知，所以答之曰："子在，回何敢死？"

11.23　季子然问："仲由、冉求可谓大臣与？"子曰："吾以子为异之问，曾由与求之问。所谓大臣者：以道事君，不可则止。今由与求也，可谓具臣矣。"曰："然则从之者与？"子曰："弑父与君，亦不从也。"

【注解】

季子然：季氏子弟，其人不详。

异之问：有他事相问。

具臣：具数之臣，意为子路与冉求可以成为干事之臣，备臣之数，尽臣之责，但还称不上大臣。

【广义】

孔子论为臣之道，有大臣与具臣之别。孔子认为，子路、冉求之事季氏，可以为季氏出力，备臣之员，但还称不上大臣。所谓大臣，根据道义来事奉国君，如若其事不合乎道义，则去臣位而已，不会做违背道义之事。季子然接着问，既然子路与冉求不能像大臣那样坚持道义，那他们是否能顺从上级的要求？孔子回答说，他们虽做不到事事合乎道义，但大恶之事亦必不会去做。

季康子曾问孔子之弟子可从政否，孔子向他推荐了自己的学生，可见孔子并不反对弟子在季氏之家作臣。不过，其时三桓专鲁国之政，国君不能行政，不合于周礼所确定的政治秩序，孔子对此非礼之政治局面极为不满。孔子认为，三桓作为权臣势力逼上，不能尊君，恐将颠覆固有的政治秩序，发生弑君之事。孔子不仅回答了他对自己弟子的理解，也表达了对时局的担忧。

孔子所论大臣之道成为后世儒家基本的政治操守，君子立身行道而非求权势富贵。但现实政治往往极为复杂，所谓行道，不能只有一种道义的姿态，也需要掌握一些组织资源去做成一些事情，而这其实就需要一定的权力，即影响他人的能力。如此，行道与求权就发生了关系，君子亦须借权力以行道，离开了权力，君子在政治事务中就难以实现其政治抱负。

现代儒家面对道义与权力的关系时，往往就分裂为两种不同的态度，一种态度认为，君子掌握权力是天经地义之事，君子需要通过权力来实现其政治抱负。这里需要区分的是，其目的在于追求权力还是通过权力来行道。另外，需要考虑其所参与的政治权力本身是不是正当，即孔子所说有道则现，无道则隐。如果当道不义，即便参与政治也无从行道，君子当拒绝同流合污。一种态度认为，世俗的政治本身就是不正当的，权力即恶，儒家应当远离政治权力，而致力于学术思想研究，与自身的道德修养。当然，中国古代之儒家亦有愤世嫉俗者，他们只取三代圣王政治为理想，认为三代以降皆为私心把持政治。宋明理学突出政治的道德色彩，对政治家的道德心性有较高要求。

孔子并不反对权力，但主张权力应当受礼制规范，如果政治明显地缺乏规范，大臣则有责任站出来加以矫正，此即谓"不可则止"。然而，这项原则也难以客观化、普遍化，因为现实政治极为复杂，而人们对是否符合规范的判断也有主观性。大臣对道义的坚持有时反而成为党争的借口。所以，大臣对道义的思考也需要考虑到行政的规则，从而不致沦为主观的政治立场之争。"在其位谋其政，不在其位不谋其政"，"君子思不出其位"，以及孔子强调臣对君、在下位者对在上位者的尊敬，都是以行政规则来克服道义思考的主观性。

11.24　子路使子羔为费宰。子曰："贼夫人之子。"子路曰："有民人焉，有社稷焉。何必读书，然后为学?"子曰："是故恶夫佞者。"

【注解】

费：费邑，是季氏非常重要的城邑。

子羔：高柴，字子羔，齐人，孔子弟子。

【广义】

费邑是鲁国季氏财货之所出的非常重要的城邑，子路让子羔担任治理费邑的官，孔子却认为子羔学业未成，年纪尚轻，不宜此时去做费宰。子路则言，为官一方，主持政务，治理百姓，也是学，不必读书才是学。孔子对子路的狡辩非常不满，说这就是为什么他痛恨巧言善辩的人。

巧言善辩本身是一种能力，并不可恨，问题在于巧言善辩者总能为自己的言行找到理由，因而往往不会作自我反思，其人易轻浮无根，所以才可憎。就本章内容而言，孔子认为学而优则仕。为官责任重大，一则是能力的考验，二是道德的考验。子羔年轻，其学未完，其德未固，为官则多有利益可以动心，所以孔子认为子路是在祸害子羔，而不欲其出仕。

11.25　子路、曾皙、冉有、公西华侍坐。子曰："以吾一日长乎尔，毋吾以也。居则曰：'不吾知也！'如或知尔，则何以哉？"子路率尔而对曰："千乘之国，摄乎大国之间，加之以师旅，因之以饥馑；由也为之，比及三年，可使有勇，且知方也。"夫子哂之。"求！尔何如？"对曰："方六七十，如五六十，求也为之，比及三年，可使足民。如其礼乐，以俟君子。""赤，尔何如？"对曰："非曰能之，愿学焉。宗庙之事，如会同，端章甫，愿为小相焉。""点，尔何如？"鼓瑟希，铿尔，舍瑟而作。对曰："异乎三子者之撰。"子曰："何伤乎？亦各言其志也。"曰："莫春者，春服既成。冠者五六人，童子六七人，浴乎沂，风乎舞雩，咏而归。"夫子喟然叹曰："吾与点也！"三子者出，曾皙后。曾皙曰："夫三子者之言何如？"子曰："亦各言其志也已矣。"曰："夫子何哂由也？"曰："为国以礼，其言不让，是故哂之。""唯求则非邦也与？""安见方六七十如五六十而非邦也者？""唯赤则非邦也与？""宗庙会同，非诸侯而何？赤也为之小，孰能为之大？"

【注解】

以吾一日长乎尔，毋吾以也：不要因为我比你们年长而拘束不言。

则何以哉：以，用。

知方：方，道义。知方即知义。

哂：笑。

如五六十：如，或如，又如。

端章甫：端，玄端，即周礼服；章甫，冠名。

小相：相，相礼者。

鼓瑟希，铿尔：其时曾皙正在弹奏瑟，瑟声停，其音铿。

莫春：暮春。

浴乎沂：沂，水名，在鲁城南。

风乎舞雩：舞雩，祭天求雨所伴之乐舞。风乎舞雩，指在舞雩之台上吹风。

【广义】

孔子询问弟子之志，四弟子之说各不相同，但恰恰构成了为政治民的完整环节。子路表示，一个小国夹在大国之间，发了战事，又面临国内的饥馑，给我三年，我可以让国内百姓在战争中表现勇猛，且能知义。冉求则曰治小国可使富足。公西华在子路、冉求的基础上愿施礼乐之教，如宗庙祭祀，及宾主往来，可为辅助。如此，则足兵，足食，有礼，皆治国之要事。孔子所笑，非谓其志不高，而笑其当仁不让，踌躇满志。而曾皙所说则是春游之事，浴乎郊，风乎舞雩之台，歌咏而归，徜徉于天地之间，无所用心。

曾皙不求仕进，不用于世，而自适其心，自乐其志，近乎隐者之狂。孔子之志在于行道救世，时不我待，如子路、冉有、公西华三人之所道。孔子在这里说"吾与点也"，这如何解释？朱子在《论语集注》中说："曾点之学，盖有以见夫人欲尽处，天理流行，随处充满，无少欠阙。故其动静之际，从容如此。而其言志，则又不过即其所居之位，乐其日用之常，初无舍己为人之意。而其胸次悠然，直与天地万物上下同流，各得其所之妙，隐然自见于言外。"[1] 甚至说曾点是"尧舜气象"。这里显然将理学所理解的圣人气象套用到了曾点身上，有陈义过高之嫌。所以，子路、冉求、公西华所说合乎孔子行道之事，但孔子与点而不与三子，或是感叹时不我与，故有隐逸之叹。

---

① （宋）朱熹撰：《四书章句集注》，中华书局 1983 年版，第 131—132 页。

颜渊第十二

12.1　颜渊问仁。子曰："克己复礼为仁。一日克己复礼，天下归仁焉。为仁由己，而由人乎哉?"颜渊曰："请问其目。"子曰："非礼勿视，非礼勿听，非礼勿言，非礼勿动。"颜渊曰："回虽不敏，请事斯语矣。"

【注解】

克己：克，战胜；克己，即能够克制自己，约束自己。

复礼：返回到礼。

目：条目。

【广义】

仁与礼是孔子思想的两个核心。孔子没有从理论上系统地阐述其定义与理论结构，但他从不同角度就其价值关怀与实践方法作了比较丰富的论述。孔子认为，实现仁的方法就是礼，这里可分为两个方面，一是自我归仁，二是天下归仁。从自我归仁到天下归仁，中间当然还有许多的环节，如家、国，现代社会则有更多的社会组织，这对于个人生活和社会治理都非常重要。在这里，孔子则将所有社会规范概括为礼，并将礼与个体心灵的实现和升华联系在一起，这就是由礼及仁。

近现代以来的中国社会变革思潮非常重视礼作为政治统治方法的政治属性与阶级属性。一切社会规范皆有其特定的政治意义，不过，孔子在这里强调的是礼在日常生活中的运用，如视、听、言、动诸仪节。不同社会的礼有不同的政治性质，但礼有其普遍的性质,那就是作为行为规范可以引起心灵的变化,从而实现人的精神修养的提升。

从人的内在与外在的关系来说,或认为,如果礼是不平等的,那么人就会被迫接受礼的强制,如此,礼还能起到精神提升的作用吗?这里必须说明的是,平等作为一种价值观念在现代社会获得了较为普遍的推崇,但在人类历史上并非一直如此,也非普遍如此。平等的概念有其内在的张力,如结果平等与机会平等不同,以及平等只是一个理念,现实中并不存在绝对的平等。礼作为社会规范关注的焦点并不是平等,而是自我抑制。《礼记·曲礼》云:"夫礼者,自卑而尊人。"当然,如果人人都自卑而尊人,也就实现了某种平等。而这正是人类社会伦理实践的奇异之处。一个社会追求平等,如阶层、性别、宗教与种族的平等,但从来没有一个社会真正实现过平等,乃至现代社会仍然冲突不断。相反,礼的精神并不是平等,而是要求自我抑制,这样反而带来了和谐,近乎某种平等。其实质是,如果一个人主张自我的权利,但由于现实生活中人与人交织在一起,人若扩张自身权利,那么人与人之间的权利就会形成重叠,产生冲突,如若人缩小权利范围,那么人与人之间就不容易发生碰撞。现代社会所追求的平等往往意味着权利扩张,而中国传统的礼讲究自卑尊人,意味着权利缩小,在此基础上社会秩序就能更和谐地运转。一个人如果克服了这种伦理价值的先入之见,愿意接受礼,那么礼就将内化为一种德,在尊敬他人的同时也升华了自我。而声称权利、扩张权利者,因其自我更为膨胀,其实更为狭隘,反而容易成为小写的我。

人类社会有不同的传统,有现代与古代之别,形成了不同的规范体系。较之于现代社会所强调的权利与竞争,孔子更强调自卑而尊人,突出让的伦理价值。礼的意义就在于提供了一种敬人、让人的传统,而这种敬人、让人并非出于强迫,而是出于自愿,是内在品德的外在流露。如此,我们才能更深刻地理解,礼为何意味着克己,为何只有人的克己,才能带来天下归仁。

12.2　仲弓问仁。子曰："出门如见大宾，使民如承大祭。己所不欲，勿施于人。在邦无怨，在家无怨。"仲弓曰："雍虽不敏，请事斯语矣。"

【注解】

大宾：公侯之贵宾。

大祭：郊禘等重要的祭祀。

【广义】

仲弓问什么是仁，孔子前番答之以克己复礼，本章进一步论述具体的实践方法。"出门"，指出门公干，"如见大宾"极言其态度之恭谨。征调百姓，使用民力，"如承大祭"，极言其慎重恭敬。出门则敬事，使民则敬人。"己所不欲，勿施于人"者，推己及人，极言其尊人的态度。"在邦无怨，在家无怨"者，前言自己做到虚己敬人，慎事而敬业，此言自己虽然守礼，但不能控制和预料他人是否守礼，如若自己在家在邦遭遇不公之事，但求尽心而已，不要埋怨他人。这些事项不待他人或其他外在条件，皆是自己可以做到的，故言为仁由己。

孔子对君子之德有多方面的阐述与理解，如君子怀刑，君子不争等。这里强调不怨，与现代追求公平正义、伸张自我权利的做法不同。孔子鼓励君子谋求社会公平，以直措诸枉，不可使他人遭受不公，而君子自身若遭遇不公，孔子主张以直报怨，即可以且应当采取行动以矫正不公。不过，孔子又认为君子心胸坦荡，循事理而行，不当有怨。家庭生活往往有很多琐碎的纠纷，所谓清官难断家务事，人皆有利己之心，自己不舒心往往诿过于他人。其中是非曲直，也不易说清。君子当有坦荡的胸襟，在家受怨无伤君子的品格，君子若如普通人一样生怨，有失其胸襟与气度，所以孔子说在家无怨。至于在邦，对事不对人，公事公办而已，亦何怨之有？如若有怨，易成仇敌，对人而不对事，如此则有政治分裂之危险，易形成不健康的政治竞争，即所谓党争。所以，孔子认为君子在朝，当尽心为公，而无私怨。

12.3 司马牛问仁。子曰："仁者其言也讱。"曰："其言也讱，斯谓之仁已乎？"子曰："为之难，言之得无讱乎？"

【注解】

司马牛：孔子弟子，名耕，字牛，宋国人。其兄司马桓魋，又称向魋，为宋国司马，犯君叛乱失败后出逃，司马牛与之相绝。

讱：为难，迟钝状。

为之难：指感到行事之难。

【广义】

司马牛问仁，孔子似乎作了一个不甚相关的回答。孔子说，仁者出言常有为难而迟缓之状。司马牛追问道，说话迟难，可以说是仁吗？孔子说，一个人若常感世事之难，那么其言宜乎迟缓。孔子之言的实质在于，仁者智虑周全而又忧心天下，怀不忍人之心。世事本难，在科学技术不甚发达的古代，民人常挣扎于饥饿边缘而勉力生存。所以孔子说："博施于民而能济众，尧舜其犹病诸。"（《论语·雍也》）是以仁者感到世道艰难。具体到司马牛，有其特定的困难，即其兄叛宋而逃，大逆不道，司马牛是以常怀忧惧。

12.4 司马牛问君子。子曰："君子不忧不惧。"曰："不忧不惧，斯谓之君子已乎？"子曰；"内省不疚，夫何忧何惧？"

【广义】

君子内心坦荡而充实，不做亏心之事，所以不忧不惧。司马牛可能遭遇到特别的困难，也许与其兄桓魋叛乱有关，而有所忧惧。儒家伦理充实内在，不设外物作为人生的依靠，不为生死利害所患，故可以超越生死，不忧不惧。当然，真要做到这一点也不容易，需要持之以恒地进行道义修养。

12.5 司马牛忧曰："人皆有兄弟，我独亡。"子夏曰："商闻之矣：死生有命，富贵在天。君子敬而无失，与人恭而有礼。四海之内，皆兄弟也。君子何患乎无兄弟也？"

【广义】

司马牛并非没有兄弟，只是其兄弟在宋作乱，司马牛不与之同流合污，断绝了关系，所以说没有兄弟。而司马牛仍为之忧心不已，子夏安慰他说，这都是命运的安排，如若一个人能够恭敬而有礼，那么四海之内皆兄弟，不必为无兄弟而忧心。

朱子注引胡安国批评子夏说："子夏四海皆兄弟之言，特以广司马牛之意，意圆而语滞者也，惟圣人则无此病矣。且子夏知此而以哭子丧明，则以蔽于爱而昧于理，是以不能践其言尔。"① 钱穆为子夏辩解说："孔子曰：'天下归仁'，后人因谓仁者以天地万物为一体。孔子曰：'虽蛮貊之邦行矣。'子夏因曰'四海之内皆兄弟'。学者遇此等处，惟当通知言者意指所在，勿拘执文字以为说可也。"②

语言跟事实本身是有距离的，孔子出言亦未必处处周全，往往只从一个角度说，若寻其语病，也能找到。宋代理学家自期圣人，陈义甚高，对孔子之弟子除颜回、曾子二人外多有指摘与批评。所谓"人至察则无徒"者也。

12.6 子张问明。子曰："浸润之谮，肤受之愬，不行焉，可谓明也已矣。浸润之谮，肤受之愬，不行焉，可谓远也已矣。"

【注解】

浸润之谮：浸润，如水渍渐渐地浸染。谮，非议，中伤。指人不经意地说人坏话，不易觉察。

肤受之愬：肤受，肌肤所受，如切肤之痛，比喻感受之迫切。愬：同"诉"，控诉、诽谤、诬告。

远：按语意当为"明"字。如作"远"所指不详，或以为远于遮蔽故明，或以为德行高远，或以为远耻辱之远。

【广义】

浸润之谮，其过虽小，其用心实邪僻，人或习焉不察。能绝浸润

---

① （宋）朱熹撰：《四书章句集注》，中华书局 1983 年版，第 135 页。

② 钱穆：《论语新解》，生活·读书·新知三联书店 2002 年版，第 279 页。

之瞽，发言必自觉于心，可谓是明。肤受之愬，易动人心性，或失之暴躁，能绝此病，可谓明智。

12.7 子贡问政。子曰："足食，足兵，民信之矣。"子贡曰："必不得已而去，于斯三者何先？"曰："去兵。"子贡曰："必不得已而去，于斯二者何先？"曰："去食。自古皆有死，民无信不立。"

【广义】

孔子认为，国家为人民提供的公共产品有二，一是粮食储备，二是国防安全，足食足兵，则人民可以信赖国家。子贡问，如果这些条件不能满足，何者可去？孔子认为，一个国家未必能够做到足食足兵，食不足可以耕，兵不足可以征，而若国不能为民所信，则国不能守，食与兵不能救，所以信为立国之本。

孔子言足食足兵而民信之，着重强调国家须担负粮食储备与国防安全之责，如此，国民才有安全感，从而信赖国家，其间有因果关系。子贡则将信作为一种政治要素与食、兵并列，取消其因果关系而追问。按孔子的原意，足食足兵则民信，不足食足兵则民不信矣，又如何有去食、去兵而民信之说？所以，这里的"信"在前后文中的内涵并不一致。前者指民对国家与政府的信赖、信任，后者指国家与政府自身是否具有信用，是否可信。孔子没有纠正子贡对其语意的改变，而是顺着子贡的话作了回答。

在某种意义上，政治合法性的本质就是民众对国家政治的认同，这就是信。国有信，而民信之，这就构成了政治合法性。国无信，或民不信之，则缺乏有效的政治合法性，其为国终不可长久。所以，孔子认为，国家与政府的成立，须守其信以取信于民。而国何以有信？足食足兵是实现其政治功能的重要条件。另外，这里也蕴含着国家须为民服务。如若国家足食足兵，而在上位者专其利，民不得其利，是官足食足兵，非民足食足兵，民亦不信，其为国亦无信。所以，为政者不得专为某个利益集团谋利，而当为民谋利，这才是国之利，才是信之所在。就此而论，孔子虽然没有提出现代民主的概念，但其论述中其实包含了民主的要素，即政治合法性的建构须以民心、民意为基础。国家的信体现于其所提供的公共职能，而这些职能所产生的效果又体现在人民对国家的态度上，国有信而民信之，如此则构成国家政治良性的双向互动。

12.8　棘子成曰："君子质而已矣，何以文为？"子贡曰："惜乎！夫子之说，君子也。驷不及舌。文犹质也，质犹文也。虎豹之鞟犹犬羊之鞟。"

【注解】

棘子成：卫国大夫，其人不详。

驷不及舌：驷，四马拉一车。意即言之既出，驷马之车也追不及了。

鞟：去毛的动物皮。

【广义】

棘子成认为君子重在其质，其为文不甚重要，可有可无。子贡认为此说有误，文与质应当并重，如若有质而无文，则其为质亦无从识别。犹去毛之后，虎豹之皮与犬羊之皮也就没有区别了。

此章文意看似浅近，实则有难解之处。"夫子之说君子也"，或断句为，"夫子之说，君子也"，有误。如若子贡认为棘子成之说为君子之说，表示赞成，则与前面的"惜乎"相矛盾。因此，本章应为子贡对棘子成之说的批评。

子贡说"文犹质也，质犹文也"，质文相犹，或理解为质文里外一致，有其质则必有其文，有其文则必有其质。此说亦有误，若如此，则虎豹之毛下必有虎豹之皮可辨，虎豹之皮亦与其毛相应，犬羊之皮与毛的关系也一样，其毛与皮皆当与虎豹相异。但后文子贡说的意思是，如若去其毛，则虎豹之皮与犬羊之皮无异。所以，子贡的意思应当不是文质相应，而是主张质需要通过文来表现，如若其文不能表现其质，则其质也无从表现出来，从而不能为人所识别。在这里，子贡亦未必说君子小人之质相似，而是说君子小人之质本不同，犹如虎豹之皮与犬羊之皮不同，只是，如果没有文来表现，其皮没有毛色的不同，其质亦不能为人所识。

此章的逻辑关系颇为复杂，不能仅仅从字面上来理解子贡的意思，而需要建立一贯的逻辑关系，才能更准确地刻画子贡的观点。

棘子成之说强调了君子之为君子在于其质，对文的价值有所忽视。相较于质而言，文的价值有二。首先，质不能直接显现，因为在社会关系中人与人共同生活，而不是孤独地生活，一个人的思想感情与意图需要为他人所了解，而不是误解。如此，就需要按照人们所理解的方式来表现其感情与意图。礼就是表达行为意义的约定俗成的公共符号。如古代向人示好用作揖，今天向人示好用握手，此即礼也，文也。如若有一人心怀好意，但不循从礼俗，不作揖不握手，而是举其脚，或一无所动，则人不解其意，其好意或将为人所误解。所以，一个社会若不能建构公共化的礼节习俗，正常的社会交往就难以开展。故此，君子不仅需要有其相应的良善品质，同时也需要按照约定俗成的方式将其良善准确无误地表达出来。其次，外在的礼节也有教化人内在的意义。一个人如若习惯于某种礼俗，其内心亦将或多或少地受其感染，而产生相应的内在情感。这就是夫子说"文质彬彬"，子贡说"文质相犹"的道理。

就其内在品质而言，质不需要文，就质的生成与社会交往关系的建构来说，质又需要文。反之，文一定要有其相应的质，否则就流为虚伪了。

12.9 哀公问于有若曰："年饥，用不足，如之何？"有若对曰："盍彻乎？"曰："二，吾犹不足，如之何其彻也？"对曰："百姓足，君孰与不足？百姓不足，君孰与足？"

【注解】

盍：何不。

彻：田亩征税十分之一为彻。

二：指税率为十分之二。

【广义】

这则对话体现了春秋末年鲁国陷入财政困难。鲁哀公认为，即便税率十分之二也不能满足国家之用，有若所提出的十分之一的税率就更显财政之不足了。有若言，百姓足即君足，百姓若不足，则君富足又有什么意义呢？

一般认为，这则对话是儒家民本思想的体现，国家政治为民而设，故应当藏富于民，民足则国足，民不足则国不足，国家以民为利，不应当有自己的利益。不过，从另一个角度来说，国家要实现其公共职能，又须有相应的财政能力，如若国家财政不足，则国家建设必将受到阻碍，即不能很好地实现其公共职能，民亦会遭殃。所以，在经济资源的分配上，并不是民越多国越少就越好，亦非国越多民越少越好，而应保持恰当的平衡。当代政治经济学则用投资与消费的比例来说明二者的关系。消费即为民用，投资即为国家财政支出，只有投资得到保障，社会财富才能扩大，从而带动消费增长。但投资所占比例不是越高越好，投资比例过高就会挤占消费，社会消费不足则民生相对贫困。

所以，投资与消费应当相互促进，其比例结构应视具体的经济情况而定。就春秋时期的鲁国而言，国家需要提高军费支出来保障其安全，但在产出一定的情况下，君取多则民少，民留多则国用不足。人文学者往往因循儒家藏富于民的传统，主张轻税，对国家实现其政治功能所需的财力有所忽视。亦即百姓足不等于国足。国家要实现其公共职能是有成本的，成本主要由赋税来提供。若要减轻百姓负担，而又能满足国用，则国家需要别开收入来源，这就是所谓的国家理财。自古代以来，往往有儒者打着国不与民争利的旗号反对国家理财，这其实是社会科学理论不够周严的表现。今人读书论学，不可陷入腐儒之讥，须对社会政治经济的运行原理有较为全面的理解，如此才能真正地为民生作贡献。

12.10　子张问崇德、辨惑。子曰："主忠信，徙义，崇德也。爱之欲其生，恶之欲其死。既欲其生，又欲其死，是惑也。'诚不以富，亦只以异。'"

【注解】

徙义：闻义而从。

爱之欲其生，恶之欲其死：极言人喜恶无常，性情多变。

诚不以富，亦只以异：出自《诗经·小雅·我行其野》，全诗写女子对其丈夫喜新厌旧的愤怒。这句诗意为，不是因为她家比我富，只是因为你有了异心的缘故。这句诗放在这里似乎与上文关系不大，或许孔子引此诗取其心反复无常、见异思迁的意思。

【广义】

子张其实问了两个没有直接逻辑关联的问题，一是崇德，二是辨惑。孔子认为，崇德不应留意于文辞，而应体现在行为上。一个人听闻德义，便能从行动上改过迁善，闻义而从，说明这是真正的发自内心的崇德。至于辨惑，孔子着重论述了人自我认知的方面。不成熟的人心智不能沉静，喜恶随情绪心境而变。虽然这也是人之常情，而君子应当努力克服性情的不稳定，让自己的心志不受情绪的干扰，如此可谓明智辨惑。

12.11　齐景公问政于孔子。孔子对曰："君君，臣臣，父父，子子。"公曰："善哉！信如君不君，臣不臣，父不父，子不子，虽有粟，吾得而食诸？"

【广义】

齐景公向孔子请教为政之道，孔子言，君守君道，臣守臣道，父守父道，子守子道。齐景公闻后感叹道，如若君臣父子皆失其伦，为君者恐怕有粮食也吃不上，难以善终。

现代学界常引"君君，臣臣，父父，子子"来说明孔子与儒家强调等级尊卑的统治秩序，认为这是一种不平等的伦理。现代多有人主张伦理应当是交互的，而非单方面的，尤其不应有尊卑上下的等级关系，这与现代平等的价值观不符。所谓交互的伦理，即谓如若君不君，则臣不必臣，如若父不父，则子不必子。这个问题可以分两个层面来看，首先从伦理的绝对性与相对性来说，孔子并非为了维持尊者的利益而对卑者提出单方面的要求，孔子不仅提出了臣臣、子子，同时也提出了君君、父父。对于孔子来说，君与父也应当纳入伦理规范中来，而非超然于伦理规范，不受约束。君臣父子皆名也，位也，其为名为位，各有相互的伦理要求。其次，就君臣父子而言，并不构成逻辑关系，即谓君臣父子各守其道，君君不以臣臣为前提，臣臣不以君君为前提，父子亦如此。

交互的或双向的伦理学认为，一个人遵守其伦理规范当视伦理关系中的对方行为而定，如君若不君，则臣可以不臣，父若不慈，则子可以不孝。论者可能举《孟子·离娄下》"君之视臣如手足，则臣视君如腹心；君之视臣如犬马，则臣视君如国人；君之视臣如土芥，则臣视君如寇雠"为证。

就其社会实践后果而论，双向的或交互的伦理观念有其缺陷。人皆有利己之心，其人早已有不孝之心，然后以父之不慈为自己不孝找借口。其人已有不臣之心，然后以君之不君为自己找借口。父如何算作慈，亦无一定的标准，父子之亲，或亦有许多不为外人所知之事，父之责子，子之责父，或各有私心，人亦难知。如若以后果论，若家境贫寒，父不能庇其子，终不成其父，子亦得不孝其父，伦理即将崩塌。从理论上来说，若父之慈先视子之孝而后定，子之孝先视父之慈否而后定，如此就变成了父子之间的试探与猜疑，伦理就变成了市场上的讨价还价行为，伦理也就不成其为伦理了。所以，《孟子·离娄上》又云："父子之间不责善。责善则离，离则不祥莫大焉。"

儒家以厚薄论伦理，父若不慈，子之不孝或能为人所谅解，但终不成伦理。人若能以恕己之心恕人，凡事先恪守自己的道义，而不计较利钝成败，这就是传统伦理所褒扬的厚道之人。如若人计较己利，先视对方之行为，然后再作出相应的反应来维护现代所谓自己的权利，如此一来，人心与人情就变薄了。君子处其厚不处其薄。

或云，君臣与父子不同，父子有天性在，而君臣应当是后天契约关系。诚然，孟子言父子不相责善，而言君臣即有对待关系的意味。不过，政治伦理也是一种伦理，人无完人，现实中的君与臣往往皆有其缺点，同理若有伦理之厚，其政治风气亦将优良，如若君臣相猜，其政治风气亦将浇薄，其政不祥，非国之福。孟子之语为劝导人君而发，非为人臣责君而发。孟子亦区分了同姓之臣与异姓之臣，其所承担的政治责任有所不同。战国之时，士游走于诸侯国之间，作为异姓之臣，不必为某一国某一君负责，故可以视其君为国人为寇雠。这种情况就像现代人求职于公司与单位，其去留自然可以视领导的态度与行为而定，这是职场上的市场行为，完全可以是一种双向的伦理。至于家国中的伦理关系，与人才市场的求职有所不同。

12.12　子曰："片言可以折狱者，其由也与？"子路无宿诺。

【注解】

片言：片面、单面之辞。

折狱：折，断。折狱，即断狱，断案。

无宿诺：宿，留待，隔夜为宿。无宿诺，谓子路忠信，有诺必行，不待留。

【广义】

此章有两解，一说子路为断狱者，听凭片言即可断狱；一说子路为诉讼的一方，听讼者只听子路片面之词就可以断狱，因为子路忠信不会说谎。听讼者当听取双方之诉，不当只听信一面之词而断狱，所以当取后者。

12.13　子曰："听讼，吾犹人也。必也使无讼乎！"

【广义】

较之于诉讼公正，孔子更加向往一个不需要诉讼的社会。

在这个问题上，现代社会治理之道与孔子的理想有所不同。现代社会主张人的权利，现代公民都应当以法律为武器来维护自己的权利，所以在某种意义上鼓励诉讼。而孔子的态度似乎是不鼓励诉讼，主张应当无讼。孔子认为无须诉讼之世优于诉讼公正之世。在现代社会，人们也许会认为，限制或不鼓励诉讼，法律维护社会公正的意义就难以实现，一个社会应当以讼止讼。只有通过诉讼，使那些不公正的行为得到矫正和惩罚，才能消除不公正，从而实现正义。

孔子之所思不在通过法律实现社会公正，而在于消除造成社会矛盾与不公正的根源，根源之一在于人皆有好胜之心，皆有自利之心。法律不是万能的，很多纠纷在法律上甚至难言对错。如俗语所说，清官难断家务事。人各持自己的主张，各有自己的利益，与他人的主张与利益相冲突，就形成了矛盾。有些矛盾中有显著的不公，法律可以将之矫正，但很多矛盾难以明确区分不公，需要调解，各退一步才能化解矛盾。故，法律体系或许可以做到系统的明晰与自洽，但世事繁芜，人情复杂，许多事难以明确判断是非对错。所以孔子说，从听讼来说，按照礼法的标准来断案，有其客观性，我跟其他人的断案结果并无不同，但社会治理的高明之处在于使人无讼，而不是断案有效率。

当代学者争论中国古代的法律中是否有人权。权利是否存在，并不取决于是否产生了相应的概念，而存在于侵犯权利须付出代价的事实中。一个社会虽然未必有权利的概念，但若人遭受侵犯而能够让侵犯者付出相应的代价，那么就存在事实上的权利保护。孔子主张以直报怨，让那些侵犯权利的人付出代价，但从另一方面来说，孔子并不主张人们去伸张自己的权利，恰恰相反，孔子一再强调克己与无欲，推崇让的品格。

12.14　**子张问政。子曰：“居之无倦，行之以忠。”**
【广义】

子张向孔子请教为政之道，孔子答曰，居职不要懈怠，行政要不忘初心，忠于公事，勿为私心所侵。古今社会结构虽有所不同，但行政伦理相似，既赋予行政者较大的权力，也对其提出了比普通人更高的道德要求。普通人可以逐利，而公务员不得逐利，更不应当形成一个利益阶层，而应以国为利，以民为利。忠于国，忠于民，此之谓忠。能行此道，且能无倦者，难能可贵。孔子告诫子张为政如此。

12.15　**子曰：“博学于文，约之以礼，亦可以弗畔矣夫!”**
重出，参见 6.25。

12.16 子曰："君子成人之美，不成人之恶。小人反是。"

【广义】

君子与小人存心不同。君子常存善念，不唯独善其身，亦愿他人有福德，助其成就。君子见他人有恶行，则力阻之，愿其远离罪恶与灾祸之事。小人则不然，于他人常幸灾乐祸，而不愿见他人之美。

或云，小人存心险恶如此吗？人皆有恻隐之心，同情弱者而施以援手，同时人常有嫉妒之心，不愿见到他人的才干与长处胜过自己，不愿他人在社会竞争中超过自己，对亲近之人，更是如此。因为他人如若在某方面胜过自己，自己就会相形见绌，产生挫败感，失去了心理上的优越感。人们往往能够慷慨地帮助弱者，因为在救助弱者中可以获得一种道义上的满足，也可以在弱者面前产生一种施恩者的心理优势。而当身边的人超过自己，这种心理优势就不复存在，而且会在这种对照下心生自卑而厌恶自己。最终结果往往并不是反省自己的不足，而是憎恨他人尤其是身边的亲近之人胜过自己，这就是嫉妒心。

有嫉妒心也是人之常情，不过，君子会时常审查自己的内心，并愿意成人之美，鼓励和赞许一切美德与卓越的实现，而不会为了自己心理上的自私而忌妒贤能。成人之美者，不以小我为我，而能欣赏一切美好的事物，以成就世间万物，以大我为我。

12.17 季康子问政于孔子。孔子对曰："政者，正也。子帅以正，孰敢不正？"

【广义】

季康子问政不同于子张问政，子张为士，孔子告之以忠于职守而无倦，季康子为执政之卿，故孔子告之以正道。在上位者立身以正，则在下位者不言而行，不令而从，亦必追求正道。其时三桓专政，季氏聚敛且僭礼，孔子多次作了批评。实质上，这里是孔子对季氏的批评，他认为季氏为臣立身不正，上胁其君，下虐其民。孔子尊周礼，奉王室，季氏之僭为孔子所深恶痛绝，故告之以正。

在现代政治学中，孔子对"政"的定义是德性政治的典型代表。孔子认为，政本身就包含价值规范，政内在地包含价值概念"正"。如若人不得其正，则政的秩序就有崩塌的危险。或主张政治与价值应当两分，国家政治应当价值无涉，因为价值观是公民可以选择的权利，而政府如果信奉某种价值观，有可能对持异议者造成干涉。但人的共同生活必然包含某些共同的价值观，若非如此，这个共同体就会分裂。即便是移民所构成的杂居社会，也必然需要制订共同的社会规范才能构成一个社会的共同生活，而不致处处冲突。或言，公共生活是外在的法律准则，这里所说的价值观是内在的价值选择。但二者实难作出泾渭分明的区分。

儒家的仁义礼结构可以将不同的价值观念纳入一个有层次的体系。仁意味着基础性的价值，是人的生存、生活及其情感需要的基本诉求，这是人类普遍的价值需要；义是有方向、有原则的价值约束；礼是对义的外在规定，从而构成实践的行为规范，其间自然会有习俗的差异。儒家将外在礼仪与制度的价值属性还原为内在的义，以及更内在从而更普遍的仁，以此来化解礼制层面的冲突。如此，儒家所说的政，就不是西方政治学意义上与宗教、伦理相对的政治概念，而是中国社会基础性秩序建构的重要环节，与社会伦理的建构紧密相关。在《论语》中，或问孔子何不为政，孔子答之曰："《书》云：'孝乎惟孝，友于兄弟，施于有政。'是亦为政，奚其为为政？"（《为政》）正既是对民的要求，更是对在上位者的要求。尤其是，为政者的"正"显然具有更广泛的示范效果，即所谓"君子之德风，小人之德草。草上之风，必偃"（《论语·颜渊》）。

12.18　季康子患盗，问于孔子。孔子对曰："苟子之不欲，虽赏之不窃。"

【广义】

季氏专鲁国之政，国之大盗。上下以利相征，上盗而下效，所以孔子直接批评说，鲁国盗窃之风根源于执政者争利，不能率身以正。

12.19 季康子问政于孔子曰："如杀无道，以就有道，何如？"
孔子对曰："子为政，焉用杀？子欲善，而民善矣。君子之德风，小
人之德草。草上之风，必偃。"

【注解】

偃：倒息。

【广义】

季氏为鲁国执政，而国人不从，风气败坏，所以向孔子请教，欲
以严刑对待无道之人。孔子向他指出，其根源不在民，而在执政者自
身。民心向背，及风俗善恶，是一个国家政治好坏的指示标。鲁国民
风之坏，根源在于执政者僭越国政，以利相争。

民的行为易受上层社会的影响，国君与贵族之所尚易成风尚，如
《墨子·兼爱》中所举，晋文公好恶衣则臣去羊裘，楚君好细腰则臣
一饭为节，越王好勇则士赴死，其影响如此。所以，在上位者有德，
则民易于教化。

孔子德草之喻在现代则有另一番意义。当代公民固然受官长之影
响，但其获取信息的渠道与古代社会有所不同，可能受智能手机与新
媒体所带来的社会信息的影响更大。如此，今日所谓君子之德就需要
采用新媒体的样式来传播。但在今天的流量经济中，人们往往更容易
为那些离奇的新闻所吸引，而循规蹈矩的德教不易为人所接受，所以
君子之德未必能够以新媒体的形式产生广泛的影响。人心应当向德，
但现实中人心更为向利，或是猎奇，因此，德教就更需要诱导机制。
当然，这仍然需要以在上位者的率身垂范为重要条件。

12.20 子张问："士何如斯可谓之达矣？"子曰："何哉，尔所
谓达者？"子张对曰："在邦必闻，在家必闻。"子曰："是闻也，非
达也。夫达也者，质直而好义，察言而观色，虑以下人。在邦必达，
在家必达。夫闻也者，色取仁而行违，居之不疑。在邦必闻，在家
必闻。"

【注解】

在家：当指在卿大夫之家。如理解为在私家，则在自己家中"必

达"不可解。子张求仕进,其仕在邦在家者,指在朝在卿大夫之家而言。

虑以下人:把自己放在人之下的位置。

色取仁而行违:做仁的表面功夫而在行为上有违于仁。

居之不疑:自以为是而不怀疑。

【广义】

子张有仕进之志,问孔子士如何而可谓达。所谓达,即是遂其志,偿其愿。孔子反问子张所谓达是何意,其实就是问子张为官之志是什么。子张答之以"闻",就是有名声,成为著名人物。孔子说,你说的是闻,而非达。一个人做公务员,其达指的是,正直而好公义,慎言慎行,放低姿态,尊重他人。如此无论仕于朝,还是大夫之家,都可以获得重用。如若虚伪地追求名声,不加反省,如此,所获得的最多只是出名,不能称为达。

12.21　樊迟从游于舞雩之下,曰:"敢问崇德、修慝、辨惑。"子曰:"善哉问!先事后得,非崇德与?攻其恶,无攻人之恶,非修慝与?一朝之忿,忘其身,以及其亲,非惑与?"

【注解】

舞雩:雩,求雨之祀,伴有乐舞。这里指舞雩之台。

修慝:慝,邪恶、恶念。修慝,改正错误。

【广义】

樊迟请教何谓崇德、修慝、辨惑,孔子回答说,一个人若能先务其事而不计功利,如此可谓崇德;能够克治自己的过错,而不攻揭他人之过,可谓修慝;一个人若放纵自己的情绪,暴躁易怒,不顾自己的安危,甚至连累父母,这样的人难道不是糊涂吗?

12.22　樊迟问仁。子曰:"爱人。"问知。子曰:"知人。"樊迟未达。子曰:"举直错诸枉,能使枉者直。"樊迟退,见子夏。曰:"乡也吾见于夫子而问知,子曰,'举直错诸枉,能使枉者直',何谓也?"子夏曰:"富哉言乎!舜有天下,选于众,举皋陶,不仁者远矣。汤有天下，选于众，举伊尹，不仁者远矣。"

【注解】

乡：同"向"，指前时。

富哉言乎：指孔子之言的含义丰富。

【广义】

樊迟问仁与智，孔子答之以爱人与知人，并进一步解释说，推举正直的人置于曲枉之人之上，则能使曲枉之人变得正直。子夏向樊迟举例说，舜从众人中选出了贤明的皋陶，则不仁者远逃，汤之选伊尹亦是如此。不过，举直错诸枉与爱人、知人似无直接关系。《论语》问答简洁，大多没有记载语境。从这里的问答我们可以推测，其语境是樊迟问的是为政者的仁与知是什么。所以，孔子与子夏都从为政者如何推选和任用贤才为答。孔子认为，为政者之仁不仅仅在于爱人之心，同时也要有识人之明，并且能够秉持公道，使贤者居上位，如此才是对国对民负责。这是为政者的仁与智。

12.23 子贡问友。子曰："忠告而善道之，不可则止，无自辱焉。"

【广义】

子贡问朋友之道，孔子回答说，与朋友相处有两个原则，首先要以善道劝告朋友；其次，劝告要适可而止，如果朋友不接受劝告，也就不要强求了，否则就会自取其辱。

朋友应当是志同道合之人。然而，水至清则无鱼，人至察则无徒。世上罕有绝对的志同道合，朋友之间难免会有所差异。孔子主张，对待朋友虽然当以善道相告，但亦不必苛责。君子贵在独守其道，不必依赖他人。

12.24 曾子曰："君子以文会友，以友辅仁。"

【广义】

君子与朋友相处，一同切磋礼乐文章，这既是对朋友的尊重，同时也可以增进自己的修养。这是朋友之道。

子路第十三

13.1 子路问政。子曰："先之，劳之。"请益。曰："无倦。"

【注解】

先之劳之：这句多有歧解。先之，谓在民之先而劳，为民率先垂范；劳之，一谓自己勤劳于民政民事，一谓使民以劳，而不使其沉溺于安逸而思淫欲。宜取前解，使民劳，无此义。

【广义】

孔子答子路问政，勉励子路身先务劳，行之无倦。盖孔子知晓子路是勇于公义之人，故不待在道义上作告诫，只作勤于民政的勉励。

13.2 仲弓为季氏宰，问政。子曰："先有司，赦小过，举贤才。"曰："焉知贤才而举之？"子曰："举尔所知。尔所不知，人其舍诸？"

【注解】

先有司：先安排有司之事。如理解为勤于政务在有司众官之先，孔子似不必告诫弟子如此细碎之事，亦无是理。

【广义】

孔子对弟子的告诫与其身份有关。仲弓任季氏宰，有管理的职责，同时孔子又深知仲弓德行高尚，故不须教之以道义，而教之以作为管理者的管理方法。首先，作为管理者须有条理地分职任事。其次，应当宽厚待下，不纠小过。最后，应当选拔贤才。仲弓又问怎么才能察识贤才，孔子回答说，只要任用你所知道的，你所不知道的人才自然会闻声而来。

13.3 子路曰："卫君待子而为政，子将奚先?"子曰："必也正名乎!"子路曰："有是哉，子之迂也! 奚其正?"子曰："野哉由也! 君子于其所不知，盖阙如也。名不正，则言不顺；言不顺，则事不成；事不成，则礼乐不兴；礼乐不兴，则刑罚不中；刑罚不中，则民无所错手足。故君子名之必可言也，言之必可行也。君子于其言，无所苟而已矣。"

【注解】

正名：辨正、矫正名称与名分。

名之必可言：谓君子对事物的命名一定是光明正大可以公开言说与宣扬的。

言之必可行：既然其命名是光明正大的，可以公开宣扬，那么就可以实行。

苟：苟且，敷衍，不负责任。

【广义】

正名是孔子提出的一个纲领性原则。在后世，儒家又被称作"名教"，可见儒家对名的重视。名，即命名，命名不只是使用某种符号来指称某物，也在于将某物归结为某名，使之隶属于名。名本身处于概念的结构系统中，具有特定的规范内容与价值内涵，所以，将某事物归于某名，就意味着对该事物的规范性矫正。所以，正名就意味着用名来管摄众物。如孔子曰："觚不觚，觚哉! 觚哉!"(《论语·雍也》) 作为器物的觚有其规格与制度，不合其制，则觚不成其觚。人也是如此，在社会关系中人须承担其伦理角色的职分；在社会政治及其他社会组织的机构中，每一种职位亦有其职责与规范，人尽其职，社会体系才能顺畅地运转。

另外，名的作用机制与礼相似，名与物构成双向的运动，是礼的实质环节。一方面，名将规范性内涵赋予人与物，使之将此规范性内涵内化为己有之物；另一方面，名又是此规范性内涵的外化，人们通过名而知晓其内涵，并使之成为公共的符号，获得大多数人的认可，从而具有合法性。

所以，正名的过程就是事物社会化、规范化的过程。其为天子，正天子之名，一方面使其作为天子而为天下人所知晓，其政治合法性得以保障；另一方面，天子之名本身的规范性内涵也在塑造着担承天子之职分的人。君臣父子夫妇朋友之名亦是如此。子路不达"名"的社会机制意义，孔子具体地向他揭示了礼乐刑政之作用实有赖于名的维系。这正是君子之所以慎重地看待名的原因。

先秦道家反对名，甚至以无名为号，以表达其潜默退隐之志。无名，也就意味着其为人为物无可定义，亦无可规范。从积极的角度来说，人们似乎因此获得了自由，但人构成这个世界的价值标准，事物不能按照人的需要展现其价值，那么其状态即使不与人相冲突，也与人无关，也就无所谓意义。因为除了人之外，没有意识去体验和感受其意义。所以，在儒家看来，人的自由不在于脱离人类世界，而在参与人类社会生活以获得自己的价值，从而充实自我，这样的自由才是真正的自由。一块石头躺在野外，或是在狂风中翻滚，它是无所谓自由的。只有人在一种价值规范中实现其意志，对生存的舒适有所体验，才可以说他是自由的。也就是说，只有在生存的体验中，自由的概念才能成立。

13.4 樊迟请学稼，子曰："吾不如老农。"请学为圃。曰："吾不如老圃。"樊迟出。子曰："小人哉，樊须也！上好礼，则民莫敢不敬；上好义，则民莫敢不服；上好信，则民莫敢不用情。夫如是，则四方之民襁负其子而至矣，焉用稼？"

【注解】

稼：农业种植。

圃：种植菜蔬。

情：实情。

襁：襁褓，背负婴儿用的背带或布兜。

【广义】

樊迟向孔子请教农业种植之术，孔子非常不满，称樊迟为小人。

这里的小人非道德之称，而是指从事于某一职业以谋生的。在这个意义上，当今社会的绝大多数人都是小人。孔子所赞许的是君子，君子与小人的根本区别是，君子摆脱了谋生的需要，专注于事业与道义。所以，在《论语》的语境中，小人需要从事某一职业而谋生存，是求利的，而君子无生存、生活之虑，不需要谋利，故可以追求更高远的理想。

当然，在现代社会，人人生而平等，人们不接受荫庇的观念，所有人都应当在市场竞争中谋生存。在相当程度上，古代儒家亦推崇这种平等的观念，如汉代经学普遍认为，哪怕是天子之子、国君之子，要从事政治，也需从最低一级的士做起。当然，在那个时代，贵族子弟至少可以确定拥有士的身份，而在今天，如果说基层公务员可以称之为士的话，那么官宦子弟并不是出生就自动获得士的身份，也得参加公务员考试，才能成为基层的公务员。

孔子虽然有教无类，但他的弟子多数还是贵族子弟，至少拥有士的身份。所以，孔子认为他的弟子一般不需要像普通平民一样为了生存而谋求职业，作为士应当具有匡扶世道的高远理想。所以，当樊迟向孔子请教稼穑之事时，孔子的失望之情溢于言表。孔子认为，士的使命是辅佐国君治理国家，教化百姓，在上位者礼义信，则民敬其业，国泰民安，为四方所向往，士何必亲自种植庄稼呢？

或认为孔子的这些观念带有职业歧视，轻视体力劳动者。这实是对孔子的重大误解。孔子不是轻视体力劳动，而是轻视所有谋利的行为。无论是农业种植，还是做官、经商、教书、研究学问，只要是谋食不谋道，对于孔子来说都是小人。只是，社会上绝大多数人从事着谋利的职业，而且其中大多数人并无向道之志，所以，对于孔子来说，大多数人是小人，真正的君子或者说士，是非常稀缺的。当我们说孔子轻视体力劳动时，可能误认为非体力劳动者就是士君子了，孔子所推崇的士君子要有无须谋利的经济基础，这样才能保证不必逐利，但更需要有求道之志，如此才成其为士君子。所以，我们或许常常因为不从事农业而将自己代入士君子的身份，其实我们绝大多数人属于孔子所说的小人，而不是士君子，我们对自己的品行与志向要有客观的认知。孔子的真实态度是重道贵德而贱利。

13.5 子曰："诵《诗》三百，授之以政，不达；使于四方，不能专对；虽多，亦奚以为？"

【注解】

专对：指出使在外专权处置，不必事事请示。

【广义】

孔子强调其教授诗学重在为政上的实用，即培养政治人才。学诗而不能达于政事，在外交中不能随机应变，则不能称为善学。

不过，培养政治才干是一门实践的学问，我们不禁要问，诵读和研习《诗经》可以达到这样的效果吗？孔子所传授的诗学并不能从今天文学与经学考证的角度去理解，其中包含丰富的历史政治与教化的内容。这提示我们今天的《诗经》学需要重视这方面的内涵。

不唯诗学，古代的经学也不应当只被当作一门考证历史文献的技术，而应当被视为一门培养治国人才的实用学科，学者宜深思其中的历史政治原理。时至今日，因为社会变迁，经学中的许多内容看起来与现代社会颇为遥远，如此则更需要通过哲学与社会科学的综合研究来揭示经学中更基础更普遍的社会建构、政治治理的原理与历史经验。

13.6 子曰："正其身，不令而行；其身不正，虽令不从。"

【广义】

在政治关系中，孔子强调在上位者率身垂范，以德化人。只有外在的法律秩序与制度约束，而无相应的人格来维系，这样的政治机制必将失效。在孔子看来，法治秩序仍然离不开政治人格的教化。

13.7 子曰："鲁卫之政，兄弟也。"

【广义】

孔子感叹鲁国与卫国的政治相似。具体来说，皆为衰乱之政，表现为国君与大夫相争，君臣父子皆失其道，上下无序。

13.8　子谓卫公子荆，"善居室。始有，曰：'苟合矣。'少有，曰：'苟完矣。'富有，曰：'苟美矣。'"

【注解】

善居室：善于治理家政。

始有：指开始经营家业。

苟合矣：苟，将就；合，必要的物资齐备。苟合，即添置必要的家私将就使用。

少有：家产稍增。

苟完矣：将就完备了。

苟美：在美观上亦只将就而已。

【广义】

孔子表彰卫公子荆生活节制、节俭。这是孔子一贯的主张，如若有人追求外在的物质享受，其志向必然卑下，其人亦不足观。卫公子荆虽贵为公之子，但并不汲汲于追求居处的舒适与华丽，随着财力的增加，对居处也只是略加改善而已。

13.9　子适卫，冉有仆。子曰："庶矣哉！"冉有曰："既庶矣，又何加焉？"曰："富之。"曰："既富矣，又何加焉？"曰："教之。"

【注解】

仆：这里指冉有为孔子驾车。

庶矣：言卫国人口众多。

【广义】

孔子赞叹卫国人口众多。冉有趁机提问，人口众多以后还要做什么，孔子答之以富民与教民。儒家认为上天有好生之德，天地以生人为意。子孙绵延，人丁兴旺一直是儒家所追求的理想。俗话说，有人才有世界。如若无人，天地虽美但无人领会。另外，要撑起一个文明，需要足够的人口。如若人口数量萎缩了，其文明的生机也就随之丧失。当今之世，中国社会的生育意愿下降，人口开始减少，诚可忧也。

卫国人口增长，表明卫国的社会治理与社会经济有可取之处。在此基础上，孔子主张要为人民创造更好的生活条件，首先就要富之，让人们过上更好的生活。儒家主张生民，生民不只是生出人口，同时也要注重民生的质量，发展经济是儒家社会一贯的追求。正是肩负生民之职，所以历代儒者探求富民之术，并主张，为官一任，造福一方。保土养民是地方官的基本职责。

人多既富，并不等于美好的生活。美好的生活还要求人们有内在的品质，相爱而不相害，崇德而不竞于利。人的本性倾向于放纵而非克制，这就需要自上而下推行教化。教化既是为了社会和谐，构建更美好的生活，也是人与社会寻求生活意义的内在需要。

13.10　子曰："苟有用我者，期月而已可也，三年有成。"

【注解】

期月：期，指太阳公转一圈，四季轮回一遍，即一年。期月，意为周遍十二月。

可：尚可。

【广义】

孔子说，自己如果从政治理一方，一年有小成，三年有大成。注者谓此章系孔子为卫灵公不能任用自己而发。

13.11　子曰："善人为邦百年，亦可以胜残去杀矣。诚哉是言也！"

【广义】

孔子道，古语云善人治国，百年后可以消除残暴，战争不起，刑罚亦可以释而不用。这表明社会道德风气高尚，此系善人百年教化与引导之效。

13.12　子曰："如有王者，必世而后仁。"

【注解】

世：三十年为一世。

【广义】

本章的字面意思是，王者治国，需要三十年，国家才能臻于仁。此章或应与前两章相互参看。如果孔子以圣人自任，那么他说的就是，圣人德大，治国三年可成；王者次之，三十年可以实现社会风气的明显改善；至若善人为邦，则需一百年才能胜残去杀，近乎仁道。

王者治理天下的成效为什么以三十年为界？治理国家，发展经济，移风易俗，推行教化，皆非一蹴而就之事。尤其是教化事业，难以短期见效。人心难移，需要从年轻一代的教育抓起，教化三十年而后成。实质上可能并不是品行不善之人经过教育后变善，而是新生一代人因为受了良好的教育而成才，三十年后改变了社会风气。

13.13　子曰："苟正其身矣，于从政乎何有？不能正其身，如正人何？"

【广义】

官长先正其身，才能服人。法度的规范需要凝结为政治人格及其道德意识，才能使组织机构摆脱基于自利的利益博弈而形成的官僚主义。

13.14　冉子退朝。子曰："何晏也？"对曰："有政。"子曰："其事也。如有政，虽不吾以，吾其与闻之。"

【注解】

朝：冉有为季氏之家臣，这里指季氏之私朝。

晏：晚。

虽不吾以：以，用，任用。

【广义】

在这里，孔子区分了政与事。鲁国之政，季氏与家臣谋于家，而不议于国君之朝，所以孔子对季氏之专政提出严厉的批评。《礼记·曲礼》谓"公事不私议"，国家政治的公私之界不可乱，事关国家的公事当在君之朝公开议论，而非大夫私下谋之于家。

儒家有政道，有治道。政道关乎政治价值与政治伦理，如国之本在民，仁民爱物，博济众施；治道关乎治体，包括政治制度，政治原则与行政伦理。严公私之别是重要的政治原则，一则杜绝秘密政治，防止政治阴谋，使国家政治能够在正常的轨道上运行，合乎规范的权力秩序；二则杜绝政治腐败，防止以权谋私，消除特殊的政治利益集团。公私的紊乱虽然难以根除，但这是大是大非的政治原则所在，所以孔子严告冉有如此。

13.15　定公问："一言可以兴邦，有诸？"孔子对曰："言不可以若是其几也。人之言曰：'为君难，为臣不易。'如知为君之难也，不几乎一言而兴邦乎？"曰："一言而丧邦，有诸？"孔子对曰："言不可以若是其几也。人之言曰：'予无乐乎为君，唯其言而莫予违也。'如其善而莫之违也，不亦善乎？如不善而莫之违也，不几乎一言而丧邦乎？"

【注解】

言不可以若是其几也：几，预兆，微妙；或以"几"为"期"，谓不可期待一言有可以兴邦之效。或读为"言不可以若是。其几也，人之言曰"，不从。

予无乐乎为君，唯其言而莫予违也：变换语序，即予为君无乐，唯其莫违予言也。

【广义】

此乃孔子回答定公之问，所以其言就为君而言。尼采提出人的本质就是权力意志，或曰强力意志。人有支配的本能，以实现自我生命力的张显。在这个意义上，儒家所说的教化与修养教人自我克制而遵从礼义，违背人作为生物的本能。但儒家精神的伟大亦在此处，人若不能克制生命冲动的本能，必然导致人与人的冲突，故社会关系需要伦理与法律来协调。在社会组织中，有领导与被领导、管理与被管理之别，在上位者因为拥有更大的组织权力而能张显其意志。孔子告诫鲁定公，国事艰难，为君为臣皆不易，不要以自己拥有权力即顺从扩张权力的本能，使人服从；国君的权力需要对国家政治负责，而不能用于扩张自己的欲望。

239

13.16 **叶公问政。子曰："近者悦，远者来。"**

【广义】

叶公是楚国的地方官长，问政于孔子。孔子提出，为政一方，即要造福一方，使人民能悦其政，使远方之人向慕而来。

13.17 **子夏为莒父宰，问政。子曰："无欲速，无见小利。欲速，则不达；见小利，则大事不成。"**

【注解】

莒父：鲁邑名。

【广义】

子夏任邑宰而问政于孔子，孔子告诫他为政要从大处着眼，不要过于注重眼前的利益。用今天行政科学的术语来说，就是作为地方官不要专务于短期行为，所谓短期行为，即指行政中可以短期见效，但有损长期利益的行为；或有利于地方，但有损于全局的行为。在当代行政绩效的考核中，为官的一个任期一般是四至五年，在任期内需有政绩供组织考核，这样容易带来短期行为。但是，为了避免短期行为，任期也不是越长越好，任期过长既影响为政的积极性，也容易形成地方利益集团。

孔子"无欲速，无见小利"的箴言对于我们的社会生活与人生态度也有积极意义。例如我们个人的人生选择，不应急功近利，勿为一时得失而斤斤计较，而应着眼于长远的规划。患得患失者，无所不用其极，严重影响一个人的德性。再如，在孩子的教育上，很多家长不明教育的道理，往往在孩子年幼时给他强加过多的学习任务，使其不堪重负，容易丧失学习的兴趣，甚至使孩子对生活乃至于对人生产生失望的情绪，不能培养其强大的内心与内驱力，可谓见小利而遗大害。

13.18 **叶公语孔子曰："吾党有直躬者，其父攘羊，而子证之。"孔子曰："吾党之直者异于是。父为子隐，子为父隐，直在其中矣。"**

【注解】

直躬：指以直闻名，以直立身。

攘羊：攘，窃取。攘羊即盗羊。

【广义】

叶公向孔子道，当地有子证父之罪者，人称其直。孔子不以为然，孔子认为，父子相隐，才是真正的直。

从字面含义来看，父犯罪而子作证，表明其子没有隐瞒，没有欺骗，这似乎就是直。这确实合乎人人平等的法律原则。后世学者也为法律面前应当人人平等，公正无私，还是应该亲亲相隐而争论不休。《增广贤文》中有一句俗语，叫"莫信直中直，须防仁不仁"。在社会生活中，人难免会犯一些错误，另外，也许会因为观念的不同而持有不同的看法与主张，那么，当你的亲人产生了你认为错误的思想与行为时，你会怎么做？有时候人们就会面临正确与亲情的矛盾，孔子主张至少要给亲情做一个保留。矫正了某个不正确之事，可能会给社会带来一些利益，但如果这是以举报亲人为代价，从而造成人在亲情中也没有安全感，人人自危，成为社会中的孤舟，那么，这样的社会代价未免过大。孔子重视亲情，并不无条件地赞成所谓的政治正确，而更重视亲情。人对人的情感即一种仁，如果这样的仁丧失了，人变得无情，那么社会正义的价值也将大打折扣。

13.19　樊迟问仁。子曰："居处恭，执事敬，与人忠。虽之夷狄，不可弃也。"

【注解】

居处：指在家闲居。

【广义】

樊迟问仁，孔子从人的日常行为规范作答，认为仁者虽闲居亦必能恭敬自制而不放纵，敬其业而忠于人。这些都是寻常之言，本章的重点在于，孔子认为这些德行具有普遍性，虽在夷狄，有入乡随俗之必要，但这些品行也将为夷狄之人所敬重。现代有所谓价值多元之说，儒家的一个重要洞见是，发现了道德行为与修养方法的普遍结构。譬如诸宗教所信之神不同，但其为敬的态度则相似，其所主张的道德内容其实也有相似的地方。无论其文化与习俗的内容是什么，则其为忠与敬的形式要求必然是相似的。

13.20 子贡问曰："何如斯可谓之士矣?"子曰："行己有耻，使于四方，不辱君命，可谓士矣。"曰："敢问其次。"曰："宗族称孝焉，乡党称弟焉。"曰："敢问其次。"曰："言必信，信必果，硁硁然小人哉！抑亦可以为次矣。"曰："今之从政者何如?"子曰："噫！斗筲之人，何足算也。"

【注解】

行己有耻：行而知其耻。句法与《公冶长》篇"行己也恭"相似。己，强调自我的道德自觉。

硁硁然：硁，敲打石头的声音。硁硁然即坚固如石子状，形容一个人见识小而固执。

抑：或许。

斗筲：十升为斗，五升为筲。斗筲形容人才器小，无宏大之志。

【广义】

子贡向孔子请教什么样的人可称得上是士，孔子说，一个人行而知耻，且有行政之才，出使四方不辱使命，这样可称之为士。善人有德不一定有才，士则兼有德与才，有才无德为小人。

子贡追问，还有什么人也可以称为士，孔子回答说，在宗族称孝，在乡党称弟。传统的注疏多言此选举之法，如汉代举孝廉，在族在乡有孝悌之名者可向朝廷举荐，任用为官。清代赵佑《四书温故录》言："春秋之时，卿大夫皆世官，选举之法已废。此文所言，犹是旧法，故子贡复问今之从政，明前所举皆是昔时有然也。"[1] 但现代史学认为选举之法是汉代的创造，春秋以前不一定有。虽然如此，《论语》云"宗族称孝，乡党称弟"，重视人才的道德名声，这或是汉代察举的一个思想根源。儒家的一个伟大之处在于，不断地有制度创造，而且能从经典中找到思想渊源。一方面体现了传统儒家的制度创新精神；另一方面也说明儒家最根本的地方不在某种特定的制度，

---

① 程树德撰，程俊英、蒋见元点校：《论语集释》，中华书局 2014 年版，第 1196 页。

而在其价值追求。基于儒家的价值理念，后世可以不断地创造新的礼法制度。《礼记·礼运》云："礼也者，义之实也。协诸义而协，则礼虽先王未之有，可以义起也。"

子贡又问还有什么样的人可以称为士，孔子回答说，言而有信，即言之既出一定会将事办成的人，也可以称为士。这里所说的"硁硁然小人哉"，或以为贬义，但孔子其实是说，一个言而有信的普通人，虽然不足以适道、与立、与权，但仍然不失为一守义之士，所以列为士。

13.21 子曰："不得中行而与之，必也狂狷乎！狂者进取，狷者有所不为也。"

【注解】

中行：中道而行，一般理解为行合乎中庸之道。

【广义】

孔子以中庸为最高的行为准则。程朱将"中庸"理解为"天下之正道"与"天下之定理"①，将"时中"理解为"能随时以处中"②，此固有理，不过，这样的中庸之道极为高远，一般人难以做到。中庸的实践意义不仅在于能够指出事物之正道与定理，也在于通过考量世人之性情，让礼乐制度可以行之久远，让大多数人可以学习，可以做到，而非难以企及。如果中庸之道严格到只有圣人才能做到，那么中庸之为常道的意义就难以彰显，道就难以实行。所以，中庸之道的实践意义在于君子审时度势、因势利导地将道发扬光大。

至于狂狷，有过与不及之缺点。狂者过之，狷者不及。人若有志于道，或有过之，或有不及，皆不失为向道之士。所以，孔子说，君子若不能严格地合乎中庸之道，那么或过或不及也有可称许之处。狂者道义积极进取，狷者有底线，有所不为。至于为学，狂者或胜于狷者。狂者的缺点在于志向过于高远，而一旦能意识到其学识不足以

---

① （宋）朱熹撰：《四书章句集注》，中华书局1983年版，第17页。

② （宋）朱熹撰：《四书章句集注》，中华书局1983年版，第19页。

当其志向，其进取所得也多。狷者的缺点在于保守，如此则进取不足，为学所得或限于此。

13.22 子曰："南人有言曰：'人而无恒，不可以作巫医。'善夫！""不恒其德，或承之羞。"子曰："不占而已矣。"

【注解】

南人：南方之人。

巫医：先秦时重鬼神，人或以为鬼神可致病，故有巫医同业之俗。

不恒其德，或承之羞：《周易》恒卦九二卦爻辞，大意是，人若无恒德，或将遭受羞辱。

不占而已矣：或可理解为，人无恒德，不会有好的结果，这样的道理不占而知。

【广义】

此章意在强调人要有恒心，尤其是立德要有恒心。若无恒心，不会有好的结果，这样的道理不占而知，所以人不可怀有侥幸的心理，期望通过投机而获得利益，行己苟且而求福报。

13.23 子曰："君子和而不同，小人同而不和。"

【广义】

和者，有差异而能协调共处；同者，性质与内容一样，性情相同的人容易声气相投。君子不求相与之人声气相投，贵在同志、同道。小人无向道之志，故在声气与兴趣上求同。

对于君子来说，这个世界本来就是有差异的，人有君臣父子夫妇之伦理不同，于性情上或有狂狷之不同，在社会结构中人的职业也不相同，所持思想观念与生活习俗不同，如此等等。人之种种不同可能会带来矛盾与冲突，对于君子来说，在所有的生活领域中求同是不可能之事，但求和而已。所谓和，既有社会结构、伦理角色之间的相互协调与配合，也有面对不同思想观念与生活习俗的理解与包容。这些不同，可以构成道义在社会生活领域的不同表现，不必齐同。至于小人，无向道之志，其喜恶出于自我意志的张显，同我者爱，逆我者恶，甚至顺我者生，逆我者死，以至于拉帮结派，党同伐异。人以群分，尤其是为了自我利益最大化而形成各种利益共同体，此亦人之常情。唯君子求道不求利，既不求外在的物质利益或功利的利益，也不求心理上的快乐这样的精神性利益，只追求道义，所以君子不必结成派别与利益集团。

现实世界往往因为各种利益而分裂为不同的团体，如同乡、同族、同学、同行、同事、同门等，将"不同"之人从自己的利益共同体中排挤出去。君子则不需要追求这些"同"来实现什么，也不需要追求相同之人才可以获得心理上的安慰与归宿。所以，只有君子才能做到和而不同。但这个世界君子如此之少，而追求同、需要同的人如此之多。和而不同应当作为构建和谐社会的法则，作为法律原则，来化解不同身份与利益诉求之群体的矛盾。

13.24 子贡问曰："乡人皆好之，何如？"子曰："未可也。""乡人皆恶之，何如？"子曰："未可也。不如乡人之善者好之，其不善者恶之。"

【广义】

这里的一个关键点是，孔子区分了乡人之善者与乡人之不善者。群体心理有其特点与规律，不同于个体心理。相较而言，个体更容易理性，而群体则不然。相对于这个世界与社会而言，个人是渺小的，大部分的经验与知识无法亲自体验和推正，需要通过其他方式间接获得，这使得人对社会事务的判断很大程度上依赖于其所得到的信息。人云亦云，随波逐流也就成了社会舆论的重要特点。一个人基于其经验来分析事物相对来说更加理性，一个群体对事物的认知并不是个体理性的简单叠加，往往基于道听途说人云亦云。所以，舆论有真假。

尤其是，舆论是可以人为操纵的，在现代传媒的条件下，舆论更容易被操纵。当一个热点被激发，形成舆论，真相就已经不重要了。人们关注的是这个热点所传达的信息，至于辟谣之后的真相是什么，已经很难达到原先的热度，传播有限。所以，真相的传播往往不如谣言传播之广，在舆论场，真相是滞后的，且是不重要的。因为大众传媒的这一特点，在这个后真相时代，现代社会民主制度的价值实质上已经大打折扣。

孔子似乎在两千多年前就觉察到大众传媒的这个特点。子贡所说的乡人皆好之，是说一个人在一个地方的舆论中获得好评，但孔子认为舆论是不可靠的。舆论之不可靠，大众传媒之所以有这些的特点，其根源还是在于人性。人有猎奇之心，往往偏好于夸张的信息，而对寻常的故事习焉不察，充耳不闻。如若是善人，也许会更有求真之心，不去传播那些夸张的新闻，所以善人皆能称赞，则其人可能更接近于真实。普通人因为喜欢夸张之辞，其所谓善往往不实。还有更甚者，那就是恶人，其心邪僻，或有不当的利益在，从而指鹿为马，颠倒是非，其所谓善者未必善，其所谓恶者未必恶。所以，孔子认为子贡所说的"乡人皆好之"未足为据，需要对乡人传播舆论的实情作具体分析，是善人所好还是不善人所好，是其人真实如此还是舆论的夸张。

13.25　子曰："君子易使而难说也：说之不以道，不说也；及其使人也，器之。小人难事而易说也：说之虽不以道，说也；及其使人也，求备焉。"

【注解】

器之：因其材器而任用。

【广义】

本章主要就上下级关系而言。在组织机构中，领导与管理者或是君子，或是小人。如果管理者是君子，那么人们容易与他共事，但很难取悦于他。因为君子向道，不会因为他人投其所好而喜悦。这样的管理者指派工作时会根据下属的才器而规定任务，不会对小人求全责备。如果管理者是小人，则容易被人投其所好而取悦，但这样的人有贪婪之心，不会关心下属的情况，而以下属满足其心意为出发点，如此，遇事就会苛责于下属。

因为君子小人心理不同，君子似乎显得很不合群，而小人因为乐于世俗之事，容易与人打成一片。但嗜欲浅者待人也宽，嗜欲深者责人也严。所以，君子看似不合群，但恰恰能按原则办事，且能宽容人，如此才能合一大群，使组织机制上下协调，转运良好。而小人居上位则不能以道接下，而以利欲为心，以利相交，而利必不能同时让所有人满足，势必离心离德，上下相怨，所以这样的管理者反而会不讲道理地苛责于人。

13.26　子曰："君子泰而不骄，小人骄而不泰。"

【广义】

君子求道不求利，求道在己，故没有患得患失之心，其心常安泰。小人求利，患得患失，有所得则骄傲自满，自居人上，当他失去时则又难免灰心丧气，所以小人骄而不泰。

13.27　子曰："刚毅木讷，近仁。"

【广义】

孔子认为仁者的品质更接近于刚毅木讷，而非巧言令色。或谓，刚毅近仁容易理解，不过，仁者何必木讷？木讷者，近乎沉默。也许，孔子认为人世有太多无奈的不可为之事，圣人亦病其不能救，故仁者示之以沉默。

13.28　子路问曰："何如斯可谓之士矣？"子曰："切切、偲偲，怡怡如也，可谓士矣。朋友切切、偲偲，兄弟怡怡。"

【注解】

切切、偲偲：相互敬重切磋貌。叠字成词，更近乎方言口语，其本义难于考索，历代注疏大抵据上下文揣摩其义。

怡怡：和气愉悦貌。

【广义】

兄弟与朋友其道不同，朋友以道义相合，故相责以道义；兄弟天伦，有亲亲之爱。

13.29　子曰："善人教民七年，亦可以即戎矣。"

【广义】

善人教民七年，其时已久，上下有信而相亲，同心一致，故可以就戎而战。如若上下离心离德，官不相属，民亦不信，不能一致对外，如晚清之状，即便无敌亦已自败。

13.30　子曰："以不教民战，是谓弃之。"

【广义】

不预先训练民众，仓促组织其上战场，是对人民生命不负责任，也是对国家安危不负责任。战争迫在眉睫时，再做战备已来不及，因此应居安思危，平时就要做好武备。可见孔子对政治的判断是务实的，不是盲目反对战争的理想主义者。

宪问第十四

14.1 宪问耻。子曰："邦有道，谷；邦无道，谷，耻也。"

【广义】

原宪问孔子何谓耻，孔子答道，邦无道而尸居其位，这是可耻的。参见 8.13。

14.2 "克、伐、怨、欲不行焉，可以为仁矣?" 子曰："可以为难矣，仁则吾不知也。"

【注解】

克：好胜。

伐：自夸。

【广义】

或问，一个人若不好胜，不自夸，不怨恨，不放纵欲望，这样可称为仁吗？孔子回答说，这也算难得，但还称不上仁。

有此四德，颇见其修养，仁者不唯有德于身，还有德于民，乃至于上参天地之德，知性命之原，非徒有修养而已。

14.3 子曰："士而怀居，不足以为士矣。"

【注解】

怀居：心系家居之安。

【广义】

士贵志，怀恋家居安稳，无忧国忧民之志，不足以为士。

14.4　子曰："邦有道，危言危行；邦无道，危行言孙。"

【注解】

危：正。

孙：逊，卑顺。

【广义】

孔子说，国家正义，则正言正行；国家不正义，则行为端正，但言辞要谦顺。

《论语》前文有"邦无道，免于刑戮"，"邦有道，则知；邦无道，则愚"，"天下有道则见，无道则隐"等语，明显有在无道之世当明哲保身的意思。后世儒家对此颇有微词。朱子注即引尹和靖之言谓："为国者使士言孙，岂不殆哉？"[1] 国家危难时，没有人挺身而出，勇赴国难，天下国家如何拯救？国有难，士人当挺身而出，需要注意的是，国难当前尤其需要政治团结，上下一心，不可拘泥于个人的道德意见而致党争，徒然加剧政治纷乱，遗敌可乘之机。刘宝楠《论语正义》云："汉明之末，学者知崇气节，而持之过激，酿为党祸，毋亦昧于远害之旨哉！"[2] 国乱时易产生政见分歧，汉末、宋代、明末、清末皆有惨痛的教训。但党祸的根源不在"崇气节"，而在政治意见与政治利益不同。

14.5　子曰："有德者必有言，有言者不必有德；仁者必有勇，勇者不必有仁。"

【广义】

孔子告诫，能立言者不一定有其德，勇者的勇气或是出于义气之激，而未必源于仁者不忧不惧的修养。不过，从另一个角度来说，立言本身也是一种德，不可因人废言。人虽不至于仁，勇者亦有可嘉之处。

---

① （宋）朱熹撰：《四书章句集注》，中华书局 1983 年版，第 150 页。

② （清）刘宝楠撰，高流水点校：《论语正义》，中华书局 1990 年版，第 555 页。

14.6　南宫适问于孔子曰："羿善射，奡荡舟，俱不得其死然；禹稷躬稼，而有天下。"夫子不答，南宫适出。子曰："君子哉若人！尚德哉若人！"

【注解】

羿：传说中的后羿。

奡荡舟：奡，传说中的大力士。奡荡舟，谓奡力大可以晃动一艘船。

禹稷躬稼：躬稼即亲身种植庄稼。此句字面意思似乎是禹与稷亲自种植庄稼。不过，后稷教民种植，可谓躬稼，而禹治水土，没有文献记载他也曾躬稼。所以，传统注疏往往补上禹治水土。

【广义】

南宫适说，如羿与奡，皆有强力，但不得其死，而禹与稷身躬稼穑，有德于民，所以拥有天下。孔子称赞南宫适为有德之人。

汉之马融及宋之朱子皆认为南宫适以羿、奡比喻当时的当权者，而以孔子比作禹稷，暗示孔子之德宜有天下。孔子谦不敢当，但也不能否认南宫适这番崇德贱力的话，所以没有回应，待南宫适走后才表达对他的赞许。这或有过度解读之嫌，孔子自命身当斯文，但未必自命当有天命。不过，后儒的这种角度却颇有深意，它意味着政治合法性的根基在于德，最高的政治领袖应当是至德之人，其在周就是孔子，而不是世袭守文之君。

又，以稼穑喻孔子之道颇为精妙。道德与文化养人，如种植谷物使其开花结果，亦如同果物对人的滋养。英文 culture 一词的拉丁词源亦有种植、栽培之意，义有相通之处。

14.7　子曰："君子而不仁者有矣夫，未有小人而仁者也。"

【广义】

孔子强调，君子有德但未必能及于仁，而小人志在求利，必不能及于仁。孔子勉励人不可只限于做小人，这里的小人未必是道德不堪之人，更多是指求利的普通人。人无向道之志，无求义之心，其人格恐将愈来愈下。

14.8　子曰："爱之，能勿劳乎？忠焉，能勿诲乎？"

【广义】

这里的爱、劳缺乏主语和宾语。如以子女为宾语，则意为，父母之爱子女，要使之勤劳。如以民为宾语，则意为，官长之爱民，使之按时劳作，无废农时，无废生计。忠与诲可对一般对象而言，如与朋友交，若为朋友着想，即忠于朋友，则应对朋友予以忠告。

朱子注引苏轼之言云："爱而勿劳，禽犊之爱也；忠而勿诲，妇寺之忠也。爱而知劳之，则其为爱也深矣；忠而知诲之，则其为忠也大矣。"①

14.9　子曰："为命裨谌草创之，世叔讨论之，行人子羽修饰之，东里子产润色之。"

【注解】

为命：这里指外交辞令的书写与颁布。

裨谌、世叔、子羽、子产：皆郑国大夫。

【广义】

《左传·襄公三十一年》载："郑国将有诸侯之事，子产乃问四国之为于子羽，且使多为辞令，与裨谌乘以适野，使谋可否，而告冯简子使断之。事成，乃授子太叔使行之，以应对宾客，是以鲜有败事。"意指郑国外交辞令即外交政策的出台，经过向子羽、裨谌、冯简子等人征求意见，反复论证，而后交付子太叔实行。如此，当时郑国的外交鲜有失策。这里记载的政策论证次序与孔子所说不太一致，但含义相近。

人们往往用道德作为主要的分析框架来理解儒家与中国传统政治。这样的做法其实从中国古代就开始了，如宋明理学讨论政治得失，往往以为政者的道德为据。清末西学东渐，学者以西方政治学原理来批评中国古代政治，将之视为君主专制。君主之所以要专制而不实行民主，乃是为了维持统治阶层的利益。这本质上也属于一种道德

---

① （宋）朱熹撰：《四书章句集注》，中华书局1983年版，第151页。

批判，即谓中国古代的政治是为了维护统治者利益，儒者参与政治即成为维护统治者利益的帮凶。所以，早年的章太炎批评儒家说儒者皆利禄之徒，儒学即利禄之学。民国以来又有儒学即君学之说，即以儒学为维持君主专制的思想工具。

将复杂的政治现象简化为执政者的道德问题，这无疑是草率的。政治有其历史社会的处境，其政治得失应当在历史条件的基础上加以讨论，脱离了历史条件来谈论政治得失，简单地以现代政治观念来要求历史条件不一样的前人，这不是实事求是的做法，犯了时代错误。从《论语》本章可以看出，在春秋时期，行政程序已经较为完善。行政是一门科学，行政科学的目标是规范决策程序，提高行政效率，减少行政失误。它与政治价值相对独立。郑国外交政策的出台，经过了多道程序的反复论证，提高了决策的正确性，最终取得了良好的实践效果。这体现了郑国执政集团的执政水平。后世的三省六部制有相似的行政程序，中书省起草政策，门下省审核政策，皇帝签字盖章生效，尚书省执行政策，御史台予以监督。尤其值得注意的是，在郑国的这一套决策流程中，国君并不参与其中。这固然有春秋时君权旁落的因素，不过也体现了"君主专制"一词的使用需要严格界定其语境，并非有君主的时代就一定属于君主专制。

14.10　或问子产。子曰："惠人也。"问子西。曰："彼哉！彼哉！"问管仲。曰："人也。夺伯氏骈邑三百，饭疏食，没齿无怨言。"

【注解】

惠人：子产施惠于民。

子西：根据历史记载，春秋时有三位子西。一为子产同宗兄弟公孙夏，字子西，曾联合子展杀死专政的郑司徒子孔，立子产为卿；一为春秋前期楚国司马宜申，字子西，谋弑君被诛；一为与孔子同时的楚国公子申，字子西，为楚国贤臣。未知孔子所指为谁，多以为是郑国子西，朱子以为是楚国之贤臣子西。孔子身处中原，对齐晋郑卫较熟悉，这里所指更可能是郑国子西。

伯氏：齐国大夫，其人不详。

骈邑三百：骈邑，齐大夫伯氏之封邑；三百，指骈邑之户数。

【广义】

此章记叙孔子对当时历史人物的评价。他认为子产能施惠于民，子西则只称"彼哉"，意为那个人啊，不知究竟何意。伯氏有罪，管仲夺伯氏封邑三百户，伯氏因此而贫，但伯氏毫无怨言。此可见管仲在齐国威望之高，齐人能服。

14.11　子曰："贫而无怨难，富而无骄易。"

【广义】

这可能是孔子观察到的普遍的社会现象，即富而无骄者多，贫而无怨者少。古希腊谚语有云："慷慨是富人的德性。"人富则生活无忧，有更好的条件来学习和施善，自然也就容易成为富而有修养的人。人贫则有忧患，心态容易不平，所以贫而无怨难。

小自知人论世，大至治国理政，须以现实人性为出发点。孔子对社会的观察是平实的，客观的，所以其论礼与政不发玄远之思，大抵皆切于人性的现实而言。后世儒家则多有脱离现实人性而论心性、论政治者，付诸实践，辄容易因脱离现实而进退失据。

14.12　子曰："孟公绰为赵魏老则优，不可以为滕薛大夫。"

【注解】

孟公绰：鲁大夫，三桓孟孙氏之族人。

赵魏：皆晋卿。

老：家臣。

滕薛：皆春秋诸侯国。

【广义】

《史记·仲尼弟子列传》载："孔子之所严事：于周则老子；于卫，蘧伯玉；于齐，晏平仲；于楚，老莱子；于郑，子产；于鲁，孟公绰。"① 可见孟公绰是孔子非常尊敬的人。孔子说，孟公绰可以担任赵、魏这样世卿之家的家臣，不可担任滕、薛这样小国的大夫。注者一般认为孟公绰廉静寡欲，家臣无事，所以能胜任，而小国之大夫政事繁难，其所不胜。

《汉书·薛宣传》载，频阳县多盗而其令薛恭有德少才，粟邑民朴而其令尹赏出身干吏，所以太守薛宣将二人置换，然后两县皆得大治。薛宣言："昔孟公绰优于赵魏，而不宜滕薛，故或以德显，或以功举。"② 家臣称老尊德，小国大夫治民多劳，又在大国之间，多忧难之事。人各有所长，宜于不同的职守。

14.13　子路问成人。子曰："若臧武仲之知，公绰之不欲，卞庄子之勇，冉求之艺，文之以礼乐，亦可以为成人矣。"曰："今之成人者何必然？见利思义，见危授命，久要不忘平生之言，亦可以为成人矣。"

【注解】

臧武仲：鲁大夫臧孙纥，谥"武"。

公绰：即孟公绰。

卞庄子：鲁国卞邑大夫，春秋时著名的勇士。

艺：才干。

久要不忘平生之言：要，约，约定；久要，旧约。意即言而有信，虽故旧之约不忘。

【广义】

子路问何谓成人，孔子说，一个人如兼有智、不欲、勇、艺，再文之以礼乐，如此德才兼备，可谓成人。又问当今之世如何可谓成人，孔子说，当今之人或许做不到如此德才兼备，如能做到见利思义，见危授命，不忘旧约，也可以视为成人。

今之成人的标准则又稍为降低，大抵以能够承担其为人的责任即

---

① （汉）司马迁撰：《史记》，中华书局1982年版，第409页。

② （汉）班固撰，（唐）颜师古注：《汉书》，中华书局2005年版，第2522页。

可视为成人。为人子不能承担其伦理责任，在社会生活中不能自立，则不算成人。在此基础上，能够有一定的道德修养，有一技之长，则是更严格意义上的成人。至于孔子所说的成人，在今天不唯算是成人，且可以说是杰出了。

当然，有人会问，人一定要做到这些伦理的与道德的要求，才能算作成人，甚至才能算作拥有做人的资格吗？如有学派认为，人生而自由，不必受一定的伦理道德约束。儒家认为，人生在世受人之恩，即有相应的伦理责任与道德要求。人之生受父母之恩，人之教化受师长之恩，人之生计受社会与国家之恩。人的共同生活即这样相互扶助而成，未有人生而孤自长成者。人受恩即当有报，受恩而不报，在儒家看来其德不完，不得算作完全的人。至于孔子这里所说的成人，则比人格完整之人的要求又要高出许多，可谓是理想人格。

14.14 子问公叔文子于公明贾曰："信乎夫子不言、不笑、不取乎？"公明贾对曰："以告者过也。夫子时然后言，人不厌其言；乐然后笑，人不厌其笑；义然后取，人不厌其取。"子曰："其然，岂其然乎？"

【注解】

公叔文子：卫国大夫，即公叔发，名拔，卫献公之孙，谥号"文"。

公明贾：公明氏，名贾，卫人，生平不详。

取：指取钱财。

以：因为。

时：应时，恰当的时候。

【广义】

孔子听闻公叔文子不言、不笑、不取，求证于公明贾。公明贾认为这个说法不准确，应该是，公叔文子为人在该说话时才说话，所以别人不讨厌他说的话；高兴的时候才笑，而不嘲笑、冷笑，所以别人不讨厌他的笑；合乎道理的财物他才取用，所以别人不会讨厌他的取用。

从公明贾的描述中可知，公叔文子是一个沉稳内敛而守道义之人，故为时人所称颂。

14.15　子曰："臧武仲以防求为后于鲁，虽曰不要君，吾不信也。"

【注解】

防：鲁邑名，臧武仲之封邑。

要君：要挟国君。

【广义】

臧武仲因故出逃，凭借其封地防邑，请求鲁君为臧氏后代封地，孔子认为这是要君之举，提出批评。

孔子主张尊君，维护君权，反对臣下要挟胁逼于君。近代以来学者多主张限制君权，但在春秋之世，在当时的政治机制中，君是国家政治的重要角色，君失去权威，不能履行其为君的职权，则国家易陷入衰乱。关键不在君权的限制与否，而在国家政治秩序的稳定及其政治职能的实现与否，在不同的政治体制构想中，君在其中所扮演的角色各不相同。孔子认为，在春秋的历史条件中，应当通过尊君来维系政治秩序的有序运转。

14.16　子曰："晋文公谲而不正，齐桓公正而不谲。"

【注解】

谲：狡诈。

【广义】

齐晋皆大国，齐桓晋文同为霸主而行事不同，孔子认为齐桓公为人正大而晋文公为人阴险。注家多从齐桓公伐楚伐戎拱卫周室的角度来说齐桓公之正，这是政治后果论，而在论晋文公时则侧重于其行为多计谋，这是从政治动机论，评价标准有所不同。如以同一标准论，评价齐桓公之正不应着眼于政治实效，而应着眼于其为人如何。

孔子总体上并不认为制度可以解决一切的政治问题，强调政治德性在政治生活中的意义。所以孔子非常重视君子人格的培养，表彰君子坦荡荡。其论齐桓晋文也是从人格的角度来评价的。齐桓公虽然天性多嗜欲，但其为人坦率，近于质；晋文公深沉多阴谋，能隐忍，少质多文。这固然与两人的经历有关。晋文公历尽艰辛方得君位，经历复杂，这对他的人格特质有重大影响。孔子显然更欣赏齐桓公的直率，正派，不狡诈。

14.17　子路曰："桓公杀公子纠，召忽死之，管仲不死。"曰："未仁乎?"子曰："桓公九合诸侯，不以兵车，管仲之力也。如其仁！如其仁!"

【注解】

公子纠：齐僖公之子，齐襄公之弟，齐桓公之兄，母为鲁女。时齐襄公被杀，公子纠与公子小白争君位。召忽与管仲辅佐公子纠，自鲁入齐；鲍叔牙辅佐公子小白自莒入齐。公子小白先入齐继位，是为齐桓公。在齐国的压力下鲁人杀公子纠，召忽自杀，管仲被押解至齐。

【广义】

管仲与公子纠有君臣之义，管仲不能死事公子纠，子路疑其不仁。孔子认为，管仲虽不能就义，但其所建立的功劳泽被天下，足以当其仁。在这里，孔子实质上区分了对个人品德的评价与对政治人物的评价的不同标准。这种区分也不同于梁启超所谓公德与私德的区别。凡是德，都有公共的意义。孔子的区分在于，针对不同身份与不同才能的人，对其德的要求也不一样。管仲有政治才能，可以承当天下兴亡之责，以君臣之义责之，未足以竭其才而尽其仁。

人们常常将儒家的政治哲学理念归结为内圣外王，但内圣与外王之间实有不可通约之处。管仲有外王之功，但无内圣之德。一个人何以能内圣与天下何以能王的作用机制不同，内圣的充分条件不一定是外王的充分条件，反之亦然。从另一个角度来说，孔子虽然称赞管仲的功劳，但他的功劳是在春秋危乱之世中取得的，其为仁是相对于乱世而言，要以世道的危乱为前提。孔子并不期望一个总是需要拯救的世道，因而并不以管仲之功为仁的标准。孔子所期望的是无须外在强力而能够融洽和谐、自发形成的社会秩序。在这样的社会中，社会管理不只是依赖于外在的法律制度与管仲这样杰出的政治人物的领导，在于形成以德义为尚、以礼制为度的社会秩序，人安其分而不争。所以，在孔子看来，管仲的功劳虽大，不过是一时之功，长远的社会秩序建构，仍然要以礼乐文明及人内在德性的进步为基础。也可以说，这是某种意义上的内圣。内圣与外王的连接以人性为变量。在无道之世，风俗浇薄，更需要管仲这样虽无内圣而有治理才干的政治家。而当礼乐文明进步，社会教化取得成效，人性迁善，内圣就具有更强的道德感召力，从而与外王有更强的正相关性。

14.18　子贡曰："管仲非仁者与？桓公杀公子纠，不能死，又相之。"子曰："管仲相桓公，霸诸侯，一匡天下，民到于今受其赐。微管仲，吾其被发左衽矣。岂若匹夫匹妇之为谅也，自经于沟渎而莫之知也？"

【注解】

微：无，没有。

被：披。

左衽：衽，衣襟。左衽，前襟向左掩。华夏之礼束冠右衽，被发左衽为夷狄之俗。

谅：信，信用。

经：缢死。

【广义】

子贡责备管仲不能死事公子纠，反为仇敌桓公之相，不义之甚，孔子则举管仲之功劳，称若非管仲九合诸侯，一匡天下，中原诸国恐怕要生灵涂炭，此非小仁小义可比。义见前章。

14.19　公叔文子之臣大夫僎，与文子同升诸公。子闻之曰："可以为文矣。"

【注解】

臣大夫：臣，家臣。臣大夫即仕于大夫之家，为家臣。

同升诸公：公指国君之朝，意即公叔文子向国君举荐其家臣，任用为大夫，成为同朝为官的同事。

【广义】

周代宗法制下的阶层流动性不强，虽然后世儒家将选举之法上推为三代之法，事实上宗法制中并没有真正地从广泛社会群体中选拔贤才的机制。僎本为家臣，得列卫国大夫，这并不是因为卫国的人才选拔更为公平，而是因为公叔文子举贤不避其出身，将地位低于自己的人举荐为平等共事者，这不仅需要为国举贤的爱国之心，更需要开阔的胸襟。所以，孔子对公叔文子予以高度的评价。

从另一个角度来说，孔子虽然主张不同身份的人各守其位，不得互相逾越，尽量避免社会利益的竞争，但在选拔人才上，孔子显然又有尊贤而不问出身的倾向。这其实是一种追求社会公平的精神。不过，追求社会公平必然会带来社会竞争，没有公开、公平的竞争，社会地位都由出身决定，这对有贤才的人来说就缺乏公平。孔子说举直错诸枉，即要将合适的人放在合适的位置上。至于谁是合适的人，显然不能仅仅由其出身来决定，而应由其才德来决定。将合适的人放在合适的位置上，就不能仅仅依赖于在上位者的德性，如公叔文子这样偶然出现的行为，而应当设计一种能够将贤才筛选出来的制度。这就是《礼记·礼运》所说的选贤与能。战国以军功，汉代以降则有种种选举制度的设计，此皆可以视为儒家追求社会公平的制度实践。孔子虽没有在宗法制之外设计出这样的选举制度，但其思想内在地包含这一向度。

14.20　子言卫灵公之无道也，康子曰："夫如是，奚而不丧？"孔子曰："仲叔圉治宾客，祝鮀治宗庙，王孙贾治军旅。夫如是，奚其丧？"

【注解】

康子：指季康子。

奚而不丧：为何还没有丧失其君位，或谓卫国为何还没有亡。

仲叔圉：孔圉，即孔文子。

祝鮀：字子鱼，卫国大夫，有口才。

【广义】

孔子认为卫灵公无道，其为君，卫国尚未亡，赖有干才治卫国之政。由此可见，国之亡与不亡，有道与无道，影响变量有多种，不只是君之德。君之德是其中的重要变量，但不是唯一的变量。换言之，内圣则外王，内不圣则外亡，这样的等式要成立，尚需更多的外在变量作相应的变化。卫国之君无道，但其臣有政治才干，其国得以维持，此其一例。研究儒家的政治思想，不可只靠其字面含义而下结论，须综合参考，将其逻辑中暗含的要素补全。否则容易得出武断的不符合历史经验的结论。

14.21　子曰："其言之不怍，则为之也难。"

【注解】

怍：惭愧。

【广义】

孔子说，一个人大言不惭，指望他践行其言也难。其言自夸者，是为了满足自己的虚荣心，引起他人的注意，其人如此，行事多不踏实。

14.22　陈成子弑简公。孔子沐浴而朝，告于哀公曰："陈恒弑其君，请讨之。"公曰："告夫三子!"孔子曰："以吾从大夫之后，不敢不告也。君曰'告夫三子'者。"之三子告，不可。孔子曰："以吾从大夫之后，不敢不告也。"

【注解】

陈成子弑简公：陈成子即齐国执政大臣之一田恒，其祖出自陈国，又称陈恒。鲁哀公十四年，齐国内乱，田氏在政治斗争中获胜，杀死了齐简公，陈恒遂独专齐国之政。

三子：三桓。

从大夫之后：跟从大夫之后，指曾担任过大夫。

【广义】

齐国陈成子弑其君简公，孔子斋戒沐浴后朝见鲁哀公，告于鲁哀公说："陈恒弑其君，请求发兵讨伐他。"哀公说："你告诉那三位啊！"孔子退朝后说道："因我还追随在大夫之后，发生了这样的大事，不敢不告于君。吾君却说去告诉那三位！"孔子又到三桓之家，一一告诉了，请求发兵讨伐，三家说："不可。"孔子退下后说："因为我还追随在大夫之后，不敢不告啊！"

春秋末年，在几个大的诸侯国中都发生了权臣当道的现象。封建制度事实上已然解体，孔子虽然想通过诸侯国之间的制衡来维持原有的封建秩序，但现实让他感到失望。

14.23　子路问事君。子曰："勿欺也，而犯之。"
【广义】

此章似应读为"犯之而勿欺也"，孔子知子路直而能奋义勇，可以犯君而谏，故诫之以勿欺。

14.24　子曰："君子上达，小人下达。"
【广义】

《论语集释》引宋代何坦《西畴常言·四书拾遗》谓："学成行尊，优入圣贤之域者，上达也。农工商贾，各随其业以成其志者，下达也。若夫为恶为不义之小人，彼则有败乱耳，恶能达？"[1] 此解切近常理。《论语》中所说的小人，多指为了生存而追求功利的普通人，非如君子有好德礼之修养，也不是后世所说品行不端的小人。日常生活中的普通人与品行不端的小人之间宜有区分。《论语》所说的君子与小人，以后世论之当称为君子与常人。《论语》很少提及后世所说的品行不端的小人。如果说一个人不是君子，就会沦为品行不端的小人，也不合乎大众的实情。所以，这里说的"小人下达"，下达者，指能从事一个职业，维系其生存，照顾其家庭，无甚高远之志向，即

---

[1]　程树德撰，程俊英、蒋见元点校：《论语集释》，中华书局2014年版，第1293页。

过常人的生活。至于君子则不能以赚钱养家为限，须有高远之志向，以至于上达天道，修成其德。

朱子注云："君子循天理，故日进乎高明；小人殉人欲，故日究乎污下。"[1] 在君子与小人之间、天理与人欲之间，给常人留下的空间过窄。在天理与人欲之间、高明与污下之间，还有农工商贾的日常生活。

14.25　子曰："古之学者为己，今之学者为人。"

【广义】

为，读去声。为己、为人之辞简约，其具体含义难以确知，一般从为学的道德目的方面来解说。朱子《论语集注》引程子之言曰："为己，欲得之于己也。为人，欲见知于人也。"又曰："古之学者为己，其终至于成物。今之学者为人，其终至于丧己。"[2] 大致来说，为己，指其学是为了提升和成就自己的德性；为人，其学是为了向他人炫耀，为了满足自己在他人面前的虚荣心。为学，贵在心得。人从无知到有知，无论是对事物的知识性理解，思维层次的提升，还是道德修养的进步，都是自我的完善，自我的实现，这是学习的内在意义。至于为人，获得他人的认可与称赞，获得现实的功利，这是学习的外在意义。二者虽不必然矛盾，但一个人注重于外，就有可能为外物所牵，妨害内在德性的提升。所以，学者应当用心于内，不能在追逐外物中丧失自我。

又，孔子这里以古今对举，暗含崇古贬今之意，对后世儒家崇古意识的形成有重要影响。崇古贬今的积极意义是强化对现实不足的批判意识，其缺陷在于，古今对比的二元简化不利于客观地研究事情本身。

---

① （宋）朱熹撰：《四书章句集注》，中华书局1983年版，第156页。
② （宋）朱熹撰：《四书章句集注》，中华书局1983年版，第156页。

14.26　蘧伯玉使人于孔子。孔子与之坐而问焉，曰："夫子何为？"对曰："夫子欲寡其过而未能也。"使者出。子曰："使乎！使乎！"

【注解】

蘧伯玉：蘧瑗，字伯玉，卫国大夫，有贤名。

【广义】

蘧伯玉遣使至于孔子之家，孔子询问蘧伯玉的情况，使者回答说蘧伯玉想减少其过错，但又以为未能做到。孔子高度称赞使者。时蘧伯玉年老，犹自进德不已，孔子为之感叹。

14.27　子曰："不在其位，不谋其政。"

【广义】

重出，参见8.14。

14.28　曾子曰："君子思不出其位。"

【广义】

曾子之言与孔子所说含义相近，可参见8.14。

14.29　子曰："君子耻其言而过其行。"

【注解】

君子耻其言而过其行：皇侃《论语集解义疏》作"君子耻其言之过其行也"，文义通畅，可从。

【广义】

孔子注重君子的德行，厌恶言过其行的人。言过其行，内纵其好胜之欲，外图虚荣，君子修养之忌。

14.30　子曰："君子道者三，我无能焉：仁者不忧，知者不惑，勇者不惧。"子贡曰："夫子自道也。"

【广义】

参见9.28。

14.31 子贡方人。子曰："赐也贤乎哉？夫我则不暇。"

【广义】

如将"方人"理解为比方人物，评说他人长短，则孔子方人多矣，批评子贡方人似有不妥；如理解为毁谤他人，孔子反问其"贤乎哉"，其义不协；如理解为子贡拿自己与他人比较，《公冶长》篇，孔子问子贡曰："女与回也孰愈？"可见孔子并不着意批评弟子与他人比较。所以，这里应该是语意不足，应补足为子贡时常方人，即过于注重人物评比，如此则其意可通。丁纪云："品评人物，夫子既为此，历来儒者亦不惮于为此，盖斥伪存真、彰立德义，以及转移一世风气者有赖于此，不可废也。"① 又，朱子注云："比方人物而较其短长，虽亦穷理之事。然专务为此，则心驰于外，而所以自治者疏矣。"② 吴与弼云："日夜痛自检点且不暇，岂有暇检点他人？责人密，自治疏矣，可不戒哉！"③ 子贡之过不在责人，而在"专务为此"，"责人密"。

14.32 子曰："不患人之不己知，患其不能也。"

【广义】

《学而》篇有"不患人之不己知，患不知人也"。孔子诚只求出名，君子当先务自己的修养，包括德行、才干及知人之明。

14.33 子曰："不逆诈，不亿不信，抑亦先觉者，是贤乎！"

【注解】

不逆诈：逆，来而相迎为逆。不逆诈指不事先假定对方欺诈于我。

不亿不信：亿，或通"臆"，臆想。不亿不信指不预先假定对方失信于我。

抑：不过，但是。

---

① 丁纪：《论语读诠》，巴蜀书社2005年版，第398页。
② （宋）朱熹撰：《四书章句集注》，中华书局1983年版，第157页。
③ 程树德撰，程俊英、蒋见元点校：《论语集释》，中华书局2014年版，第1305页。

先觉者：君子虽不逆不亿，但也能预先发觉人之欺诈。

【广义】

君子以己度人，而不先以小人之心度人。虽然如此，君子见微知著，人若真有不实之情，君子也必能发觉。

此章所论看似是小事，其实道出了人际交往中非常普遍的一个现象，即人都有被关心与关爱的需要，痛恨别人不忠不信或对自己怀有恶意，但人心隔肚皮，出于对不忠不信和恶意的担忧，人们往往会在特定情况下以为朋友对自己不怀好意。人之多疑多来自这种不自信和脆弱的心理需要。进而，人既抱有疑心，在这种关系中就会保守退缩，对方也会有所知觉，报以同样的狐疑猜忌，于是就结下了难以解开的心结。孔子认为，人之交往应坦诚相待，必有充分的证据再怀疑他人。无端的怀疑会失去很多朋友。尤其是在亲密关系中，相互信任很重要。越怕失去，就越是不自信，不信任，最终越有可能失去。

14.34　微生亩谓孔子曰："丘何为是栖栖者与？无乃为佞乎？"孔子曰："非敢为佞也，疾固也。"

【注解】

微生亩：微生氏，名亩，鲁国隐士。

栖栖：忙碌不安宁。

佞：取悦于人。

疾固：疾，厌恶；固，固陋，固执。孔子未明说疾谁之固，注家有疾世人之固、疾微生亩之固、疾己之固等说法。

【广义】

儒家积极进取，隐者独善其身。微生亩直呼孔子之名，态度倨傲不恭，批评孔子曲阿于世。孔子认为，君子贵在改过迁善，不能改过，固执己见，就不会有进步。孔子之言应非泛泛而论，而是针对微生亩说的。孔子不是隐士，虽然他多次说过有道则现，无道则隐，但若人人如此，则无道之世谁来挽救？孔子是在无道之世中努力弘道的仁人志士也。

14.35 子曰:"骥不称其力,称其德也。"

【注解】

骥:千里马。

【广义】

孔子说,千里马不以力著称,而以其德著称。

一般而言,马之德不就在于跑得快吗?抑或马除了跑得快外还有所谓德?郑玄注:"德者,调良之谓。"① 意思是,马德指的是良好的驯服性。诚然,马若不能驯服,虽有力而不能为人所用。相应地,人若无德,虽有才而不能有利于国,造福于人。所以,取人德在才先。

只是,人之德或许并不是某种先天的或稳定的性质,有其情境性。亦即在一个道德风气良好的环境中,人又处于顺境,那么其德性表现会更好;如若处在缺乏监督,不道德反而能获利的环境中,那么人就会倾向于不道德的行为。基于这样的考虑,现代社会更倾向于取人之才,而非取人之德。因为现代社会似乎认为只要监管全面,考核严格,其德与不德就会受到控制,所以只需衡量其才干即可。

人之德与不德,确实不是固定不变的,但现代组织中的道德因素也不可或缺,非制度所能完全控制。如果制度可以控制道德因素的偶然性,那么这个世界上就没有腐败或制度失灵的现象了。事实上,制度失灵处处可见,其原因就在于人性中的自利难以根除,总在窥伺制度中的漏洞,而制度又总是存在缺陷。所以,道德评价以形成社会风气,成为制度评价中的重要环节,仍然是不可缺少的。

14.36 或曰:"以德报怨,何如?"子曰:"何以报德?以直报怨,以德报德。"

【注解】

报:报复,回报。

【广义】

儒家伦理建构以社会秩序的内在和谐与社会正义的实现为目标。

---

① (三国)何晏注,(宋)邢昺疏:《论语注疏》,中国致公出版社2016年版,第233页。

只有形成社会秩序的内在和谐，其秩序建构才是可能的。如若按照"以德报怨"的原则来建构社会伦理与法制秩序，那么必将使社会秩序陷入自相矛盾乃至崩溃。在"以德报怨"的原则下，一个人做了损人利己的事，没有得到相应的惩罚，也就是说，其为恶而获利是零成本的，那么这就会鼓励损人利己的行为。基于经济理性人的假定，整个社会就会形成损人利己的风气，其结果将是正常经济交换秩序的崩解，所以犯罪行为得不到惩罚，整个社会也就瓦解了。

并且，孔子指出，如果"怨"受到了"德"的回报，那么"德"又将得到什么样的回报呢？对"德"的最佳回报也不过是"德"，如此，"德"与"怨"所得到的回报就没有区别，一个人施"德"与构"怨"在行为结果上也就无差别，从而导致人皆倾向于构"怨"而非施"德"。孔子的回应既包含社会秩序内在和谐的现实要求，也指出了其行为性质内在的公正要求。以同样的方式来回报"德"与"怨"，这是对施"德"者的不公正，也是对构"怨"者的不公正。这个问题的答案只有"以直报怨"，施"德"者应报之以德，构"怨"者应报之以怨，德福一致，罪责相应。

14.37 子曰："莫我知也夫！"子贡曰："何为其莫知子也？"子曰："不怨天，不尤人。下学而上达。知我者其天乎！"

【注解】

尤：责备，怪罪。

【广义】

不怨天，不尤人者，君子当反躬自省，其事不成，有天命所限者，不必怨恨天命，为人所阻者，亦不必怨恨他人。下学而上达者，下学是何学，上达达于何处？一般理解为下学人事，上达天命。或将上达理解为佐国理民之道。中国传统主张推天道以明人事，如此，则应当说"上达而下学"，即先有上达之功夫与天道的启迪，而后有具体的人事知识，下学才得以发生。按"下学而上达"之说，二者的关联似乎是说，在下学功夫中暗含着上达之道，舍下学亦无从上达，此亦是一种理解。

他人不知孔子，孔子对子贡自述其志，谓不怨天不尤人，下学而上达。其时孔子不能用于世，是人不知孔子，但孔子并不以为恨，不怨天尤人。又自述下学人事，上达天命，知道自己的使命与限度何在。人虽不知，但上天知道。世人虽不解，孔子也能坦然地面对上天，这体现了孔子无愧于己亦无愧于天的坦荡胸襟，也流露出孔子独对苍天的悲壮。这样的情怀，千载之下读之仍使人钦佩而向往。

汉代《春秋》学以孔子为汉制法，认为孔子"知我者其天乎"一语暗指他与上天有更近的关系，他自知其天命，有可以制礼作乐的素王身份。汉代奉孔子为圣王，所以在汉儒看来，这一章就是孔子与上天有神秘联系的证明。这是汉代为其创制寻求的合法性根基，这体现了孔子与经学作为文化、文明符号的社会意义。

14.38　**公伯寮愬子路于季孙。子服景伯以告，曰："夫子固有惑志于公伯寮，吾力犹能肆诸市朝。"子曰："道之将行也与？命也。道之将废也与？命也。公伯寮其如命何！"**

【注解】

公伯寮：鲁人，其人不详。

愬：通"诉"，进谗言，诋毁。

子服景伯：子服氏，谥景，字伯，即鲁国大夫子服何。

夫子：指季孙氏。

有惑志：受谗言迷惑。

肆：杀其人而陈其尸。

【广义】

子路为公伯寮所诋毁，子服景伯言于孔子，并表示可以除去公伯寮。孔子没有同意，认为其道行之不行，皆有命也。这样的命不是公伯寮所能左右的，所以也不会因为除去一个公伯寮而改变什么。

西方现代的政治哲学家施特劳斯认为，古代哲人重德性，但其高远的政治哲学理想能否在现实中实现，则取决于时运，而后世政治哲学家愿意降低其政治哲学的目标以求把握命运，不择手段地实现政治目标。如果从孔子本人的言行来看，孔子更接近于施特劳斯所说的古典政治哲人，不愿迎合世道的变迁而降低其道德理想。不过，从后世儒家的演进来看，儒家并不总是恪守高远的道德理想，而是直面现实人性，接受社会制度与时变迁，从而更好地在现实政治中实现儒家的社会组织功能及其教化之旨。

14.39　子曰："贤者辟世，其次辟地，其次辟色，其次辟言。"

【注解】

辟：避。

色：君主之面色，礼貌。

【广义】

此章看似文辞简洁，其实颇有难解处。此章字面意思是说，贤者避开不好的世道而隐居，其次避乱国而居，其次避君主不好的面色而引退，其次为君主不友好之言而引退。就其字面意思来说，似有等差之意，能避世者最为贤，其次为避乱国，其次为避暴君。不过，儒者志在救世，不计自身之安危，若为明哲保身计，可称为隐士，仅就其不肯同流合污，似亦可称为贤者，但二者都不是儒家真精神。朱子注引程子曰："四者虽以大小次第言之，然非有优劣也，所遇不同耳。"① 君子遭遇不同，所以行为不同，并不以避世者贤于避地、避色、避言，这其实是委婉地对避世之举提出不同意见。

14.40　子曰："作者七人矣。"

【广义】

"作"，不详何义，七人亦不知所指。《论语集解》认为"作"即是"为"，指上章"避世"之举，"七人"指《论语》中出现的七名隐者，分别是长沮、桀溺、荷蓧丈人、石门、荷蒉、仪封人、接舆。可备一说。

---

① （宋）朱熹撰：《四书章句集注》，中华书局 1983 年版，第 159 页。

14.41　子路宿于石门。晨门曰："奚自?"子路曰："自孔氏。"曰："是知其不可而为之者与?"

【注解】

石门：石门，地名，不知确指。

晨门：指守门人。

【广义】

在石门守门人看来，世道衰乱不可解救，孔子知其不可为而为之，枉费功夫。朱子注云："然不知圣人之视天下，无不可为之时也。"[1] 可见朱子并不主张避世隐居，无论世之治与乱，君子皆当立身行道，不能因为世道艰难而放弃所应担负的道义。钱穆云："世不可为是天意，而我之不可不为则仍是天意。道之行不行属命，而人之无行而不可不于道亦是命。孔子下学上达，下学，即行道，上达，斯知命矣。"[2]

14.42　子击磬于卫。有荷蒉而过孔氏之门者，曰："有心哉!击磬乎!"既而曰："鄙哉!硁硁乎!莫己知也，斯己而已矣。深则厉，浅则揭。"子曰："果哉!末之难矣。"

【注解】

荷蒉：荷，背负，担负；蒉，草编的筐，一般用来盛土。

硁硁乎：击石之声，坚固貌，意指孔子坚固而不变通。

斯己而已矣：谓守己即可。

深则厉，浅则揭：语出《诗经·卫风·匏有苦叶》，言水深则连衣涉水而过，水浅则可以提起衣服涉水而过。

果：果断，果决。

末之难矣：末，无。即无可驳难。

【广义】

隐者讥孔子世乱犹自行道而不知退隐，孔子不置可否。朱子注

---

① （宋）朱熹撰：《四书章句集注》，中华书局1983年版，第159页。

② 钱穆：《论语新解》，生活·读书·新知三联书店2002年版，第349页。

云："圣人心同天地，视天下犹一家，中国犹一人，不能一日忘也。"① 言圣人无弃世之义。

14.43 子张曰："《书》云：'高宗谅阴，三年不言。'何谓也？"子曰："何必高宗，古之人皆然。君薨，百官总己以听于冢宰三年。"

【注解】

高宗谅阴，三年不言：《尚书·无逸》曰："乃或亮阴，三年弗言。"又，《尚书·说命》："王宅忧，亮阴三祀。"皆指殷高宗武丁守丧三年，不言政事。谅阴，又作"谅暗"，或作"梁暗"，指天子居丧之庐。

总己：总摄己职，即谓各守其职，不再询问政事于国君。

【广义】

孔子答子张谓古之嗣君须服丧三年，不言政事，由冢宰摄政，代理国事。不过，古代之君有三年之丧（实际是二十五或二十七月），但似无三年不言政事者。汉文帝"以日易月"②，天子居丧三十六日而释服。

古代注家一般认为，孔子主张天子也应当服三年之丧，这表明人皆由父母生养，受父母之恩，天子也不例外，故当报之以三年之丧。至于国政，则可以权且由冢宰或后世之丞相代理三年，不至于废却政务，如此则忠孝两全，公私两便。不过，在一般的政治关系中，君托付大臣以三年之政，似乎过于理想，所以事实上这在古代并没有得到施行。现代有些学者认为，孔子这里实质上表达了一种虚君制的政治理念。国家政治可以离开国君三年犹且能够运转良好，这说明国君之位只是虚位，国家政治没有国君的干预也可以自行运转。

14.44 子曰："上好礼，则民易使也。"

【广义】

古代百姓有服徭役、兵赋之责，是之谓"使"。如果执政者恪守

---

① （宋）朱熹撰：《四书章句集注》，中华书局1983年版，第160页。
② （汉）班固撰，（唐）颜师古注：《汉书》，中华书局2005年版，第96页。

职责，以礼使人，则百姓亦乐于听命。如若官长有私，暴虐于民，则民不听命。

对于现代社会来说，"上好礼而民易使"意味着政治团结。国家政治能够为百姓负责，那么百姓就会信任政府，愿意听从政府的命令；反之，国家政治中出现有悖于国家利益、人民利益的特殊利益集团，则百姓不再信任政府，亦不再愿意服从于政府，国家政治动员就会失灵。自古以来，中国社会政治的一个特点是，在政权稳定时期，政府层级越高，获得的政治信任越多，政府层级越低，则政治信任度也越低，即中央政府比地方政府所获得的政治信任要多。这也是古代中国长期中央集权所塑造的社会结构与社会心理。

14.45　子路问君子。子曰："修己以敬。"曰："如斯而已乎？"曰："修己以安人。"曰："如斯而已乎？"曰："修己以安百姓。修己以安百姓，尧舜其犹病诸！"

【注解】

病：以某事为病，苦于不足。

【广义】

孔子答子路问何为君子，讲了递进的三个层次。首先是独善其身的君子，即以敬修身。敬是修身的重要工夫，敬存于心，则于事事物物上能戒慎从事，收拾身心而不放纵，敬德敬人敬业。其次，君子既能修身，有德然后能服人，故唯修己然后才能安人。安人与安百姓对举，可见这里的"人"主要指家人、族人等亲近之人而言。修己君子有德于身，在己能安身，在家能安人，父慈子孝，夫妻扶助，兄友弟恭，各安其分，不失其伦。

子路不满足于君子齐家，进而又问，孔子言君子更高之境在于修己以安百姓，并认为这较为困难，尧舜犹且不能完全做到。百姓之所以不能安，非尧舜不能竭尽其德而有客观条件的限制。朱子认为："圣人之心无穷，世虽极治，然岂能必知四海之内果无一物不得其所哉？故尧舜犹以安百姓为病。若曰吾治已足，则非所以为圣

273

人矣。"① 这是说，尧舜之时已达到"极治"，但仍不能说万物皆得其所，其中必有所不足，尧舜之为圣人也不会宣称自己的治下已经臻于完善达到无以复加之境。朱子既表彰了尧舜之治，又不以尧舜之治为限。承认圣王之治犹有不足，这对于崇尚圣王之治的理学家来说颇为难得。

圣王之治之所以犹有不足，不是因为圣王之德有所不至，而是天生万物本有缺陷，且不均等，社会条件有限，不可能事事皆完美，人人皆得其善。古代社会生产力低下，科技水平不高，中国地理环境多自然灾害，即便尧舜很好地协调了人事，实现了政治上的安宁，但他们难以消除因生产力不足和自然灾害带来的贫困，也难以完全消除人自身的生理、心理等各方面的问题。所以，欲安百姓，是圣王之心，而能不能安百姓，尚且有赖于更多的外在条件，非圣人之德，或圣人发愿就能完全实现的。即便在科技高度发达的现代社会，犹且因为资源与技术不足，而存在民生方面的许多困难，古代社会的困难可想而知。

郭象云："百姓百品，万国殊风，以不治治之，乃得其极，若欲修己以治之，虽尧舜必病，况君子乎？今尧舜非修之也，万物自无为而治，若天之自高，地之自厚，日月之明，云行雨施而已，故能夷畅条达，曲成不遗而无病也。"② 这是引道家无为的观念来谈论政治，它实质上反对儒家"修"的工夫。郭象认为，尧舜通过无为而实现了治的效果，如若尧舜"修己以治之"，这就不是无为了，反而不能安百姓。无为之所以能实现治的效果，是因为离开了人为的干扰，万物自然会实现其自性，形成良善的秩序。但这是一个道家式的神话，如郭象所称的天地日月，云行雨施，天有不测风云，地有水旱之患，天有日食月食，地有地震海啸，无论对人还是对物而言，都谈不上"夷畅条达，曲成不遗"。即便没有人的干预，自然界也会有灾害，更不用说人类社会，若没有形成治理秩序，人逐利而好胜的本性将不知使这

① （宋）朱熹撰：《四书章句集注》，中华书局 1983 年版，第 161 页。
② 程树德撰，程俊英、蒋见元点校：《论语集释》，中华书局 2014 年版，第 1343 页。

个社会变成何状。

14.46　原壤夷俟。子曰："幼而不孙弟，长而无述焉，老而不死，是为贼!"以杖叩其胫。

【注解】

原壤：鲁人，据《礼记·檀弓下》所载为孔子之故人。

夷俟：夷，指非跪坐，而是像夷人那样蹲着或伸腿而坐，在古代这是不礼貌的。俟，等待。夷俟，即原壤以放肆的坐姿等着孔子。或谓"俟"通"肆"，乃放纵之意，非等待之意。

孙弟：逊悌。

无述焉：没有什么可称许的言论教导子弟。

贼：比喻苟且偷生。

胫：小腿。

【广义】

原壤无礼，孔子责之。原壤其人已难以考索，古代注家称其为孔子故人，盖孔子责原壤用词严厉，以原壤为孔子故旧之交，则有戏谑之意。原壤居母丧而歌，非礼之甚，孔子装作没听见，弟子责问，孔子推脱说："丘闻之，亲者毋失其为亲也，故者毋失其为故也。"（见《礼记·檀弓下》）可见孔子与原壤的关系非常亲近，孔子并非真正严肃地批评他，对其无礼之举虽有批评之意，同时也有戏谑的意味，不必深究。

14.47　阙党童子将命。或问之曰："益者与?"子曰："吾见其居于位也，见其与先生并行也。非求益者也，欲速成者也。"

【注解】

阙党：孔子旧里为阙里，春秋地方行政组织以五百家为党，或说阙党即阙里。

命：传命，这里指传达宾主之辞令。

益者与：益，进步。益者与，将来会有大的进步吗?

居于位：古代宾主之礼中，童子无席位，这里指阙党童子坐于席位，与成人一样。

并行：古代身份低的人不得与身份高的人并行，而应当留出一定距离，随行在后。这里批评阙党童子在尊者前不知谦让。

非求益者也，欲速成者也：指阙党童子并不想在礼义上有所进益，只是想尽快成为大人。

【广义】

此章究竟是乡人命童子于孔子处传命，还是孔子让童子传命，注家观点不同。从字面意思来看，本章主要是记述孔子对作为宾主中介的阙党童子不知礼仪谦让的批评。

卫灵公第十五

15.1 卫灵公问陈于孔子。孔子对曰:"俎豆之事,则尝闻之矣;军旅之事,未之学也。"明日遂行。在陈绝粮,从者病,莫能兴。子路愠见曰:"君子亦有穷乎?"子曰:"君子固穷,小人穷斯滥矣。"

【注解】

陈:阵,兵阵。

俎豆:祭祀、宴飨时盛食物用的礼器。

固:有两解,一谓固有,一谓固守,皆可通。

【广义】

俎豆者,礼乐之事。孔子认为,国家当兴礼乐而治,卫灵公本已无道,世子又与夫人南子争斗不和,卫灵公不思治国,而欲兴兵攻伐,所以孔子带领弟子离开了卫国。

孔子师徒行至陈国,陷入绝粮之境,子路愠怒而问孔子,君子为什么会穷困至此?孔子平静地答道,君子之道本来就穷而不达,只是君子能够安于穷,如若是小人处于穷境,则难免会放纵自己,无所顾忌。

在一般的宗教与伦理学说中,有德福一致的观念,即谓有德者必有福,如此才能对世人起到劝善的作用。在许多宗教中,如若行善者不能得到现世的福报,则会允诺以来世。在哲学与伦理学中,行善者不一定能得到世俗意义上的福报,但会允诺灵魂的幸福。儒家则不然,君子之道在于固守道义,不在于自身能否获得某种福报的结果。孔子谓君子固穷,无论对固作何种解释,这个论题都包含了君子与穷之间的内在联系。

君子之道何以穷？君子不肯顺世人贪利之心而阿附之，求义而不求利，论公而不论私，在世俗眼中不近人情，不知变通。所以，在社会竞争中，君子往往吃亏。这一点孔子也心知肚明，但他并不因此教导人们放下君子的原则而去追逐世俗意义上的成功。所以，孔子说，君子虽在穷困中，仍然坚守道义，若小人处于穷困，则难免贪求成功而不择手段。

或曰，君子之道不能带来世俗的好处，还能为人所接受吗？儒家学说还能广为流传吗？如果把儒家学说放在大众传播领域中，儒家的君子之道因为不会顺着世俗人心给予安慰或好处，就会显得迂腐不近人情，而难以与阿附世俗人心的学说相竞争。但是，人心固有求福求利和寻求心理舒适区的倾向，如果所有的学说都顺着人心的这种倾向，那么我们这个社会将会日渐沉沦。真正的教益是逆人心舒适，给予警醒，而不是顺着人的好利与豫逸之心。当然，这并不是说人心全无善端，只是求利，求安逸。现实人心是多面的，人在求利求安逸的同时，也有求道理求心安的一面，儒家的教化就在于激发人的这一面。如果放任人自由选择，那么很少有人会选择一种约束自己的伦理说教，而愿意选择顺从自己心意的悦耳之言。所以，在社会文化市场上，真正的儒家伦理难以与心灵鸡汤性质的文化相竞争。当然，这不是儒家文化离开市场的理由，儒家文化也应当努力提供面向大众的文化产品。

在孔子看来，人群是分层的，有君子与小人之别。这里的小人，并不是对人格卑下的一种谴责，而是对社会大众生存生活需要的一种描述。普通的人没有高尚的向道之志，从社会建构的角度来说，普通人只需遵守底线伦理就可以了，就是一个好人，有责任感的人，虽然谈不上多么高尚。而君子则不同，儒家对君子提出了更高的道德要求，并将这种君子之道确立为公共教育的内容。所谓求乎上者得乎中，求乎中者得乎下。因为人心固有向下沉沦的一面，人寻求自己的自由与权利，自己的利益，自己的私心，这是不用教的，而人寻求道理、道义与高尚的品格，让人克制自我，这是需要经过教育、教化，需要自身作出努力才能实现的人格目标。所以，在儒家看来，儒家文化除了参与社会文化的市场竞争之外，还应成为公共教育的必修内容，以构建基本的社会伦理，提升整个社会的道德水平。

15.2 子曰："赐也，女以予为多学而识之者与？"对曰："然，非与？"曰："非也，予一以贯之。"

【广义】

孔子对子贡说，他并不是记性好而记住了很多知识，变得博学，而是有一贯之道来统摄。相似的话孔子对曾子也说过，参见 4.15。

15.3 子曰："由！知德者鲜矣。"

【广义】

孔子告诉子路人鲜能知德。世人多好利而贱德，《中庸》云："人莫不饮食也，鲜能知味也。"在许多现代人看来，人喜好什么难道不是主体自由意志的选择吗？好此或好彼又有什么差别呢？饮食不过是口味的偏好不同，又怎么能谈得上知味或不知味呢？在有些事项上，确实只是主观偏好的差异，但其事本身有程度深浅的不同。如书法审美，每个人都对什么样的字好看有主观见解，但这并不意味着每个人对书法作品的鉴赏处于同一水平。艺术有高下之别，有阳春白雪与下里巴人的不同。

人生也是如此。虽然每个人都处在自己的人生中，看起来没有人比自己更能了解自己。那么，每个人对人生的感受与品位没有高下之别吗？外在利益的好处人皆知之，内在精神修养与道德人格带给人生的意义，并不是每个人都能够深刻地体会。人生品位的提升需要更深刻的思想和更深沉的人生体验。而人一旦体验过更深层次的快乐与充实，那么浅层的快乐也就不再能够满足他了。对于孔子来说，德带给人生最丰富的意义感，这是他作为圣人所体会到的精神世界。世人多不及此，不知追求利益而患得患失带给其生命的只是功利与焦虑，而德带给人生的则是充实、坦荡的感受。

15.4 子曰："无为而治者，其舜也与？夫何为哉，恭己正南面而已矣。"

【广义】

不只是先秦道家强调无为，先秦儒者亦有无为而治的理念。孔子认为，尧舜的治理方式就是无为。君主只需端正自身的态度与行为，臣下各任其职，则天下自安，这就是无为。究而言之，无为即自发秩序的生成。

不过，何以成就自发秩序，儒道两家的理解有所不同。在道家看来，只要在上位者不扰于下，乃至于上下不相知，如庄子谓"上如标枝，民如野鹿"（《庄子·天地》），就能恢复自然的状态，天下自安。儒家所说的无为，要建立在伦理秩序的基础上。就朝廷国家而言，需要臣恪守其职，各任其事，君才能无为而治。在民间社会，父慈子孝，兄友弟恭，市场交易各守其信，则可以实现无讼之社会，官长亦得清静无事。之所以有事，根源在于人之相争。

在儒家看来，人之相争不可自行消除，需要建立制度以矫正，更根本地，需要教化以提撕人心，敦厚风俗。而道家认为人之相争的根源不在民自身，而在上多欲。儒家则认为不唯如此，人心并不因外在身份的不同而不同。民需要教化，君子不是天生的，同样需要经过礼乐的教化而后成。所以，儒家的无为可谓是积极意义上的无为，其实有赖于社会制度的完善与社会教化的推行。

15.5 子张问行。子曰："言忠信，行笃敬，虽蛮貊之邦行矣；言不忠信，行不笃敬，虽州里行乎哉？立，则见其参于前也；在舆，则见其倚于衡也，夫然后行。"子张书诸绅。

【注解】

立则见其参于前：意谓站立时其忠信笃敬之情直陈于前。

舆：车厢。

衡：车前横轭。

绅：束腰的大带。

【广义】

子张问孔子有什么行为准则与方法，孔子答之以忠信笃敬。人有忠信笃敬之情，则他人亦敬之信之。这样的行为法则，虽在蛮貊之邦也必然会获得信任。子张有志于仕，孔子教以获信于人的方法，这样的原则可用于一切组织生活。

又，春秋是封建时代，封建制度中本不应有地方行政，如《左传·桓公二年》云："天子建国，诸侯立家，卿置侧室，大夫有贰宗，士有隶子弟。"这是典型的封建制形态。周振鹤认为："由于天子、诸侯、大夫同为有土之君，因此天下、国、家都具有相对独立的地位，周代实际上是一个全面分权的社会，不存在任何形式的行政区划和地方政府，并无所谓中央与地方的行政关系，自然也无所谓地方行政制度。这一时期的地域差异，只存在于国与野之间。"① 不过，春秋时已经出现了地方行政组织，这些行政组织的出现打破了国野二元体制。孔子所说的州里，按照相关的历史记载，已然是编户齐民的地方行政组织单位。《周礼·地官司徒·大司徒》云："令五家为比，使之相保；五比为闾，使之相爱；四闾为族，使之相葬；五族为党，使之相救；五党为州，使之相赒；五州为乡，使之相宾。"《周礼》所载虽然未必等同于周代制度，不过一般认为在周代历史上往往也有迹可循。

依此章语意，孔子这里所说的"州里"，义近于乡里，所指范围应当不大，不出熟人社会，是基层单位。《尚书·禹贡》《礼记·王制》中的州是指四海之内所有之九州，地域广大，与这里所说不符。州的本义为"水中可居者"，泛指聚居之所，因此州有"聚居"之义。《国语·齐语》记："令夫士，群萃而州处"，徐元诰注："州，聚也。"《左传·僖公十五年》记载晋作州兵。《国语·晋语》中也有记载，徐元诰注曰："二千五百家为州，使州长各帅其属缮甲兵。"《管子·立政》载："分国以为五乡，乡为之师，分乡以为五州，州为之长。分州以为十里，里为之尉。"以里为最基层组织，州在里之

---

① 周振鹤：《中国地方行政制度史》，上海人民出版社 2014 年版，第 13—14 页。

上，而小于乡，与孔子所说"州里"语意相符。

15.6　子曰："直哉史鱼！邦有道，如矢；邦无道，如矢。君子哉蘧伯玉！邦有道，则仕；邦无道，则可卷而怀之。"

【注解】

史鱼：卫国大夫，名佗，字子鱼。或谓即前文之祝鲢。

如矢：像箭一样直。

卷而怀之：形容将才华收藏而不外露。

【广义】

蘧伯玉有道则现，无道则隐，孔子称其为君子。史鱼无论世道如何，都能坚持原则，直道而行，孔子称其直。

15.7　子曰："可与言而不与之言，失人；不可与言而与之言，失言。知者不失人，亦不失言。"

【广义】

君子慎于言，非其人而与之言，徒遭耻辱；可与之言而不言，或失教诲，或失朋友。智者见几，进退裕如。

15.8　子曰："志士仁人，无求生以害仁，有杀身以成仁。"

【广义】

孔子认为，志士仁人以仁为己任，仁之所在，牺牲生命亦在所不惜。不过，如若世道乱，恪守道义，拯救世道，显然是仁的事业，但可能危及自身，志士仁人会选择退隐吗？无道则隐，见仁而不救，明哲保身，非志士仁人。可见，面临无道之世，孔子既称赞不与世道同流合污的隐士，称赞识时保身的智者，也称赞杀身成仁的志士仁人。

15.9　子贡问为仁。子曰："工欲善其事，必先利其器。居是邦也，事其大夫之贤者，友其士之仁者。"

【广义】

子贡问为仁，孔子答以工与器，看似迂远，其实不然。《汉书·梅福传》注云："工以喻国政，利器喻贤才。"仁的实现首先在于国家治理的成功，犹如工事先利其器，国事先求其贤。孔子勉励子贡选择贤者而事，与仁者为友，以成就其仁。钱穆云："工无利器，不能善其业，犹人无材德，不能尽其仁。器不自利，必经磨砺，亦如人之材德，必事贤友仁，然后得所切磋熏陶而后能成也。仁者，人与人相处之道。仁德必于人群中磨砺熏陶而成。有其德而后可以善其事，犹工人之必有器以成业。"①

15.10　**颜渊问为邦。子曰："行夏之时，乘殷之辂，服周之冕，乐则《韶》舞，放郑声，远佞人。郑声淫，佞人殆。"**

【注解】

行夏之时：先秦有夏正、殷正、周正之不同，以十二地支配十二月，夏历建寅，即夏以寅月今农历正月为一年第一个月；殷历建丑，即殷以丑月今农历十二月为一年第一个月；周历建子，即周以子月今农历十一月为一年第一个月。秦朝以此类推，以十月为岁首。汉承秦制，汉武帝太初改制，将历法从秦朝十月为岁首改为夏历建寅。程树德《论语集释》引《陔馀丛考》云："春秋时列国多用夏正，……孔子告颜子以行夏时，亦以夏时本所当遵，当时已多私用，与其另建一朔而不能使天下画一，不如仍用夏正，俾上下通行也。"② 又，汉代经学有三统之说，以为三统、三正循环。周礼既衰，当以质救文，故代之以夏正。

乘殷之辂：辂又作路，指天子之车。按《周礼》，周天子有五辂：一曰玉辂，二曰金辂，三曰象辂，四曰革辂，五曰木辂，五辂多用文饰；殷制三辂，一曰木辂，二曰先辂，三曰次辂。殷辂特指木辂。

---

① 钱穆：《论语新解》，生活·读书·新知三联书店 2002 年版，第 363—364 页。
② 程树德撰，程俊英、蒋见元点校：《论语集释》，中华书局 2014 年版，第 1389—1390 页。

服周之冕：冕，礼冠。《周礼》有六冕，一曰大裘冕，二曰衮，三曰鷩，四曰毳毳，五曰绨，六曰玄。

乐则《韶》舞：字面上看《韶》舞指的是舜之乐《韶》及其舞，注家多认为这里的"舞"通"武"，指的是舜之乐《韶》与周之乐《武》。

放：放逐。

郑声淫：东周社会常以郑声为靡靡之音的代表。《礼记·乐记》云："郑音好滥淫志，宋音燕女溺志，卫音趋数烦志，齐音敖辟乔志。此四者，皆淫于色而害于德，是以祭祀弗用也。"

【广义】

颜渊本是问为邦之道，即治国的方法与道理。朱子注认为颜渊问的其实是治天下之道，自谦而问为邦之道，孔子所答其实是王道，即代周而王当用何法治天下。在古代政治哲学所包含的历史哲学或历史叙事中，三代制度损益意味着天下治道的更替，而不仅仅是一国的礼制更替。这样的礼制设计，不是诸侯国可以决定的，而是王政，故有这样的理解。

在汉代的通三统理论中，三代礼制循环，救周文之弊者是夏代以敬为特点的政教，所以代周而兴的应当是夏制。但是，孔子这里仅仅提到行夏之时，此外还综合了殷之辂，周之冕，及舜之乐，或许还有周之乐。所以，孔子心目中理想的政教秩序是对三代，乃至于四代礼乐制度的综合。当然，既然是诸种礼乐制度的综合，也不排除后世有新的礼乐形式的出现与发展。

又，孔子所说的为邦，乃至于治天下之道，并非如后世王莽等所认为的那样"制定则天下自平"[1]。孔子并不崇拜制度，不是将某种制度视为神圣或是历史终结的制度主义者，他认为不存在完美的制度，所有的制度运转日久都会失灵。因为在任何一种特定的制度框架中，都会形成相应的利益集团，阻隔上下流动与社会公正的实现，所以需要改制，制不可改时就会爆发革命，实现制度的变革，也就意味

---

[1] （汉）班固撰，（唐）颜师古注：《汉书》，中华书局 2005 年版，第 3038 页。

着社会利益的重组。因此，制度不可徒行，制度要发挥良好的作用而非走向固化，仅仅维护某种利益集团，就需要人的教化来将制度中的美意实现出来。所以，孔子接着就跟颜渊谈到人的教化，要放郑声而远佞人。

15.11　子曰："人无远虑，必有近忧。"

【广义】

作为一般的人生智慧，孔子此言足为典范。唯有远虑方可长远布局，其路径就可以在更宏观的层次上相互协调。若无远虑，其布局所见只在眼前，而眼前之路延长之后可能会相互冲突，其忧也随之而来。甚至，那些对长远有意义的东西或许在当下并无直接的作用，但不可废弃，人无远虑行之不远。

又，人欲无忧，则应当修德。德在我而不在人，有德则内心充实，不假外求。如若谋一世之利，乃至于更长远的利，利越大则忧越多。

15.12　子曰："已矣乎！吾未见好德如好色者也。"

【广义】

参见 9.18。

15.13　子曰："臧文仲其窃位者与？知柳下惠之贤，而不与立也。"

【注解】

柳下惠：鲁人，展氏，名获，字禽。食邑柳下，私谥为惠，故称柳下惠。

与立：指与之并立于朝。

【广义】

孔子批评臧文仲未能举荐柳下惠，专其政而不能让贤，所以为窃。孔子在春秋世袭社会的时代有选贤的人才选拔观念，其义见

14.19。这里仍须进一步阐明，贤的标准是什么，以及以什么样的方式将贤才选拔出来？如若贤的标准或选拔机制不明，关于贤才的推荐，只能依靠执政者的道德自觉，如此，仍然不能改变世家大族垄断和把持政治权力与社会资源的局面，如魏晋南北朝所示。所以，有鉴于前朝推举、察举之制不能客观体现贤能与否，科举考试之制才被创制出来。当然，只看考试结果也有不足，即考试或许可以更好地体现其知识与学术能力，但其品德与实践能力仍然难以通过标准化的考试来考察。当然，人才的培养与选拔并无完美的制度，只是在对社会公正的追求中，后世的人才选拔朝着客观化、标准化的方向演进。

15.14　子曰："躬自厚而薄责于人，则远怨矣。"

【广义】

躬自厚即厚责于己，遇事先多作自我反省和自我批评，而非先厚责于人，如此不会招致他人之怨。或谓如此则己心亦无怨。人若不知反省而修身，欲望滋长，就容易成为多怨而暴慢之人，不能抑制自身的抱怨，也会引起他人之怨。

15.15　子曰："不曰'如之何如之何'者，吾末如之何也已矣。"

【注解】

末：无。

【广义】

朱子《论语集注》云："如之何如之何者，熟思而审处之辞也。不如是而妄行，虽圣人亦无如之何矣。"① 孔子告诫，行事当恭谨慎重，不可无谋而妄行。正如7.10云："暴虎冯河，死而无悔者，吾不与也。必也临事而惧，好谋而成者也。"

① （宋）朱熹撰：《四书章句集注》，中华书局 1983 年版，第 166 页。

15.16　子曰："群居终日，言不及义，好行小慧，难矣哉！"
【广义】

朋友相聚，应当讨论学问，激励道义，如若言不及义，喜欢卖弄一些小聪明，这样的人修养很难提高。人贵有志，很多人对道义没有追求，不关心世道人心，终日里只谈论自己的利益和生活琐事，是谓言不及义。中国社会又有一种风气，无论是出租车司机、市井百姓，还是专家学者，喜欢谈论国家政治。这其实是一种好的现象，说明不同人群皆有家国情怀，关心国事，留意世道的变化。如若人人除了自己的生活，余事皆不关心，其人格反而易显得平庸，无关于义。

15.17　子曰："君子义以为质，礼以行之，孙以出之，信以成之。君子哉！"
【广义】

君子应当文质兼具。质是内在的道德品质与道德情感，以义为重，而其行为表现要遵循礼仪，谦逊，守信，内外兼备以成就君子人格。

15.18　子曰："君子病无能焉，不病人之不己知也。"
【广义】

参见 1.16："不患人之不己知，患不知人也。"又，14.32："不患人之不己知，患其不能也。"

15.19　子曰："君子疾没世而名不称焉。"
【广义】

没世而名不称者，谓身后无名。儒家不言灵魂不朽与来世，《左传》有"三不朽"，谓立德、立言、立功，三者无一，无名可称，君子所遗憾。人死而无知，其身后名只是其人格流传在世的一种形式，又何爱何畏？儒家立名教，如若人不爱其名，又无来世报应之说，恶人将无所畏惧。中国人是一个善于记载历史的民族。流芳百世，遗臭万年即儒家的报应说。这里所说的名，不仅仅是广为人知，而是有伦

287

理意义的美名。当然，德为本，名为表，徒有其表而无其德，则是欺世盗名。

从世俗的角度来说，这里的名又表现为脸面、面子。常言道中国人好脸面、面子，这里的脸面与面子也分有无伦理意义两种，一种是彰显个人权力与能力的排场，这样的面子无正面的伦理意义，反而是个人权力欲望的表现；另一种是作为好人的面子，是其人格的表现，即所谓不食言，不丢人，不失其为伦理角色的身份与责任。对中国人好面子的批评应具体分析，前者意义上的面子不可好，而后者意义上的面子则是维系社会伦理道德的基础。这就是儒家被称为名教的基础性社会建构意义。

15.20　子曰："君子求诸己，小人求诸人。"

【广义】

何晏《论语集解》注云："君子责己，小人责人。"① 义与15.15相近，可参见。

15.21　子曰："君子矜而不争，群而不党。"

【注解】

矜：庄重，自尊。

【广义】

君子求义，重视自己的人格修养，并不是为了利益而结党营私。人类社会之大患在以利相争，从而形成不同的利益集团。人类社会的这些问题难以形成有效的制度来解决。孔子认为，解决的根本之道在于君子人格的养成，求义而不求利，从而表现为人类文明的整体提升。这就是君子不党的意义。

《论语》"君子不党"说对中国政治文化有极为深远的影响。古代中国强调中央集权，虽然事实上存在各种类型的政治之"党"，但

---

① （三国）何晏注，（宋）邢昺疏：《论语注疏》，中国致公出版社2016年版，第251页。

在理念上君子不当结党。宋代欧阳修曾力辩小人有党，君子亦当结党以对抗小人。其说有一定道理，君子不党则在现实的政治竞争中吃亏。但这样的理念不合于儒家君子不党的本旨，所以对中国政治文化的影响并不是很大。君子本当不党，而在现实生活中，人往往结成各种团体，即使没有特别的利益关系，人在情感上也会天然地倾向于与自己亲近的人，无论是亲缘、乡缘、学缘等各种关系。结党在古代被称为朋党。党争的出现意味着政治不团结，形成了国家政治的内耗，从而导致政治衰败。如何防止国家政治中出现党争，达成政治团结，或者至少将党争限制在一定范围之内，这是国家政治建构的重要课题。这在中国古代主要是通过尊君和强化中央集权，辅之以君子人格的道德教化来实现的。

到了现代社会，君子不党的现代表达就是君子无私利，体忠为公，全心全意为人民服务。中国古代有所谓天命之说，有天命者代天理民，天命自然不可再划分。君子上承此天命而下对民负责，中间不需要区分不同党派的环节，在道义上也不容特殊利益集团的存在。

15.22　子曰："君子不以言举人，不以人废言。"
【广义】
君子不因为一个人说话漂亮而举荐任用他，因为他可能有言而无行，也不因为一个人存在其他缺陷而忽视他所说的话，特别是良善之言。

15.23　子贡问曰："有一言而可以终身行之者乎？"子曰："其恕乎！己所不欲，勿施于人。"
【广义】
子贡问什么样的准则可以终身行之，孔子以为是恕道，己所不欲，勿施于人，即自己不愿别人施加于我的，我也不施加于人。孔子此言，本出于不忍人之心，是仁者所具有的道德情感。西方现代伦理学经过对人类社会种种宗教冲突、利益冲突与政治冲突的反思，重视宽容的原则，强调多元文化的相互尊重，明确每个人所应当具有的权利与自由，尊重个人作为主体的地位。孔子此言与这样的理念相符合，所以又被称为伦理学的金律。这条伦理学准则的基础条件是，人同此心，心同此理。每个人都有自己的意志，不愿他人强加自己所厌恶之事，人的这种心理是普遍的。如若人人能得偿所愿，摆脱被强迫的痛苦，这就是幸福。孔子认同人的幸福是一种基本的价值，君子应当努力促成他人的幸福，而不是给他人带来痛苦。这是儒家的仁者之心。

另外，《论语》又有"己欲立而立人，己欲达而达人"之言，是"己所不欲，勿施于人"积极方面的表达，但其周延性不如后者。因为己所欲者，未必是人之所欲，将自己所欲施加于人，未必不造成强迫。不强迫他人，不对他人的行为造成限制，这就是自由的意义。从这个意义而言，"己所不欲，勿施于人"者，近于维护人的消极自由，"己欲立而立人，己欲达而达人"者，近于维护人的积极自由。所以，自由主义所主张的自由权利，儒家也认为是基础性的价值，应当予以维护。不过，不同的地方在于，儒家认为人的善良意志不是天生而就的，需要教化。而人的教化需要在情境中进行，儒家所设置的教化情境即礼乐，内容是儒家伦理。儒家伦理以人情的公正为原则，人施于我者，我亦报之。父母施于我者多，我亦报之厚。所以，儒家认为，伦理准则中的公正原则，也应当是普遍的。

15.24　子曰："吾之于人也，谁毁谁誉？如有所誉者，其有所试矣。斯民也，三代之所以直道而行也。"

【注解】

试：验证。

【广义】

孔子品论人物，并非对谁有所毁，对谁有所誉，必出于有所验证而后论之。并且，孔子认为三代之时人们能够做到有所验然后再评价人物，舆论大公，少有私心，三代之民的一言一行都公正地体现在舆论中，所以就能够做到直道而行，无有曲枉。然而，6.13中，子曰："不有祝鲍之佞，而有宋朝之美，难乎免于今之世矣。"孔子对其时之世道又有所批评。诚然也，直道而行者，是理想之世，现实中，人们多有猎奇之心，往往将自己道听途说的事加以夸张。又，12.16 中，子曰："君子成人之美，不成人之恶。小人反是。"人常常见不得别人比自己好，本然地倾向于诋毁他人。所以，舆论常常失真。

15.25 子曰："吾犹及史之阙文也，有马者借人乘之。今亡也夫！"

【注解】

史之阙文：阙犹缺，历史记载有空缺。

【广义】

孔子考史有笃实之精神，儒家实有近于科学之精神。至于"有马者借人乘之，今亡也夫"，与前面半句不知有何关联。存疑。

15.26 子曰："巧言乱德，小不忍则乱大谋。"

【广义】

孔子诚人不可花言巧语，花言巧语的人有伤自己的德性；不可鲁莽，造次从事可能危害大局。

15.27 子曰："众恶之，必察焉；众好之，必察焉。"

【广义】

众恶众好，可能有两种情况，一是舆论有偏而不公，二是其人伪饰不真，所以需要亲自去考察才能见其真，不可道听途说，人云亦云。亦见 12.16，15.24。

15.28 子曰："人能弘道，非道弘人。"

【广义】

道不能自己成就，需要人的努力去成就，同时，人也必定能够可以成就道。反之，道不会自动地实现，不会自动地弘扬人，人也不可自大，利用道来弘扬自己。这与许多宗教的世界观设定不同。在一些有神信仰的宗教看来，这个世界有权柄与大能的只有神，人是被动而渺小的。或在道家看来，道是自然的，自动的，人不妄作，顺其本性即可。而儒家认为，无论是自我的修养，还是社会秩序的建构，都需要人的努力，人不可消极地等待道的自动实现。《阳货》篇有云："君子三年不为礼，礼必坏；三年不为乐，乐必崩。"儒家对人性的现实状态有深切的认知，认为如若不是社会伦理与社会制度将人社会化，人若顺其本性，就难以成就善。如同荒地，若不耕耘，顺其本性，只会生长杂草，而不会自动生长庄稼。

或谓，人类文明难道真有圣人预先予以教化提携吗？人类文明的演进本身难道不是自然之事吗？诚然也，正如农业的起源，或是原始社会中的先民见众草中有结成果实者，选而培种。自然界也有散落的果实，但如果不经过人工培种，其质量与产量远远不能达到人类社会所需要的程度。而且，自然进化过程也极为漫长，人不应在漫长的历史中等待植物的自然进化，而应当选育种子，以更好地满足人类社会的需要。人类社会的建构也是如此。如若放任人在自然状态中相竞争，相仇杀，千百万年后人类社会也许会朝着一个好的方向演进，也许会在自相残杀中灭绝。人的可贵不在放任自流，而是在自然状态中奋起，无论是物质技术的进步，还是伦理秩序的建构，皆需仁人志士的奋力前行。

15.29　子曰："过而不改，是谓过矣。"

【广义】

人莫不有过，知错能改，善莫大焉，其为过也不再是过。知过而不改，过错就不会得到矫正，就真正是过了。只要能坚持每日改过的习惯，久之必有进益。知过不改，就不会有进益。察人不在是否有过，而应观察其趋势，察其是否能够自我反省，能否改过。

15.30　子曰："吾尝终日不食，终夜不寝，以思，无益，不如学也。"

【广义】

人若要有所进步，孔子最看重者，一曰立志，二曰改过，三曰为学。先有向道之志，然后才有改过的自觉。在这个过程中，人或不知当立何志，当改何过，那么为学就是最基础的工夫了。人应当虚心地不断学习新的知识。这看似简单，但人往往不肯克除成见，承认自己的不足，虚心向学。

15.31　子曰："君子谋道不谋食。耕也，馁在其中矣；学也，禄在其中矣。君子忧道不忧贫。"

【广义】

孔子以谋道与谋食之不同来区分君子与小人。在现实生活中，一个人或在谋道的同时谋食，或在谋食的同时谋道，二者并非绝对矛盾，只有谋食多还是谋道多的不同。社会是分层的，拥有更多社会资源的人，无衣食之忧，也可能无谋道之志，只是谋食；生活在社会底层的人，也许有谋道之志，而不汲汲于谋食。此皆不可一概而论。无论身处什么样的社会阶层，如果以现实的功利为追求，那么其求道之心就少，终为小人，不得为君子。

孔子认为，人当有谋道之志。即便以谋食为志，也不免于求不得。反之，一心求学向道，反而有可能得禄。此言不唯为劝学劝道而发，亦是对实际情况的描述。即便从追求成功的角度来说，谋食者无恒心，就难以成就自我，只是为生活而奔波。谋道者初始或无很好的物质条件，但求学者求道者能够成就自我的德性与才能，禄自在其中。

历史上，贫者可为富，富者可为贫。富者欲保其禄位，贫者欲追求更高的社会地位，社会上下皆有谋食之风，不利于君子人格的养成。反过来，在一个缺乏阶层流动的等级社会中，有人天生而富贵，有人天生而贫贱，食不需要谋，也不能够谋，如此是否就能大兴谋道之风？也非如此。天生而富贵者，无居安思危之心，更可能成为纨绔子弟，而非仁人志士。天生而贫贱者，也可能无上进之志，自甘下流。在一个以德与才为评价标准的社会中，有贤德者上而平庸者下，如此最能促进道义的实现。

15.32　子曰："知及之，仁不能守之，虽得之，必失之。知及之，仁能守之，不庄以莅之，则民不敬。知及之，仁能守之，庄以莅之，动之不以礼，未善也。"

【注解】

莅：莅临。

【广义】

此章孔子论治民全面而深刻。知及之者，谓为政者的谋划可以约束和管理民众。如法家所设置的社会奖惩机制，可以调动百姓的积极性，可以对百姓作较为严格的管理，如此的设置不可谓不智。然而，如若不施以仁，百姓在这样的机制中疲于奔命，而不能相亲爱，没有人生之乐，这样政治必不能长久，无伦理，无人生之乐，其社会也将解体。所以，能够管理社会，形成法制秩序，这是一个起码的条件，再施之以仁，则民能够安居乐业。

而在仁与智的基础上，民并不能自动地形成优良的秩序。孔子对民之性的观察其实是偏悲观的。官长若不庄重，虽施之以惠而民不敬。所谓饱暖思淫欲，若不能施之以教化，示之以庄敬，而民心放纵，社会亦未见得优良。所以，较为完善的社会治理，既需要较为全面的制度约束，同时也需要宽松的政治，让百姓能够安居乐业。此外，官长还须临之以庄重，使民敬畏而不放纵。教化百姓则需要礼制，养成风俗。综合知仁庄礼，则一个社会庶几乎可谓完善了。现代社会，知过之，仁与庄亦有之，最缺礼。

15.33　子曰："君子不可小知，而可大受也；小人不可大受，而可小知也。"

【注解】

小知：琐碎之知，或谓小智，或谓小节。

大受：受大任。

【广义】

责人不可过苛。人各有长，亦各有短。只从其短处看，其人将一无是处。君子亦有其不足，不能事事洞知，处处做好。君子当观其大节，能受大任者有大节，足为君子。一个人若能小处注意，事事做得缜密，而无大节，受大任，亦不能称君子。这里的君子与小人，非道德上的卓越卑下之别。正如本书多处所提到的，《论语》中的小人不一定人格卑下，而只是常人，君子则必有过人之德，或有过人之节。

15.34　子曰："民之于仁也，甚于水火。水火，吾见蹈而死者矣，未见蹈仁而死者也。"

【广义】

孔子认为，民对于仁的需要，甚于日常生活对水火的依赖。水火可利于生，其为害也可蹈水火而死。而仁之有益于生，民不能知，所以未见民众有蹈仁而死的。这里，孔子以民与君子相对，民不能理解仁之于人的意义，唯君子知之。孔子认为人应当追求仁，而民无求仁之自觉。沿着这样的逻辑，儒家会主张自上而下的政治精英主义。

15.35　子曰："当仁不让于师。"

【注解】

师：众人，或认为指师长。似皆可通。

【广义】

孔子认为君子之德在于让而不争，面对仁义之事时，人应当让与他人吗？具体来说，有仁义之任，应当让与君、父、师、友否？孔子认为，君子无取于利，于利当让，于仁则不必谦让或推让。如若人推让于仁，以当仁为不谦，则人将牵制于名，不肯为仁。所以，君子当仁不让。

15.36　子曰："君子贞而不谅。"

【注解】

贞：正。

谅：信。

【广义】

孔子认为，君子行为正派，正直，恪守道义，不必拘泥于小信小惠。在某种意义上，孔子的道义论有一定的后果主义色彩。贞而不谅者，暗含贞与谅可能发生冲突的情况。当不同的伦理相冲突时，孔子认为贞的价值优先于谅。

15.37　子曰："事君，敬其事而后其食。"

【注解】

食：指官禄。

【广义】

孔子告诫，在朝为官，首先应当尽其职责，而后享其禄位。

近代以来，章太炎等批判儒家为追求功名利禄之学。儒家所讲的君子小人有不同的政治伦理意义，其为君子自然"禄在其中"，不过孔子认为，君子之有"禄"并不是因为君子求"禄"，或君子求"仕"的结果。恰恰相反，孔子多次强调，禄不可求，君子谋道不谋食。

15.38　子曰："有教无类。"

【广义】

这是孔子作为教育家之所以伟大。有教无类者，孔子认为所有的人都应当接受教育，求得知识与个人修养的增长，成为君子，而无论其何种身份。

15.39　子曰："道不同，不相为谋。"

【广义】

君子求道，小人求利，其道不同，不能相为谋划。

15.40　子曰："辞达而已矣。"

【广义】

此章有两解，一谓奉君命出使他国，但求达意，完成使命；一谓君子不尚修辞，但达其意，不在修辞富丽工巧。

15.41　师冕见，及阶，子曰："阶也。"及席，子曰："席也。"皆坐，子告之曰："某在斯，某在斯。"师冕出。子张问曰："与师言之道与?"子曰："然。固相师之道也。"

【注解】

师冕：师指乐师，名冕。先秦之乐官皆瞽者。

相：辅助，帮助。

【广义】

孔子尽心帮助盲人，可见君子有仁人之心，不吝帮助他人。

季氏第十六

16.1 季氏将伐颛臾。冉有、季路见于孔子曰:"季氏有事于颛臾。"孔子曰:"求!无乃尔是过与?夫颛臾,昔者先王以为东蒙主,且在邦域之中矣,是社稷之臣也。何以伐为?"冉有曰:"夫子欲之,吾二臣者皆不欲也。"孔子曰:"求!周任有言曰:'陈力就列,不能者止。'危而不持,颠而不扶,则将焉用彼相矣?且尔言过矣。虎兕出于柙,龟玉毁于椟中,是谁之过与?"冉有曰:"今夫颛臾,固而近于费。今不取,后世必为子孙忧。"孔子曰:"求!君子疾夫舍曰欲之,而必为之辞。丘也闻有国有家者,不患寡而患不均,不患贫而患不安。盖均无贫,和无寡,安无倾。夫如是,故远人不服,则修文德以来之。既来之,则安之。今由与求也,相夫子,远人不服而不能来也;邦分崩离析而不能守也。而谋动干戈于邦内。吾恐季孙之忧,不在颛臾,而在萧墙之内也。"

【注解】

颛臾:鲁之附庸国,在费邑附近。

东蒙主:蒙,指蒙山,在鲁东,故称东蒙。主,鲁命颛臾为祭祀蒙山之主人。

夫子:指季孙氏。

周任:据称为古之良史,其人不详。

陈力就列,不能者止:在职位上当尽其才力,如不能胜任当辞去。

兕:犀牛。

柙：关猛兽或押解犯人之笼槛。

椟：木匣子。

舍曰欲之而必为之辞：不说自己想要而找其他借口。

萧墙：萧通"肃"，入公门有矮墙为屏，称萧墙。萧墙之内指国家内部。

【广义】

鲁与颛臾本是封建关系，颛臾作为附庸之国依附于鲁，奉鲁国之祭祀。鲁国之季孙氏将取颛臾，灭其国而专有其地，是春秋时期封建关系崩解而强化政治支配关系的表现。在封建关系中，封国或封地领有土地与人民，有较为全面的职权，与其封建主是礼仪上的君臣关系，而非行政管理中的上下级关系。当封国与封地实力壮大之后，君不能制。季氏担忧颛臾势力未来不能制，故欲先发兵取之。但季孙氏在鲁国本来就是臣子，上逼其君，下灭附庸，师出无名，只是以力相争，鲁国的其他势力未必不能同样以力灭季氏。历史的演变也正好印证了孔子的判断，季孙氏内部争夺继承权，又有家臣阳虎叛乱，使季孙氏的势力更加衰微。正所谓祸起萧墙，这促使我们思考，政治秩序需要合法性，一味以力争利，不正当的权力将遭到反噬。孔子之论季氏，有深刻之见。

此章还表达了孔子"不患寡而患不均，不患贫而患不安"的思想，深刻地塑造了中国传统政治文化追求均平的思想倾向。只要人们开始质疑"王侯将相，宁有种乎"，那么贵族社会与等级社会在中国大地上就难以站稳脚跟，无法阻遏人们对公平正义的诉求。孔子早在春秋末年就深刻地把握到中国社会向往公平正义的理想，主张只有相对均平的礼制秩序才能稳定。但其时的秩序动荡尚没有停息的迹象，直到三百年之后才走向统一，形成新的秩序。20世纪中国社会之所以接受社会主义也与儒家社会追求均平的思想有关。

此外，"远人不服，则修文德以来之"表明孔子反对对外的侵略战争，主张以德服人。国际社会不当以霸权相竞争，如此人类社会将永无宁日，而应当以德竞争，"远人"择其德而服之，而非迫于力而服之。当然，这样的思想作为一种理想是美好的，现实的国际社会往往由不同的利益实体所主导，基于自身利益展开博弈，是以当今之世各处的战争仍然没有平息。孔子的思想是对人类社会深刻的忧虑，其"修文德"的主张不知人类何时才能实现。

16.2 孔子曰："天下有道，则礼乐征伐自天子出；天下无道，则礼乐征伐自诸侯出。自诸侯出，盖十世希不失矣；自大夫出，五世希不失矣；陪臣执国命，三世希不失矣。天下有道，则政不在大夫。天下有道，则庶人不议。"

【注解】

天下有道，则庶人不议：谓天下不失政，庶人无可非议。

【广义】

在孔子所设想的封建秩序中，天子、诸侯、大夫、陪臣有上下之序，礼乐征伐皆天子之职，非诸侯、大夫所能专。这种自上而下的政治秩序，与秦汉之后的大一统在内在精神上有一致之处。所以，汉代经学将大一统的渊源上溯至古代圣王，并不以封建、郡县为截然不同的天下秩序。然而，孔子所说的天下有道，在历史上是否实现，这是一个值得考证的问题。在封建时代，虽然名义上礼乐征伐应自天子出，但实际的天下政治秩序中，天子对世袭的诸侯无任免之权，对其封国领域无削减之权，其政治控制本来就不强。汉代经学则超越历史构建了天子考黜诸侯的机制，类似于后世的皇帝考黜地方郡守，寓郡县于封建，强化了封建与郡县历史的一贯。这虽然未必是史实，考诸孔子之言，亦有经典明文可据。

如若礼乐征伐不自天子出，诸侯以霸政代行天子之职，则诸侯之间未必能臣服，引起诸侯相争。诸侯势力衰微，则权势下移至大夫，乃至于下移至陪臣。其发生机制是，君封建其臣是一次性的全权委托，并不能收回。是以随着封建的加深，君手中直接掌握的资源就越来越少，而被封建的诸侯、大夫又不断地兼并，故随着世代推移，权势便不断地下移。所以，这样的封建制度其实包含自我瓦解的机制。

如果这样的封建秩序必然崩解，那么秩序重建之道何在？在《论语》中，孔子似乎认为应以礼约束君臣，各守其分，各安其位，如此则秩序重归于好。但权势与地位的不对等已然形成，让春秋霸主，或权臣之家放弃已有的权势，也不容易。其可能的出路仍然在于重建天子权威，在诸侯国则重建国君的权威。孔子尊君，体现了他的这个思路。其实，战国时期的历史正是朝着这个方向演进的。只是，其过程完成不是通过孔子所期待的重塑礼制，而是国君与权臣通过政治斗争乃至于战争而取得的。

16.3 孔子曰："禄之去公室，五世矣；政逮于大夫，四世矣；故夫三桓之子孙，微矣。"

【广义】

禄之去公室，意味着国君已不能掌握大夫之任命了，政权掌于大夫之手。按照上一章孔子的估计推算，"自大夫出，五世希不失矣"，三桓的政治生命也快走到尽头了。根据春秋及战国初年的历史，孔子本身虽不及见三桓的终结，但他的预言大致不差，三桓之家的确在春秋末年走向了式微，其政治权力被家臣所篡。

16.4 孔子曰："益者三友，损者三友。友直，友谅，友多闻，益矣。友便辟，友善柔，友便佞，损矣。"

【注解】

便辟：辟，读"僻"，善于谄媚逢迎。

善柔：善于媚悦。

便佞：巧言事人。

【广义】

12.24 云："以友辅仁。"益友可以相互砥砺，共同成德。损友则相反，溺于习气而事功利，双方都身受其害。人不是孤立的原子，对朋友有情感的需要，君子之道也需要朋友之间相互鼓励，以成风气。对于道德养成来说，舆论与社会风气很重要。虽有理性，现实中的人心还是容易受习气所染，一个社会崇尚道义，社会中的人就会受到感召。如若一个人处于孤立的环境，无相应的文化氛围，其德性也会日渐衰弱。所谓好事不出门，丑事传千里，当代社会媒体的流量经济模式有利于吸引眼球的奇异之事尤其是丑闻的传播，不利于良好道德风气的养成。

16.5 孔子曰："益者三乐，损者三乐。乐节礼乐，乐道人之善，乐多贤友，益矣。乐骄乐，乐佚游，乐宴乐，损矣。"

【注解】

佚：同"逸"。

【广义】

人心莫不倾向于快乐。以何事为乐，有君子与小人之不同。君子则以有节制的礼乐为乐，以道人之善为乐，以多贤友为乐，此乐于人的修养有益；小人则以放纵声色为乐，以放驰其心、贪图安逸为乐，此乐于人的修养有损。

16.6 孔子曰："侍于君子有三愆：言未及之而言谓之躁，言及之而不言谓之隐，未见颜色而言谓之瞽。"

【注解】

愆：过失。

【广义】

《论语》中的君子与小人，亦有社会地位之不同，君子有德有位，小人则是寻常百姓。儒家论礼讲究卑己而尊人。作为后生事奉君子，务在向君子学习，既要讲究尊卑先后之序，也要坦诚相告，以恭敬为主。

16.7 孔子曰："君子有三戒：少之时，血气未定，戒之在色；及其壮也，血气方刚，戒之在斗；及其老也，血气既衰，戒之在得。"

【广义】

人生在不同的年龄阶段有不同的生理与心理特点。君子修身应当针对生理、心理特点作相应的调整与戒持。

16.8　孔子曰："君子有三畏：畏天命，畏大人，畏圣人之言。小人不知天命而不畏也，狎大人，侮圣人之言。"

【注解】

狎：因惯见而轻视之。

【广义】

君子知有所敬畏。一畏天命，在不同的时代，天命的内涵有所不同。就其字面含义言，天命即天之所命，汉魏说天命多以顺逆吉凶之事，宋儒说天命以天理，人秉承此天理而有其性命。无论是内在还是外在，人都是有限度的，这个限度就是天命。天构成人之大限，安得不畏？二畏大人，大人，指天子、诸侯，或谓有德、有位、有齿方称大人。孟子曰："说大人，则藐之，勿视其巍巍然。"（《孟子·尽心下》）孔孟气象不同，孔子重恭谦，更强调上下之序，孟子以道义自任，更强调道尊于爵。三畏圣人之言，圣人制法，群伦共仰，君子所敬畏。小人则不知敬畏，不知世间有高尚、隆重、伟大之物。

16.9　孔子曰："生而知之者，上也；学而知之者，次也；困而学之，又其次也；困而不学，民斯为下矣。"

【广义】

古人相信圣人生而知之，孔子亦然。其次学而知之，其次困而学之，至于百姓，甚至困而不学，最为下。

虽然讲圣人生而知之，但儒家讲求实证，无论是历史上，还是现实中，皆无生而知之的印证。孔子也并不自诩圣人。如此一来，"生而知之"这个判断还有意义吗？清人李二曲《四书反身录》云："知之只是知本性，本性之外再无知。若于此外更求知，何异乘驴更觅驴？"① 他认为经验性的知识当然无法生而知之，而人的本性之知，属于内萌而非外铄而有，是有可能生而知之的。

---

① 程树德撰，程俊英、蒋见元点校：《论语集释》，中华书局 2014 年版，第 1493 页。

16.10　孔子曰："君子有九思：视思明，听思聪，色思温，貌思恭，言思忠，事思敬，疑思问，忿思难，见得思义。"

【注解】

忿思难：一时愤恨冲动，易酿成严重后果，故当在愤恨时思事之难。

【广义】

孔子述君子修身的具体方法，及遇事所当注重的事项。

16.11　孔子曰："见善如不及，见不善如探汤。吾见其人矣，吾闻其语矣。隐居以求其志，行义以达其道。吾闻其语矣，未见其人也。"

【注解】

见善如不及：见善犹恐逝去追求不及。

见不善如探汤：汤，热水。见不善犹恐手触碰到滚烫的火而欲远离。

【广义】

追求善而远离不善，可谓善人，这样的人孔子闻其语而见其人。至于事关出处进退，为了保全其志而放弃世俗功利隐居，或践行义而能够弘扬其道，这样的人孔子还没见过。《论语》中多处提到隐士，他们可能并不能算"隐居以求其志"。孔子对"志"或有特别的定义，并不仅仅是一般意义上的每个人各各不同的志向。"行义以达其道"，孔子未见其人，所以注者认为这里的达其道，只有古之圣贤可以当之。

16.12　齐景公有马千驷，死之日，民无德而称焉。伯夷、叔齐饿于首阳之下，民到于今称之。其斯之谓与？

【注解】

千驷：驷，四马共一车。故千驷为四千匹。

【广义】

千驷即千乘，谓齐景公极有权势，但其死后也没留下什么；而伯夷叔齐饿死，但民至今称赞其德。15.20，子曰："君子疾没世而名不称焉。"伯夷叔齐有名而齐景公无名，从中可见儒家对人的评价机制，乃以德为先而轻视现实的权势与利益。

16.13　陈亢问于伯鱼曰："子亦有异闻乎？"对曰："未也。尝独立，鲤趋而过庭。曰：'学诗乎？'对曰：'未也。''不学诗，无以言。'鲤退而学诗。他日又独立，鲤趋而过庭。曰：'学礼乎？'对曰：'未也。''不学礼，无以立。'鲤退而学礼。闻斯二者。"陈亢退而喜曰："问一得三，闻诗，闻礼，又闻君子之远其子也。"

【注解】

陈亢：陈国人，孔子弟子。

有异闻乎：指从孔子那里听到什么特别的不为其他弟子所知的教诲吗？

【广义】

陈亢从孔鲤那里得知，孔子以《诗》《礼》教子弟，亦无甚特别之处。只是，陈亢特别地了解到，孔子对待其子孔鲤，也只有相对宽松的教育。

16.14　邦君之妻，君称之曰夫人，夫人自称曰小童；邦人称之曰君夫人，称诸异邦曰寡小君；异邦人称之亦曰君夫人。

【广义】

记述春秋时所规定的相关礼制。

阳货第十七

17.1　阳货欲见孔子，孔子不见，归孔子豚。孔子时其亡也，而往拜之，遇诸涂。谓孔子曰："来！予与尔言。"曰："怀其宝而迷其邦，可谓仁乎？"曰："不可。""好从事而亟失时，可谓知乎？"曰："不可。""日月逝矣，岁不我与。"孔子曰："诺。吾将仕矣。"

【注解】

阳货：名虎，字货，鲁人。鲁国大夫季平子的家臣，季氏几代掌握鲁国朝政，阳货掌握着季氏的家政。季平子死后，阳货专权管理鲁国的政事。后来他与公山弗扰共谋杀害季桓子，失败后逃往晋国。

归孔子豚：归，读"馈"，馈赠。阳货欲见孔子，孔子不见，阳货遗孔子礼物，欲孔子还礼时来见自己。

时其亡也：伺其外出。

涂：犹"途"。

怀其宝而迷其邦：怀有才华而眼看其国误入歧途。

亟：屡次。

【广义】

阳货以季氏家臣出身而为鲁大夫，专有鲁国之政。与孔子的对话可能发生在此时。而后阳货作乱，欲杀季桓子，失败出逃。阳货欲网罗孔子，而孔子知阳货之不臣，不欲与之交接，所以有本章之事。阳货以仁与知说孔子，其人虽不可取，而其言中理，所以孔子答应将仕于鲁。

历来注解本章的难点在于，阳货为乱臣，而孔子许诺将仕，这岂不与孔子前文所称赞的"无道则隐"相矛盾吗？朱子《集注》谓孔子非不欲仕，而是不愿仕于阳货。① 如此，则孔子所言"诺，吾将仕矣"，岂不成了虚言？郭象言："圣人无心，仕与不仕随世耳。阳虎劝仕，理无不诺，不能用我，则无自用，此直道而应者也。然危逊之理，亦在其中也。"② 所谓"危逊之理"，指"邦有道，危言危行；邦无道，危行言孙"，然孔子对阳货的许诺，是直道，还是"言孙"？此诸说似皆难以协调。

邦有道还是无道，君子当仕还是当隐，并没有一定的选择之法，各有其义。通读《论语》不难发现，孔子虽屡次称赞"无道则隐"，但孔子本人并不如是，而欲于乱世中挽救世道。另外，完全的有道与完全的无道并不存在，现实世界往往处于中间状态，每个人也有不同的判断，是仕是隐，各有其志。至于现代社会，有一种思潮认为只要是政治与权力，一定是污浊的，知识分子均不应参与。此其狂者与？

17.2　子曰："性相近也，习相远也。"

【广义】

儒家的人性论有漫长的演变过程。大抵而言，有两种人性论的观念，一是以人的现实表现为人性，即经验人性论；二是以人本应当有或应当成就之善为性，可以近似地称之为先天人性论，意味此善是先天本有而非现实表现的有。性恶、性朴、性善恶混、性三品等，都带有经验的意味，即从经验中来归纳人性是什么，性善说以及天理人性论皆有先天人性论的意味，即善性本有，而非经验地具有。孟子性善说稍复杂，他在论证人性善时其实采用的是经验归纳的论证方式，即谓人本有四端，乃是经验地具有性善，但是，人的这些善性只是"端"，尚未完全成就，更有可能放失其心，从而不能表现为性善。

就各种人性论自身而言，其各有不同的理论困难之处。理学的性理学说是精致化版本的性善论，其主要问题在于性理与人的现实性之

---

① （宋）朱熹撰：《四书章句集注》，中华书局1983年版，第176页。
② 程树德撰，程俊英、蒋见元点校：《论语集释》，中华书局2014年版，第1516页。

关系。如果说性禀天理，现实人情的非理、非善的内容从何而来？理学的回答是，理需要通过气来呈现和实现。所以这个问题实质上可以转换为理与气的问题，而正是在理气关系上，人们可以从形而上学的角度提出许多疑难。天理须通过气来实现，而天理本身不是气，不能直接呈现，那么，是气的某种结构与状态意味着天理吗？既然理本身是纯粹的逻辑之理而没有现实性，理如何作用于气呢？对这些问题的回答，要么导向理本论，气由理派生出来，但这难以解释气之驳杂性的来源与根据；要么导向气本论，即理本身没有独立存在，而是气的某种结构与状态，但这会取消理的独立性与超越性；要么导向理气二元论，但难以解释理与气的关系。形而上学的一元论与二元论各有其理论难点。

性恶论固然可以很好地解释现实中人之性情的非善性，但难以说明规范性价值的来源，以及人与规范性价值的关系是如何建立起来的。性朴论在人性之朴质与规范性价值之间建立起指引与养成这样的协作关系，那么实际上意味着人性之朴质并不纯然是空的可能性，而存在着潜在的形式结构。至于性善恶混，不过是一种经验观察，仍然需要作出理论上的统一解释。所以，先秦人性论的种种看法需要在更为融贯的理论中去理解。自战国以来所流行的阴阳五行观念提供了一种人之性情与天地万物之结构相类的系统解释。其中又有阳善阴恶与阴阳相辅相成等不同的理论面向。

孔子之时人性论的理论还没有走得这么远，就本章而言，孔子似更接近于经验人性论。因为只有经验的表现才可以称为相似，如若是先天性善，或以天理为人性本体，那么孔子就应当说"性相同"，正如宋代陆九渊所说"人同此心，心同此理"。孔子认为，人性相近，而带来差异的是习俗以及后天的教化，这种差异并不是先天而有的。

宋代理学最核心的主张就是以天理为人性，与孔子此说有一定差异。朱子注作了一番解释："此所谓性，兼气质而言者也。气质之性，固有美恶之不同矣。然以其初而言，则皆不甚相远也。但习于善则善，习于恶则恶，于是始相远耳。程子曰：'此言气质之性。非言性之本也。若言其本，则性即是理，理无不善，孟子之言性善是也。何相近之有哉?'"① 即谓孔子这里所说的是气质之性,而非性之本。然而,孔子于何处言及其所谓"性之本"呢?可见,儒家理论在后世实有相当的演进,非先秦时代所预知。

17.3　子曰:"唯上知与下愚不移。"

【广义】

正如《季氏》篇孔子提出"生而知之""学而知之""困而学之""困而不学"四种人的等级,这里又言上智与下愚,并暗含着中间一类人,即上智、中人、下愚三级。其中,中人可上达,可下达,学则上达,不学则下达,是可移的。至于上智、下愚,则不可移,或是无须教化,或是不可教化。但是,我们很难想象孔子会断定世上有固执而不可教化的坏人。孔子此言"不移"又可以区分为两层含义,一谓先天本性的不移,即谓上智与下移之性不可更改。但这显然与上一章"性相近"矛盾。所以,这里的"不移"应当是指经验意义上的"不移",即其人之愚本可移,只是现实中确有许多愚人未曾移其愚。正如朱子《集注》引程子之言云:"人苟以善自治,则无不可移,虽昏愚之至,皆可渐磨而进也。惟自暴者拒之以不信,自弃者绝之以不为,虽圣人与居,不能化而入也,仲尼之所谓下愚也。"②

17.4　子之武城,闻弦歌之声。夫子莞尔而笑,曰:"割鸡焉用牛刀?"子游对曰:"昔者偃也闻诸夫子曰:'君子学道则爱人,小人学道则易使也。'"子曰:"二三子!偃之言是也。前言戏之耳。"

【注解】

之:往。

武城:鲁邑,其时子游为武城宰。

割鸡焉用牛刀:意为大材小用,这里指子游以礼乐治小邑为大材小用。或认为这里"割鸡焉用牛刀"应是指子游有大材而治鲁之小

① (宋)朱熹撰:《四书章句集注》,中华书局 1983 年版,第 176—177 页。

② (宋)朱熹撰:《四书章句集注》,中华书局 1983 年版,第 177 页。

邑，但下文子游与孔子应答显然是针对以礼乐治邑而言，子游所说的"道"即指礼乐之道，孔子亦承认自己所言有失，确认即使是小邑之民也应当以"道"导之，不当轻视之。

【广义】

孔子虽为圣人，与弟子相处亦有不那么严肃的一面，流露出培养优秀弟子的欣喜之情。

17.5　公山弗扰以费畔，召，子欲往。子路不说，曰："末之也已，何必公山氏之之也？"子曰："夫召我者而岂徒哉？如有用我者，吾其为东周乎？"

【注解】

公山弗扰：也被称为公山不狃，鲁人，与阳虎皆为季氏家臣。担任费宰，后来与阳虎联手作乱，反叛季氏。

末之也已：末，无；之，往。意为没有去处了。

何必公山氏之之：后"之"即去往，意为何必去往公山氏那里。

岂徒哉：徒，空。孔子谓公山氏非空召我往，必有所用。

【广义】

此章颇费解，历来议论纷纭。公山弗扰作为季氏家臣而叛季氏，其行本不可取，召孔子，孔子欲往，其义何在？孔子之意，或在"吾其为东周乎"一语，但问题是这句话究竟何意，注家也未达成一致。郑玄认为这里的"东周"指平王东迁所在的洛阳王城。[1] 从字面的训诂言似无问题，但"为东周"是何意？此解有拘泥文字之嫌。何晏《集解》与朱子《集注》都认为是"兴周道于东方，故曰东周"。但是，孔子助叛臣而兴周道于鲁，于义亦有不通。以家臣之叛救三桓之叛鲁公，以至于救春秋诸侯之叛天子，以叛救叛，此即不通之义。宋程颢与明杨慎都认为这里的"乎"是反问，意为东周衰乱，孔子不为东周。又，汉代春秋学有通三统与黜周王鲁之说，谓周道已衰，须兴新王之法，孔子托鲁代表新王，是谓"王鲁"。如此，

---

[1]　程树德撰，程俊英、蒋见元点校：《论语集释》，中华书局 2014 年版，第 1539 页。

"吾其为东周"意为在鲁兴王以代周，是以鲁为东周，以故周之王法为西周。

从本章字面言，孔子似欲应公山氏之召，子路正是对此事有所不满，劝谏孔子不应前往。公山氏与阳虎是同路，孔子既然不欲往见阳虎，却受公山氏之召，为何区别对待？明儒曹端因此而辨公山氏与阳虎之别，认为阳虎其人谲而不正，而公山氏虽为叛季氏之家臣，但有心兴王道，故孔子欲往。其言云："阳虎与不狃，欲去三桓，一也。虎欲见，孔子不见；不狃召，欲往，其用心必有异乎？盖弗扰名为畔臣，势不得来见，故欲见而召，不害为乡慕之诚。虎不来见，又瞰亡归之豚，其意谲矣。且二人皆欲去三桓者，不狃意张公室，特不知非家臣宜举耳；虎本不在公室，特欲假公室，制大夫为利而已。观异日吴欲伐鲁，不狃止之，虎乃劝齐三加于鲁，则可见夫子不见欲往，殆谓是欤？"[1]

又，如若认为周不可为，则孔子前往公山氏处，奉公山氏为君，抑或自立为君，此皆古代儒家大恶之举，义不可通。又或认为，孔子此举正说明其明知不可为而为之的精神。或许，孔子虽尊周礼，主张君君臣臣，但有鉴于周道已衰，鲁之君臣皆僭而非礼，孔子欲借助实权人物来重塑政治秩序，实现鲁国之治也未可知。问题在于，如若孔子助家臣之叛，那么，他想重塑的政治秩序是什么？去三桓而尊鲁君，或是奉周王？公山不狃有这样的意向吗？抑或立公山氏以代鲁，甚至代周而王？如此解读孔子的革命思想或许过于激进。总之，在此章中，孔子之意令人费解。

17.6 子张问仁于孔子。孔子曰："能行五者于天下，为仁矣。"请问之。曰："恭、宽、信、敏、惠。恭则不侮，宽则得众，信则人任焉，敏则有功，惠则足以使人。"

【广义】

子张问仁于孔子，孔子没有回答什么是仁，而是回答如何在天下

---

[1] 程树德撰，程俊英、蒋见元点校：《论语集释》，中华书局2014年版，第1544页。

实现仁。孔子列举了施行仁的五个方面，分别是恭、宽、信、敏、惠。较之于宋明理学更加强调内圣的一面，孔子所说的敏与惠其实包含事功在内。只有德而无事功，其为仁也不足以经济天下，施惠人民。

17.7　佛肸召，子欲往。子路曰："昔者由也闻诸夫子曰：'亲于其身为不善者，君子不入也。'佛肸以中牟畔，子之往也，如之何！"子曰："然，有是言也。不曰坚乎，磨而不磷；不曰白乎，涅而不缁。吾岂匏瓜也哉？焉能系而不食？"

【注解】

佛肸：晋国大夫，范氏、中行氏的家臣，曾任中牟的县宰。或说为赵简子之家臣。

中牟：春秋时晋国所设县治城邑。佛肸据中牟以叛赵氏，《左传·哀公五年》："夏，赵鞅伐卫，范氏之故也，遂围中牟。"二者或许有关。

不曰坚乎，磨而不磷：磷，薄石。意为，难道不是有坚硬的石头，怎么磨都磨不薄吗？

不曰白乎，涅而不缁：涅，可做黑色染料的矾石，这里指用矾石去染黑。缁，黑。

匏瓜：葫芦瓜，可食。但，"吾岂匏瓜也哉？焉能系而不食？"孔子所说的匏瓜意指不可食，如若可食，就不是"系而不食"了。所以，有注者认为，这里的"匏瓜"不是实指，而是指天上形如匏瓜的星宿，似匏瓜，系于天而不可食。

【广义】

联系17.5，按照这里的记载，孔子确实有用世之志。只是，无论是公山氏，还是佛肸处，孔子并没有实往。孔子忧道不行，虽行乎夷狄亦可以施以教化。周道已坏，或许，孔子认为公山氏与佛肸其人可化，以行其道。所以，孔子自言其志如石之坚与白，不会为佛肸之所染，反之则可化佛肸之向道亦未可知。

17.8　子曰："由也！女闻六言六蔽矣乎？"对曰："未也。""居！吾语女。好仁不好学，其蔽也愚；好知不好学，其蔽也荡；好信不好学，其蔽也贼；好直不好学，其蔽也绞；好勇不好学，其蔽也乱；好刚不好学，其蔽也狂。"

【注解】

居：坐。

荡：漫荡而无所归。

贼：伤害。

绞：急切。

【广义】

孔子强调，仁、智、信、直、勇、刚诸德皆须通过好学来成就。不能好学，缺乏相应的知识，就不能独立自主地进行思考，不能在特定的情形下作出恰当的权变。对知识与好学的强调，是儒家文化区别于宗教文化的重要特征。好学深思，意味着出于理性的独立研究，就不会陷入非理性的迷狂。

17.9　子曰："小子！何莫学夫《诗》？《诗》，可以兴，可以观，可以群，可以怨。迩之事父，远之事君。多识于鸟兽草木之名。"

【注解】

兴：《毛诗》序言《诗》有六义，谓风、赋、比、兴、雅、颂。兴，指先言他物以引起所咏之词，引譬连类，寓意人见物而激发其情志。

观：观风俗之盛衰美恶。

群：群居切磋。

怨：批评时政。

迩：近。

【广义】

《礼记·经解》云："温柔敦厚，《诗》教也。"诗言志，诗歌可以很好地表达人的情志。诵诗容易动人之情，所以诗可以起到很好的教化作用。《诗经》之教化以教人温柔敦厚为旨，寓人伦物理于情感表达中，使人受到感召，从而成就君子人格。这是《诗经》之为经的意义。至于现代则反经学，认为经学是古代政治专制的意识形态，还《诗经》为文学，只取其情感表达之意，尤其是男女之情与普通人的日常生活。经学，本为常道。所谓常道，并不专为某一种政体而发，体现的是中国传统社会所理解的人类社会的普通结构与人心的普遍结构。只是经学成立而被立为官学的年代适为君主制的年代，故以之为君主制的意识形态表达。而经学的内容无所不包，以今天的眼光来看，应当视为一种文明的建构即，体现了中华文明的世界观、价值观与社会秩序构造方式。

如今政体变更，社会伦理与道德观念亦有所变更，但不影响经学所立仁、义、礼、智、信之为常道的义理，有其超越时代的恒常价值。古代秩序动荡，族群争夺生存资源，故需要"保民而王"（《孟子·梁惠王上》）的王者，在这样的历史条件下，君主制就是仁，围绕君主制所展开的君臣伦理就是义。到了现代社会，君主制转为共和制，共和制是适应我们这个时代的仁，围绕共和制所展开的政治伦理与法律精神就是义。古代经学的其他内容亦可如此观。

《诗经》寓世界观、伦理生活、情感生活及日常生活知识于诗歌之中，这使得《诗经》成为中国传统教育的重要载体，所以孔子强调学习《诗经》的重要意义。尤其是，《诗经》之为经学的组成部分，其意义不仅在于经文本身，也在于后世学者围绕解释《诗经》而展开的义理建构。经学不仅仅在于原经之义，更在于其切合时代的义理建构。由此而论，封建有封建时代的经学，郡县有郡县时代的经学，现代亦有现代文明之经学。

17.10　子谓伯鱼曰："女为《周南》《召南》矣乎？人而不为《周南》《召南》，其犹正墙面而立也与？"

【注解】

伯鱼：孔子之子孔鲤，字伯鱼。

《周南》《召南》：《诗经·国风》篇名，《周南》十一首，《召南》十四首。

【广义】

孔子教子读《诗》，说如不读《周南》《召南》之诗，就像面墙而立，目无所见，亦不能行。或认为《周南》《召南》主要记夫妻男女之情，而伯鱼出妻，于夫妻之道有所缺，故教之读《周南》《召南》之诗。或认为《周南》《召南》指代《诗经》。

17.11　子曰："礼云礼云，玉帛云乎哉？乐云乐云，钟鼓云乎哉？"

【广义】

玉帛为礼，钟鼓为乐，只是物，礼乐不只是指称礼器与乐器。礼乐的实质是仁义的精神。如有仁义的精神，可抟土为礼，击地为乐，如无仁义的精神，玉帛钟鼓只是器物。《礼记·礼运》云："故礼也者，义之实也。协诸义而协，则礼虽先王未之有，可以义起也。"礼的意义在于传达"义"，礼生于义，虽无其礼，可以根据义而创造礼。

17.12　子曰："色厉而内荏，譬诸小人，其犹穿窬之盗也与？"

【注解】

色厉而内荏：厉，严厉；荏，软弱。外表强硬，内心虚弱。

穿窬：穿，穿墙；窬，爬墙。

【广义】

内心空虚的人往往装腔作势，表现得威猛严厉，而内心充实的人反而平静温和。孔子以穿窬之盗为喻，意指逾墙为盗，占人庭院为窃，终非己物，心中不踏实，看似凶狠，其实惶恐不安。

人通过为学与修德，及苦难的磨炼，内心的力量就会增长，其为人就更加温和与踏实。这样的品德很难假装而有，须有真实的修养。小人无此修养，其为人终不能自安，如盗贼之惶恐。

17.13　子曰："乡原，德之贼也。"

【注解】

乡原：原，即愿，谨慎，老实。乡愿，即在乡人前表现得恭敬老实。

【广义】

所谓乡愿，即在他人面前装作乖巧，讨好他人，没有原则，其人无正直之德。乡愿者，不得罪人，看似不悖于德，其实是德之大害。因为没有原则地在人面前讨好，其人必深于城府，工于心计，长于伪装，为己利之算计无所不至。用今天的话来说，就是精致的利己主义者。

17.14 子曰："道听而途说，德之弃也。"

【广义】

道听途说为耳目之知，一则没有经过事实层面的考证，不成其为确切的客观知识；二则没有经过自己内心修养与切身体会的印证，所得只是外在的知识，不能转化为内在之德。这样的道听途说，为修德者或有德者所不取。儒家重实证，重验证，而不凭空听信，所以其为德才有坚实的基础，不好高骛远，不作夸张之辞以炫人耳目。

17.15 子曰："鄙夫可与事君也与哉？其未得之也，患得之；既得之，患失之。苟患失之，无所不至矣。"

【注解】

患得：患不得。《荀子·子道》："孔子曰：'小人者，其未得也，则忧不得；既已得之，又恐失之。是以有终身之忧，无一日之乐也。'"

【广义】

鄙夫有利害之心，未得时忧心得不到，既已得到又忧心失去。其心为利益所左右，顺此利益之心，就顾不上礼义廉耻，无所不用其极。患得患失首先危害的是自己，造成自己心理的失衡与情绪的焦虑。君子尚德，不为利益所动，修德在我不在人，则无此患。如果只是寻常的百姓，从事某职业而求自己的生存之利，只要遵纪守法，对社会亦无大害，只是为自己的利益焦虑。这样的人如若从事公职，拥有权力，若不能在道德上对自我从严要求，不能抗拒其权力所具有的寻租性质，必将突破法律的约束，沦为腐败分子。不仅如此，寻利的鄙夫在政治生活中更倾向于结成政治利益团体，欺上霸下，酿成政治危机，以致国家倾覆，社会动荡。所以，鄙夫不修其德而事君，参与国家政治，其为害不可估量。这样的人，应当排斥在国家政治之外。

然而，在现实生活中，尚德的君子与求利的小人并不是泾渭分明的两类社会存在。所有的人既有内在的好德之心，也有求利的倾向，只是看二者谁占了上风，能够克制压倒对方。利欲之心盛则为小人，求道之心盛则为君子。尤其是，二者都并不是稳定不变的性质，在特定情境下，会诱发不同的内心倾向。所谓近朱者赤，近墨者黑，近利者易为小人，近德者易为君子。掌握政治权力者面对巨大的利益诱惑，而能不动心，尤为难。所以，强化人的道德修养是努力的一个方面，另一方面也需要完善相应的权力监督与制衡制度，保持政治均衡，提高政治腐败的成本，整治诱发腐败形成政治利益集团的政治生态，比单方面的道德教育更为重要。

17.16　子曰："古者民有三疾，今也或是之亡也。古之狂也肆，今之狂也荡；古之矜也廉，今之矜也忿戾；古之愚也直，今之愚也诈而已矣。"

【注解】

疾：这里指缺点。

【广义】

孔子言古之民有三个缺点，即狂、矜、愚，不过，其狂而肆，矜而廉，愚而直，其为病也犹有可观，不像当今之人狂而荡，矜而忿戾，愚而诈，其为病也无足观。孔子感叹今民之德不如古民。人心不古，暗含着古人之德更为高尚的判断。然而时代变换，古之德必然胜于今之德吗？也非如此。对于孔子来说，这只是意味着春秋之时世道在沦落，并不意味着一切世道皆是今不如古。

17.17　子曰："巧言令色，鲜矣仁。"

重出，参见1.3。

17.18　子曰："恶紫之夺朱也，恶郑声之乱雅乐也，恶利口之覆邦家者。"

【广义】

古代以朱为正色，以紫为杂色。紫近于朱，容易乱为朱。雅乐乐而不淫，哀而不伤，郑声放纵情感，郑声的流行扰乱雅乐。花言巧语而阿谀奉承之人讨人喜欢，较之正直之士更容易获取政治利益，这是国家的危险之处。以假乱真者更容易扰乱秩序，尤为可恶。

17.19　子曰："予欲无言。"子贡曰："子如不言，则小子何述焉？"子曰："天何言哉？四时行焉，百物生焉。天何言哉？"

【广义】

子贡有口才，能言善辩，本章即可见子贡说的话很漂亮。孔子告之以无言，因为德之修养与其通过言辞，不如在静默中体会。德本身是不需要语言的，犹如天之运行，四季变换，百物生长，这都是人通过仰观俯察而知之的，不需要通过语言。

对于孔子来说，天即表现为大自然的变化，并非有一个人格神居于其中发号施令，乃至于以言语命人。荀子的天道观着重阐发了孔子这方面的思想。不过，与此同时，孔子强调畏天命。天虽不言，但孔子所理解的天也非今天所说的纯然的物理世界，其间有天道，有天命，有天意，人当敬畏。这样天，也不容易通过今天的概念去描述，而需要我们通过自己的生命经验去体会。

语言所构成的概念世界对人和社会都具有非常重要的意义，但概念有其限度。孔子强调正名，重视通过"名"来组织和建构伦理秩序和社会秩序，但对于人领会天道、修养道德来说，语言不如人当下的直接体验。所以，孔子不仅认为语言有局限性，甚至厌恶口才爽利之人对语言的过度使用，更强调有德之人在沉默中感受德对于人的内在意义。

17.20 孺悲欲见孔子，孔子辞以疾。将命者出户，取瑟而歌，使之闻之。

【注解】

孺悲：鲁人，其人不详。

将命者：传达辞命的人，孺悲的使者。

【广义】

孺悲欲见孔子，孔子不想见他，推托有疾，但又让使者听闻琴声而知其无疾，以示委婉的拒绝。程子曰："此孟子所谓不屑之教诲，所以深教之也。"①

17.21 宰我问："三年之丧，期已久矣。君子三年不为礼，礼必坏；三年不为乐，乐必崩。旧谷既没，新谷既升，钻燧改火，期可已矣。"子曰："食夫稻，衣夫锦，于女安乎？"曰："安。""女安则为之！夫君子之居丧，食旨不甘，闻乐不乐，居处不安，故不为也。今女安，则为之！"宰我出。子曰："予之不仁也！子生三年，然后免于父母之怀。夫三年之丧，天下之通丧也。予也有三年之爱于其父母乎？"

【注解】

期：一周年。

钻燧改火：古时钻木取火，因季节不同而用不同的木材。何晏《论语集解》引马融曰："《周书·月令》有更火之文。春取榆柳之火，夏取枣杏之火，季夏取桑柘之火，秋取柞楢之火，冬取槐檀之火。一年之中，钻火各异木，故曰改火也。"②

食夫稻，衣夫锦：稻于北方为贵，居丧者疏食饮水，不食稻，素衣为丧服，不衣锦。

【广义】

孔子主张对父母行三年之丧，宰我以为三年太久，耽误现实中的

---

① （宋）朱熹撰：《四书章句集注》，中华书局 1983 年版，第 181 页。

② （三国）何晏注，（宋）邢昺疏：《论语注疏》，中国致公出版社 2016 年版，第 284 页。

事情，一年之后万物更新，悲伤之情可止，所以宰我主张丧期一年即可。孔子认为，子在父母之怀三年，丧期报之以三年，是公正的。更何况，父母之恩情深，所谓"昊天罔极"，三年之丧本亦不足以报父母之恩，行三年之丧，聊以慰孝子之情，使孝子内心稍安。

人死不能复生，之所以有丧服之制与丧礼、祭礼的种种礼制安排，归根结底有两方面的意义，一是使孝子通过尽礼而感到心安，二是通过礼制安排传达孝子之情，形成伦理风俗，使人受到伦理教育。所以孔子反问宰我心安否，暗含的意思是，父母之恩极深，如不能尽礼则内心不安，即便尽礼，亦不能尽其悲戚之情。但宰我的回答是心安，所以孔子予以严厉的批评。

17.22　子曰："饱食终日，无所用心，难矣哉！不有博弈者乎，为之犹贤乎已。"

【注解】

博：六博，又作陆博，先秦时的一种棋类游戏，因使用六根博箸所以称为六博，以吃子为胜。或谓象棋类游戏可能从六博演变而来。

弈：围棋。

【广义】

人之用心，其上者有志于仁义，其下者钻营于利益。孔子说，人总需要一些精神寄托，饱食终日而无所用心，这是很难做到的。若不能有志于仁义，还不如培养一些兴趣爱好，如博弈，也比钻营于利益强。清人张潮《幽梦影》云："石不可无苔，人不可无癖。"人有一些无伤大雅的癖好来装点生活，亦是一乐事。在世俗生活中，人若没有一些特别的兴趣爱好，生活难免有点沉闷无聊，毕竟以德为精神食粮的人是很难得的。

17.23　子路曰："君子尚勇乎?"子曰："君子义以为上。君子有勇而无义为乱，小人有勇而无义为盗。"

【广义】

子路以勇自任，问孔子"君子尚勇乎"，自得之情溢于言表。孔子认为，勇不是首要的德性，义才是君子首先应当追求的基础性的德。勇须以义为基础，逞无义之勇则可能为乱为盗，反使人为勇所害，故勇而无义不足以为君子之德。

17.24 子贡曰："君子亦有恶乎？"子曰："有恶：恶称人之恶者，恶居下流而讪上者，恶勇而无礼者，恶果敢而窒者。"曰："赐也亦有恶乎？""恶徼以为知者，恶不孙以为勇者，恶讦以为直者。"

【注解】

君子亦有恶乎：恶读为厌恶之恶（wù），下皆同此，除了"人之恶（è）"。

下流：在下位者。

讪：谤。

窒：堵塞不通，形容不通情理。

徼：窃取，抄袭。

讦：揭发别人的隐私或攻击别人的短处。

【广义】

人皆有好恶之心，人之好恶或出于主观臆断，或出于偏私。君子公正平直，不为私意而好人憎人，如有所好憎，必出于其人之行为的恰当与否。孔子认为，君子应当憎恶那些好说他人缺点的人，憎恶不安其分而喜欢诽谤上司的人，憎恶粗鲁无礼的人，憎恶果断勇为但又不通情理的人。子贡憎恶那些抄袭他人而自以为智慧的人，憎恶不懂得逊让服从而自以为勇敢的人，憎恶喜欢揭发别人隐私还自以为正直的人。这些虽然都是生活中的细节，但也是人常犯的毛病，学者宜对照自省。

君子如若无恶，无是非观念，做老好人，则是孔子所批评的乡愿。君子存仁者之心，同情人的痛苦与悲伤，所以观世事而分是非曲直。是非曲直不是人存心而有，而是人的行为在客观上会造成影响他人的价值后果，一个人若无好恶存之于心，其实就不再有是非观念。朱子批评释家空寂，指的就是其世界观中无是非之理。

17.25　子曰：“唯女子与小人为难养也，近之则不孙，远之则怨。”

【广义】

《论语》中的“小人”多数情况下指才德寻常、社会地位低的普通人，并非特指品行卑劣之人。以女子与小人连称者，可见这里的女子亦是指仆妾之类。孔子说，对于女子与小人，与之亲近，他们就会对你狎昵无礼，如果远离，他们又会有怨气。

人无恒德，则难免近之不逊与远之则怨的过错。

17.26　子曰：“年四十而见恶焉，其终也已。”

【广义】

孔子说，年至四十而被人所厌恶，他这一生也就这样了吧。

君子修身成德要及时，年龄越长，性情越难改变。莫待年老徒然兴叹。

微子第十八

18.1　微子去之，箕子为之奴，比干谏而死。孔子曰："殷有三仁焉。"

【注解】

微子：商纣之庶兄。

箕子、比干：商纣之叔父。

【广义】

商纣残暴，天下将倾，其庶兄微子逃而去之；箕子谏而被囚，佯狂为奴；比干谏而被杀。面对危局，他们的选择不同，但孔子都表彰为仁者。这表明儒家所主张的伦理具有多元性与包容性，并非只有唯一的答案。

儒家最基础、最普遍的价值观是仁，其他的德目与伦理都是实现仁的特定方式，也因其能够实现仁而有意义。仁的普遍性体现在仁本身是无矛盾的，是对天下苍生的一视同仁。但世事复杂，实现仁的路径有多种，相互之间就有不同的方向，甚至是相反的方向，彼此之间有所矛盾。伦理是轨则，是人所当行的规范。不过，伦理本身不是目的，伦理因为可以实现仁而有其意义，而伦理的不同原则之间可能会发生冲突，如所谓忠孝不两全。

殷周之际，身为殷王室贵族，微子、箕子、比干皆对殷之兴亡负有责任，但他们选择了不同的道路。微子弃殷而去，最终代表殷遗民受周武王之封于宋，保全殷商族人。比干忠烈，谏而死。箕子佯狂以全其身。后世易代之际，这样的局面一再发生。对于儒家来说，在特定局面下，只要其选择有义的根据，其行为就可以称为义，尽管其为义的具体内涵有所不同。鲁人杀齐公子纠，召忽死之，管仲为桓公之相，召忽的选择固然有义，孔子并不以管仲不死公子纠而罪之，反因其功勋而赞其仁。只要一个人的选择不是为着自私的目的，有害于他人，具有站得住脚的理由，儒家皆许其为仁、为义。这是多元开放的伦理态度。

儒家所谓义只要可以成就仁，那么在不同的情境中，在不同的时代中，可以有不同的道路选择。就此而论，儒家的伦理内涵具有发展性，在新的社会条件下可以有不同的义。如在现代社会中的基因编辑、安乐死、堕胎、变性等问题上，儒家伦理需要相应地推陈出新，本着仁者之心来树立当代社会的义。

18.2 柳下惠为士师，三黜。人曰："子未可以去乎？"曰："直道而事人，焉往而不三黜？枉道而事人，何必去父母之邦。"

【注解】

士师：掌禁令、狱讼、刑罚之事的官。

【广义】

此章载柳下惠事，与孔子或孔子弟子无关，或疑阙孔子断语。

柳下惠为士师之官，三次被黜退，可谓仕途坎坷。所以有人劝他何不离开鲁国，另谋高就。柳下惠答曰，如果以直道事人，在哪里都会被黜退；如果以枉道事人，又何必去父母之邦。此可见柳下惠品行高洁，虽仕于鲁，但不同流合污，不愿枉道事人，为了自己的政治利益而阿附于政治利益团体，所以为官之途并不顺利。并且，他认为天下大抵皆是如此，不独鲁国为然。政治的本质就是污浊的利益博弈吗？孔子所说的君子，如何在政治中有容身之处？这两个问题非常难以解答。《论语》中多有论及，参见相关论述。

18.3 齐景公待孔子曰："若季氏则吾不能，以季、孟之间待之。"曰："吾老矣，不能用也。"孔子行。

【广义】

齐景公待孔子在季孙氏与孟孙氏之间，即虽然不能委之以国政，但也可以算是有实权在一定程度上可以行道的大夫了。不过，齐景公私下里说自己年老，已不能任用孔子作大的政治变革了。注家多责齐景公不能用孔子，无政治理想。不过，考虑到齐景公年近六十，在那个时代确实是年老之人。这就意味着，他不能保证孔子的政治安全，齐国换了国君，政治局面可能会大不一样，这是齐景公所考虑的现实问题。所以，对于齐景公来说，来日无多，任命一位循矩守旧的大夫是没有问题的，要任命一位有作为的政治家，则留给他的时间就不多了。俗话说，一朝天子一朝臣，政治领导人的更替会对国家政治和政策的稳定有很大影响。不过，注家多认为这其实是齐景公不能用孔子的托词，以掩饰他无远大的政治志向，不愿改变齐国既有的政治秩序，加之以晏子为代表的齐国政治势力也反对，给齐景公任用孔子为政以压力。齐景公见孔子在景公三十三年，他在位共计五十八年，可谓长寿之君。

18.4　齐人归女乐，季桓子受之。三日不朝，孔子行。

【注解】

归：馈赠。

【广义】

季桓子执政而不朝，鲁国政治不可为，所以孔子离开了鲁国，另谋道路以实现其政治理想。

18.5　楚狂接舆歌而过孔子曰："凤兮！凤兮！何德之衰？往者不可谏，来者犹可追。已而，已而！今之从政者殆而！"孔子下，欲与之言。趋而辟之，不得与之言。

【注解】

楚狂接舆：楚之隐者，失其姓名，其人不详。

【广义】

凤为祥瑞，有道则现，无道则隐。接舆说，为何这样的无道之世有凤出现？或认为接舆将孔子比作凤，问孔子在无道之世何不归隐。

18.6 长沮、桀溺耦而耕，孔子过之，使子路问津焉。长沮曰："夫执舆者为谁？"子路曰："为孔丘。"曰："是鲁孔丘与？"曰："是也。"曰："是知津矣。"问于桀溺，桀溺曰："子为谁？"曰："为仲由。"曰："是鲁孔丘之徒与？"对曰："然。"曰："滔滔者天下皆是也，而谁以易之？且而与其从辟人之士也，岂若从辟世之士哉？"耰而不辍。子路行以告。夫子怃然曰："鸟兽不可与同群，吾非斯人之徒与而谁与？天下有道，丘不与易也。"

【注解】

长沮、桀溺：隐者之名。

耦而耕：二人并耕，通常是一人用耜耕地起土，一人用耰碎土和平整土地，二人协作完成耕作任务。这是牛耕之前的耕作方式。

津：渡口。

易：改易，改变。

辟人之士：指孔子避乱国或暴君。

耰：碎土平地的农具，指播种后用耰平土，覆盖种子。

辍：停止，中止。

怃然：怅然。

【广义】

"天下有道，丘不与易也"，意为，如若天下已经治理好，我还改变什么呢？即正是因为天下无道，所以孔子才以天下为己任，周游诸侯，以寻求改易世道。然而，这岂不与孔子所说"有道则现，无道则隐"的原则相反吗？天下有道，是一种政治理想。就其为理想而言，也许永远难以实现。而这正是其为理想的意义，它引导着人们选定一个方向去追求。孔子并不是一个脱离现实的理想主义者。综观《论语》，孔子所说之道固然有其理想性，但道不远人，并非蹈于虚空那样远离现实的人生与社会。孔子之道激发人们去做君子，在这世间行道，弘道。而其所谓道是人人可行、人人当行之理。长沮谓孔子为"知津者"，如果从人伦秩序与社会秩序的建构来说，孔子无疑可担此名，他确是一种文明秩序建构的知津者。但孔子未必是管仲、商鞅那样可以运用政治手段改变现实权力关系的政治家，他们所运用的政治手段可能恰恰是孔子所不愿为的枉道。也正因如此，在这些隐者看来，孔子这样的四处奔走，其实并没有意义。但孔子的意义不在于成为一位运用权谋而实现政治秩序重塑的政治家，而在于指引一个社会转向一种文明秩序构造的"知津者"。

18.7　子路从而后，遇丈人，以杖荷蓧。子路问曰："子见夫子乎？"丈人曰："四体不勤，五谷不分。孰为夫子？"植其杖而芸。子路拱而立。止子路宿，杀鸡为黍而食之，见其二子焉。明日，子路行以告。子曰："隐者也。"使子路反见之。至则行矣。子路曰："不仕无义。长幼之节，不可废也；君臣之义，如之何其废之？欲洁其身，而乱大伦。君子之仕也，行其义也。道之不行，已知之矣。"

【注解】

从而后：从孔子行而落了后。

丈人：老者之称。

荷蓧：荷，挑负；蓧，除草用的竹编农具。

植：坚插。

芸：除草。

【广义】

子路批评隐者怀才而不仕是不义，他们只知洁身自好，放弃了自己的责任。

18.8　逸民：伯夷、叔齐、虞仲、夷逸、朱张、柳下惠、少连。子曰："不降其志，不辱其身，伯夷、叔齐与！"谓："柳下惠、少连，降志辱身矣，言中伦，行中虑，其斯而已矣。"谓："虞仲、夷逸，隐居放言。身中清，废中权。我则异于是，无可无不可。"

【注解】

逸民：节行高尚而避世隐居的人。

言中伦，行中虑：言行合乎伦理，思虑周全，少有过失。

放言：放，置放而不论。放言即谓无所言说。

身中清，废中权：隐身不用，自洁其身，可谓清；弃世而不仕，合乎时宜，可谓权。

【广义】

孔子论古今之隐士，志行高尚、不辱其身的有伯夷、叔齐；降志辱身，但不违背伦理，在污浊的世道中尚能保全其身的有柳下惠、少连；隐居避世，独善其身的有虞仲、夷逸。孔子自言无可无不可，意即君子进退各有其义，进则行道以济天下之民，退则自我保全，独善其身。

孔子论殷有三仁相类，在特定情形下，君子各据其义，可以有不同的选择。孔子表彰无道则隐可以不降志辱身，做这样的隐者亦无不可，但是孔子更强调人能弘道，如若人人都做隐者，则谁来拯救世道？所以，孔子其实是以实际行动做了选择。

18.9 大师挚适齐，亚饭干适楚，三饭缭适蔡，四饭缺适秦。鼓方叔入于河，播鼗武入于汉，少师阳、击磬襄入于海。

【注解】

大师挚：或谓即 8.15 所提到的"师挚"，乐官之长。或谓孔子这里所述是鲁哀公时鲁国衰而乐官四佚。《汉书·古今人表》以本章所称乐官为商纣王时人，司马迁《史记》以太师挚为周厉王时人。不知确指。

亚饭干：亚饭，名干。《白虎通》载："《传》曰：'天子食时举乐。'王者所以日四食何？明有四方之物，食四时之功也。四方不平，四时不顺，有彻乐之法焉，所以明至尊著法戒焉。王者平居中央，制御四方。平旦食，少阳之始也。昼食，太阳之始也。脯食，少阴之始也。暮食，太阴之始也。《论语》曰：'亚饭干适楚，三饭缭适蔡，四饭缺适秦。'诸侯三饭，卿大夫再饭，尊卑之差也。"① 这样来看，这里的乐官有四饭，当是天子之乐官，不当为鲁哀公之乐官。又谓鲁僭天子礼乐，所以亦有四饭。

---

① （清）陈立撰，吴则虞点校：《白虎通疏证》，中华书局 1994 年版，第 118—119 页。

鼓方叔入于河：掌鼓者名方叔，隐居于黄河之滨。

播鼗武入于汉：鼗，小鼓。播鼗，摇鼓。播鼗的乐官武隐居于汉水之滨。

【广义】

政治衰乱而乐官四散。此可见国家建构与政治稳定的重要意义。所谓皮之不存，毛将焉附，如若国家政治秩序不稳定，国家建构不全，那么其他一切价值都没有附着的载体。中国近现代国家与社会的变迁亦是如此。

18.10　周公谓鲁公曰："君子不施其亲，不使大臣怨乎不以。故旧无大故，则不弃也。无求备于一人。"

【注解】

鲁公：指周公之子伯禽，封为鲁君。

施：旧本作"弛"，意为松懈，忽而不亲。

以：重视，任用。

【广义】

周公教伯禽团结亲属大臣，宽以待人，勿忘故旧，不遗大臣，不苛责于人。《史记·鲁周公世家》载："周公卒，子伯禽固已前受封，是为鲁公。鲁公伯禽之初受封之鲁，三年而后报政周公。周公曰：'何迟也？'伯禽曰：'变其俗，革其礼，丧三年然后除之，故迟。'太公亦封于齐，五月而报政周公。周公曰：'何疾也？'曰：'吾简其君臣礼，从其俗为也。'及后闻伯禽报政迟，乃叹曰：'呜呼，鲁后世其北面事齐矣！夫政不简不易，民不有近；平易近民，民必归之。'"[1] 周公论治道已指出齐鲁将有强弱不同，原因在于得民与否，不过，这里所记周公教伯禽更在于宗法制下的政治原则，即亲亲过于尊尊。

在孔子之时，鲁国政治的弊端在于权势下移，国君为虚位。所谓宗法制的政治原则已然失去作用，按照当时的时势之变，需要强化君

---

[1]　（汉）司马迁撰：《史记》，中华书局1982年版，第208页。

权以重塑国家政治秩序，完成国家建构。《论语》中孔子多次强调尊君的原则，既是固有的君臣之义，也符合当时的政治需要。在当时权臣当政，乃至于家臣作乱的时代，鲁国国君行亲亲之道能感动其权臣吗？鲁国的问题不在于鲁君是否弃臣，而在于臣是否支持和拥戴鲁君。因此，有论者谓本章是孔子引周公之戒以教鲁哀公，实是迂腐之见。

君臣之道，贵在政治均衡。周公之时，伯禽为始封之君，地位超然，所以周公告之以团结宗室大臣，不要过于专断，以致离心离德。周初之封建，实为武装开拓领地，伯禽作为鲁之首领需要团结周人共同开拓政治事业，周公的教诲无疑是及时而恰当的。至于春秋末年，鲁君失政，国内权臣横行，君不能制臣，在这样的情况告诫君宽大待臣是没有意义的。

18.11　周有八士：伯达、伯适、仲突、仲忽、叔夜、叔夏、季随、季騧。

【广义】

这里列举周之贤士，不过其人已无可考。

子张第十九

19.1　子张曰："士见危致命，见得思义，祭思敬，丧思哀，其可已矣。"

【广义】

子张记孔子所教。其中"士见危致命，见得思义"，可参见14.13，"见利思义，见危授命"。

19.2　子张曰："执德不弘，信道不笃，焉能为有？焉能为亡？"

【注解】

焉能为有，焉能为亡：皇侃《论语集解义疏》谓："世无此人不足为轻，有此人不足为重。"[1] 意味人若其德不广，信道不深，那么其人轻微，可有可无，无关世道。

19.3　子夏之门人问交于子张。子张曰："子夏云何？"对曰："子夏曰：'可者与之，其不可者拒之。'"子张曰："异乎吾所闻：君子尊贤而容众，嘉善而矜不能。我之大贤与，于人何所不容？我之不贤与，人将拒我，如之何其拒人也？"

【注解】

交：交友之道。

嘉善而矜不能：嘉善，对于善人予以表彰；矜不能，对于不能为

---

[1]　徐望驾校注：《皇侃〈论语集解义疏〉》，江西人民出版社 2009 年版，第 390 页。

善或有其他缺陷的人予以同情。

【广义】

子夏恪守孔子"无友不如己者"与"损者三友"的教导，向贤者学习，而远离不贤之人，这是子夏交友的原则。子张认为不应当如此，君子交友虽然也要尊重贤者，与贤者为友，同时，君子也应当容得下普通人。子张说，如果我有大贤，那么所谓损者或不如己者未必能影响到我，因此还有什么样的人不为我所容呢？如果我不是贤者，那么别人就会主动拒斥我，不与我为友，哪里还轮得到我拒斥别人呢？

在现实生活中，尤其是在青少年阶段，不少人亦为交友的问题所困扰。人都有对朋友的情感需要。所谓贤者，固然可以做很好的朋友，但这样的人少之又少。我们日常生活中所遇到的大多是普通人，各有其优缺点。我们对朋友不应当抱着求全责备的态度，以为他是我的朋友就应当对我如何。这可能只是我单方面的要求与想象，未必得事体之全，事情或许与我们所想象的也并不一样。每个人都习惯于从有利于他的角度来思考问题，朋友之间产生立场与观点的不一致乃至矛盾，这都是正常的。因此，君子对待朋友应该以宽大为怀。从这个角度来说，子张的态度是可取的。即君子应有容人之量，如果我不贤，那就更没有理由去责备我的朋友了。如今之俗语"向下兼容"，近乎子张之意。君子是可以向下兼容的。从另一个角度来说，子夏所说亦有可取，即君子当择其友，以志同道合者为朋友，且对这样的朋友采取宽宏的态度。如若彼此不同道，正如孔子所说，"道不同不相为谋"，亦不必强求为朋友。

19.4　子夏曰："虽小道，必有可观者焉；致远恐泥，是以君子不为也。"

【注解】

致远恐泥：泥，拘泥，堵塞不通。意思是，若要行得长远，恐怕就会堵塞不通。

【广义】

《汉书·艺文志》云："小说家者流，盖出于稗官。街谈巷语，道听途说者之所造也。孔子曰：'虽小道，必有可观者焉，致远恐泥，是以君子弗为也。'然亦弗灭也。闾里小知者之所及，亦使缀而不忘。"①

小道相对于大道而言，虽有可取之处，但不具有普遍性的意义，君子不务小道，而当求大道。问题在于，孰为小道，孰为大道？注者对小道究竟何指所论不一，或以小道为异端，或以小道为三教九流诸子之说，或以小道为琴棋书画、闲散之道，或以小道为灌园之类。

19.5　子夏曰："日知其所亡，月无忘其所能，可谓好学也已矣。"

【注解】

亡：无。

【广义】

子夏说，每天学习自己所不曾知道的知识，每月不忘自己所学到的本领，如此可谓好学。儒家非常重视学习，我们每个人通过学习新的知识来实现自我更新，日积月累，其为学为人必有极大的进益。

19.6　子夏曰："博学而笃志，切问而近思，仁在其中矣。"

【广义】

仁是所有人都应当追求的理想，仁虽高远，对学者来说，仁就在对学问与修养的深切追求之中。君子博学的同时要坚定自己的志向，志向不坚，其为学虽博也会漫散而无所归。同时，君子为学一定要有内在的体会，而不只是外在记诵知识。这与君子立志有关，只有坚定志向，在求学的过程中才能把所求的知识内化为自己的一部分，诵记于心，时时思索，如此可谓切问而近思。如若只是把学习当作要完成的任务，而非自己的志趣所在，那么其发问就不是自己所关切的，其

---

① （汉）班固撰，（唐）颜师古注：《汉书》，中华书局 2005 年版，第 1377 页。

为思也不切近于自己内在的生命。学者能够做到博学而笃志，切问而近思，即是学者之仁。

当代中国教育的一个根本问题就是，对于中小学乃至于大学的学生来说，学习首先是一项任务，学生为中考、高考甚至考研而学习。在这个过程中，学习往往是被强加的，而不是学生自主的学习。当然，学习要有考试，人才选拔要有考核，升学过程中的考试是不可避免的。如此，学生及教育者需要协调自主学习与考试竞争之间的关系，激发学习者的学习激情，使学习成为自己人格成长与生命体验内在的一部分。

19.7　子夏曰："百工居肆以成其事，君子学以致其道。"

【注解】

肆：工匠工作的作坊。

【广义】

百工在厂坊中从事制作而成工事，工匠不在厂坊则无相应的生产资料以成工事。与此相类，君子在学之中成就其道。君子不学，其修德就缺乏内容与对象，从而无以成其德。所以，在子夏看来，学是君子修德进道的主要途径。

19.8　子夏曰："小人之过也必文。"

【注解】

文：文饰，掩饰。

【广义】

7.3 中，子曰："德之不修，学之不讲，闻义不能徙，不善不能改，是吾忧也。"孔子所忧者四事，修德、讲学、求义、改过。15.29 中，子曰："过而不改，是谓过矣。"如若知过而不改，这个过就永远地留在那里，其为人也难以有所进步。如若人能够修德、讲学、求义、改过，那么就能够从小人进乎君子、贤人。而小人之所以停留在小人，原因就是不能直面自己的过错，而讳言之，文饰之，不愿为人所知。小人文其过，可见小人是自知其为过的，对自己的过也有一定的羞愧之情。然而，过而不改，终是过矣，也就得不到进步。

19.9　子夏曰："君子有三变：望之俨然，即之也温，听其言也厉。"

【注解】

俨然：庄重貌。

即之：亲近之。

厉：严厉，严正。

【广义】

7.37 载："子温而厉，威而不猛，恭而安。"可以看出，子夏这里所说的"君子"形象与 7.37 所说有近似之处。在子夏看来，远观君子发现他是庄重严肃的，跟他亲近接触又会发现他是温和的，而君子对人的批评与教育又是严正的。子夏以为变，其实君子未尝有变，只是随事项的不同而有不同的应对。君子没有特别的情绪，不会因个人情绪而冲动，其一言一行合乎道义，所践行的是常道，而非有所变化。人知道自己应当做什么，应当处于什么样的情绪，而让自己处于这样的状态，一个清醒而理智的人偶尔也能做到。而若一直能做到如此，安之若素，成为习惯，这是非常不容易的功夫。如果能够做到，那必然出于有德而有内心充实的力量。这就是修身、修德的意义。

19.10　子夏曰："君子信而后劳其民，未信则以为厉己也；信而后谏，未信则以为谤己也。"

【注解】

厉：病，意为使之病，折磨。

【广义】

劳民，君子之待下；谏，君子之事上。子夏认为此二事都需要以信为前提。如若不能取信于民，其劳民则会被民认为是虐待自己；不能取信于在上位者，其谏言就会被认为是诽谤官长。

19.11　子夏曰："大德不逾闲，小德出入可也。"

【注解】

闲：阑，栅栏，比喻伦理规范。

【广义】

子夏认为，我们判断一个人的德性，其德义之大节不能违背，如果是小的行为准则有所出入是可以忽略不计的。《史记·项羽本纪》中樊哙言："大行不顾细谨，大礼不辞小让。"[①] 语意相近。人无完人，责人不必求备，但看其德义之大处。朱子《论语集注》云："言人能先立乎其大者，则小节虽或未尽合理，亦无害也。吴氏曰：'此章之言，不能无弊。学者详之。'"[②] 这里的"吴氏"指的是北宋末年的学者吴棫。吴棫对子夏此言作了批评，认为其言有弊。大抵而言，唐以前学者注《论语》不会批评孔子弟子；宋代理学于孔子弟子除了孔子所表扬的有德之士如颜回、曾子、闵子骞等人外，对其余弟子如子路、子贡、子夏、子张、子游等皆有不同程度的批评。其原因或在于，唐以前儒者学为君子与贤人，孔子弟子虽未臻于至善，但也不失为君子、贤人，而且是孔子弟子，所以汉唐儒者对他们的态度较为尊敬。宋代理学则以学为圣人为目标，除颜回、曾子外的孔子弟子不再是学习的目标，因此对他们也就颇有微词。

19.12　子游曰："子夏之门人小子，当洒扫、应对、进退，则可矣。抑末也，本之则无。如之何？"子夏闻之曰："噫！言游过矣！君子之道，孰先传焉？孰后倦焉？譬诸草木，区以别矣。君子之道，焉可诬也？有始有卒者，其惟圣人乎！"

【注解】

抑末也，本之则无：然而是末事，不是根本。

孰先传焉，孰后倦焉：子夏言自己并不倦于教后传的内容，而是君子之道有先传与后传的区别。

---

① （汉）司马迁撰：《史记》，中华书局1982年版，第64页。

② （宋）朱熹撰：《四书章句集注》，中华书局1983年版，第191页。

譬诸草木，区以别矣：君子之道内容有深浅先后之不同，就像草木有不同的类别与品种一样（根据时令先种后种有所不同）。

有始有卒：有始有终。

【广义】

孔子去世之后，弟子之间产生了一些分歧与矛盾。这里记载子游批评子夏教育弟子的方法，只教洒扫应对进退这样的末节，而未及于学问与修养的根本处。子夏针对子游的批评作了反驳。子夏认为学有深浅先后，不得谓先教了先传授的内容就说其教有所欠缺。

19.13　子夏曰："仕而优则学，学而优则仕。"

【广义】

子夏说，仕者有余力则应从学，学者有余力则应为仕。

春秋与现代社会存在多方面的差异。首先，从为学的角度来说，孔子教人所用的文献及其所包含的知识，包括修养方面，是有可能学而优的。那个时代的文献量与知识总量比现代社会要少得多。

其次，从就业的角度来说，春秋时代的学者就业方向只有仕途，其余的农、工、商并无专业的理论知识可以学习。那是一个专业尚未分化的时代，也是一个社会组织以宗法政治为核心的时代，除了仕学者亦无他途来领导社会。而在现代社会，政治、经济、法律、教育、医疗、科研、社会团体等各行各业，皆为知识精英提供了发挥其才智的广阔空间。一位学者在学界有出色的表现，即所谓学而优，从事社会工作，也有广阔的社会领域可以选择，而不限于加入政府组织一途。综上，子夏所说学而优则仕，是春秋时代，甚至也可以说是中国古代社会之情形的表现，至于现代社会则情形有变，学而优之后可供选择的社会工作种类大为增加，而不只是学而优则仕。当时，其所谓学主要是指治国教民，从事这样的学问，实现其才学的领域主要仍在于仕。

至于仕而优则学，则无论古今都有其普遍的意义。今之所谓仕者，无论其优与不优，均须学以增广知识，提升行政能力，提高道德修养。

19.14　子游曰："丧致乎哀而止。"

【广义】

子游说，丧礼表达了哀痛也就尽其意义了。礼与情贵在得宜，哀过乎礼则伤及生者，亦非礼义之中，所以子游谓丧礼能致其哀即可。反之，丧事无哀痛之情而徒具其礼，则礼也就失去了意义。

19.15　子游曰："吾友张也，为难能也。然而未仁。"

【广义】

子游评子张谓其难能可贵，但还没有达到仁。子游所说的"难能"指何事，此章所论不详，学者或谓指的是下章曾子所说的"堂堂"，即谓子张容仪堂堂，人所不及。

19.16　曾子曰："堂堂乎张也，难与并为仁矣。"

【注解】

堂堂：形容景象壮观，指子张仪容堂堂。

难与并为仁：有歧解，字面意思是难与子张之仁相并；或以为子张不足为仁，故不屑于与之相并；或以为子张有仁者之行，曾子自谦不足以与之相并。

【广义】

语意不足，不知确解。

19.17　曾子曰："吾闻诸夫子：人未有自致者也，必也亲丧乎！"

【注解】

自致：自尽其情，或情不能自已。

【广义】

曾子谓听闻夫子之言，人平常不能自尽其情，如果有，那一定是遭遇亲丧的时候。

亲子慈孝之情人所同，人唯遇亲丧时才能体会到人生在世之终极性的情感体验。儒家以亲亲之情为人伦的起点，顺乎人情之自然，非有矫饰。真正的伦理是自然的，是人心、人性之所向，顺是而有伦理之教化，以及社会秩序的内在协调。

19.18　曾子曰："吾闻诸夫子：孟庄子之孝也，其他可能也；其不改父之臣与父之政，是难能也。"

【注解】

孟庄子：鲁国大夫孟孙速，其父孟献子据说有贤名。

【广义】

1.11，子曰："父在，观其志；父没，观其行；三年无改于父之道，可谓孝矣。"父有道而子不改，可以称得上孝。孟献子有贤能，其子不改父之道，夫子称赞其孝难能可贵。

19.19　孟氏使阳肤为士师，问于曾子。曾子曰："上失其道，民散久矣。如得其情，则哀矜而勿喜。"

【注解】

阳肤：曾子弟子。

士师：掌禁令、狱讼、刑罚之事的官。

如得其情：如若得知民违法犯禁的实情。

【广义】

《汉书·刑法志》云："春秋之时，王道浸坏，教化不行，子产相郑而铸刑书。……偷薄之政，自是滋矣。孔子伤之，曰：'导之以德，齐之以礼，有耻且格；导之以政，齐之以刑，民免而无耻。''礼乐不兴，则刑罚不中；刑罚不中，则民无所错手足。'孟氏使阳肤为士师，问于曾子，亦曰：'上失其道，民散久矣。如得其情，则哀矜而勿喜。'"① 对于子产来说，铸刑书正是因为民作奸犯科多，需要以刑法来矫正。而对于儒家来说，民之所以犯罪，其责任也在于在上位者不能将国家治理好，给予百姓安居乐业的条件，施以教化，使知礼义。所以，官长纠察百姓之犯法，不能当作自己的功劳而欣喜，应当反省己过，同情民的遭遇与不幸，这才是仁者之心。

---

① （汉）班固撰，（唐）颜师古注：《汉书》，中华书局 2005 年版，第 927 页。

犯罪是一个系统性的社会现象，曾子此言，其实道出了犯罪行为的社会根源。如若不从根源上着手，国家若不能生养、教化百姓，提供公共产品，从而提高社会福祉，那么犯罪就不会消除。"上失其道"与民之犯科有内在关系。不思政治之过，只惩罚犯罪，是谓暴政。曾子之言，可见其仁心，亦可见儒家对法律的社会意义有较为全面的理解。法律不只是矫正犯罪的工具，而应将法律嵌入社会政治的系统中来考察。法律的社会意义与社会政治秩序的建构息息相关，法律是政治的延伸。如若社会政治秩序未能健全，百姓不能安居乐业，只强化法律约束是治末而不能治本。儒家的仁不只是宽宥于民所施的惠，更在于对人类社会秩序的全面理解，从根本上思考人类生存的现实处境，为之构建系统性的社会秩序及其伦理原则。

19.20　子贡曰："纣之不善，不如是之甚也。是以君子恶居下流，天下之恶皆归焉。"

【注解】

下流：地势低处，众流所汇，比喻道德卑下，则污名所系，众恶所汇。

【广义】

子贡认为，历史上真实的纣未必像历史所记载那样不堪，只是他有了坏的名声，所以人们就将种种罪恶都归到他头上了。历史文献有限，子贡之言难以证实，亦难以证伪，不过，子贡实际上意识到历史书写并不一定是客观历史的反映，而有其特定的书写逻辑。纣被书写成暴君的形象，固然是因为纣本身是一个犯有众恶的失败者，自身责任难逃，但这未必没有历史书写者添油加醋的成分。殷商之史为周人所书写，纣之恶越甚，则周武革命也就显得越正义，所以周人有充分的动机将纣写得更加罪恶。善读书者应当透过历史叙事深思背后的逻辑关系及其相应的社会政治机制。

子贡的用意并不是责周之史官，而是责纣自身居于下流，以致众恶皆归。人之召谤，亦当反思何以致谤。即使自己无过恶，瓜田李下，君子所慎。

19.21　子贡曰："君子之过也，如日月之食焉：过也，人皆见之；更也，人皆仰之。"

【广义】

《论语》所称君子不只是道德之称，在多数情况下同时也是指居上位者，有立政治民之责。所以，君子有过关系到社会民生，其为过就像日食与月食那样为众人所见，无可隐藏。君子如果能够不失时地改正错误，其改过也将为万民所睹，这样的行为也将为人所共仰。如此，君子之过也就不是过了，反而是政府公关的一次机会。

子贡此言可以对现代政治中的公共关系有深刻的启示。中国社会流行全能式的政治观念，即政治对社会全面负责。这样的政治观念正是起源于儒家，儒家认为君子对于社会治理，对民众负有全面的责任。全面的责任当然也就意味着更广泛的权力。儒家认为，为政者既然担负着生养与教化的全面责任，就应当率身垂范，德才兼备。所以，中国社会中的政治合法性有非常高的道德要求。这样一来，百姓对官长的行政过错与道德过错也就更加不能容忍。权力与责任是对等的，无限权力就意味着无限责任。如此，因为行政者的道德形象在政治关系中极为重要，所以为政者往往讳言其过，害怕影响其道德形象从而有伤于政治合法性。

然而诚如子贡所言，官长之过会带来重大的社会后果，如日月之食，又如何隐藏呢？所以，官长隐藏己过，不仅不能维护自身的道德形象，反而会使政府失去公信力。与其如此，还不如大大方方地承认错误，改正错误，展现其为政的诚意。政治应公正、公开，如果可以做到，就更能够取信于民。从另一个角度来说，民对政府的道德期望也不应过高，而要理性看待政治关系，客观评价社会政治的责任、效果与意义。现代社会的秩序建构与治理方式应当比古代社会更加多元。

19.22 卫公孙朝问于子贡曰："仲尼焉学?"子贡曰："文武之道，未坠于地，在人。贤者识其大者，不贤者识其小者，莫不有文武之道焉。夫子焉不学?而亦何常师之有?"

【注解】

公孙朝：卫国大夫。

何常师之有：即谓何有常师。

【广义】

公孙朝问子贡，孔子为何如此博学，他是如何学得的?子贡答云，孔子学的是文武之道。文武之道并没有遗失，留传到了今天。而且文武之道是全面的，贤者把握到了大的方面，不贤者认识到的是小的方面。文武之道无所不在。所以，孔子在各个地方都可以学习，而不必向某一个老师学习。

19.23 叔孙武叔语大夫于朝，曰："子贡贤于仲尼。"子服景伯以告子贡。子贡曰："譬之宫墙，赐之墙也及肩，窥见室家之好。夫子之墙数仞，不得其门而入，不见宗庙之美，百官之富。得其门者或寡矣。夫子之云，不亦宜乎!"

【注解】

叔孙武叔：鲁国大夫，名州仇。

【广义】

叔孙武叔认为子贡贤于孔子。子贡认为，这是因为自己的才学浅，易为人所知，而孔子之才一般人难以企及。诚然也。子贡的辩才及经商之才是人们容易看到的，而孔子对于人类社会之本性及其秩序建构的深刻思考，难以为同时代人所理解。后世学者能够深刻地理解孔子思想，将儒家之道发扬光大，是孔子之幸。

19.24 叔孙武叔毁仲尼。子贡曰："无以为也。仲尼不可毁也。他人之贤者，丘陵也，犹可逾也；仲尼，日月也，无得而逾焉。人虽欲自绝，其何伤于日月乎?多见其不知量也!"

【广义】

孔子之道是超越时代的。如果说孔子之道如日月，其为日月也不只是当时的日月，而需要在长远的历史时间中展开，人们才能更充分地理解孔子对世界、对社会的思考。按照儒家一般的理解，孔子有为政之才，但孔子之于儒家与人类社会的意义不在于他的为政之才，而在于他的思想。

19.25　陈子禽谓子贡曰："子为恭也，仲尼岂贤于子乎?"子贡曰："君子一言以为知，一言以为不知，言不可不慎也。夫子之不可及也，犹天之不可阶而升也。夫子之得邦家者，所谓立之斯立，道之斯行，绥之斯来，动之斯和。其生也荣，其死也哀，如之何其可及也。"

【注解】

子为恭也，仲尼岂贤于子乎：陈子禽认为子贡对老师过于恭逊，而不承认自己贤于孔子。

天之不可阶而升：不能通过阶梯上升于天。

邦家：邦指诸侯国，家指卿大夫之家。

立之斯立：想要民自立，民就能够自立。

绥之斯来：绥，安抚。施安民之政则四方人民就会来归附。

【广义】

子贡形容孔子立政之效。儒家之治在于内在地引导一个社会形成自发的优良秩序，其立、道、绥、动可以收到立、行、来、和的效果。这虽然是一种理想的状态，其中亦揭示了一种对人性与社会的深刻观察。法家以人性好利，故示之以功利的奖励，这样虽然能够收一时之效，但整个社会如此以利相争，必带来更大范围内、更长历史中的残酷竞争，未必是人类之福。儒家不欲激发人的功利性与竞争性，而欲压抑这一面，激发人追求道理、完善人格这样向善的一面。

尧曰第二十

20.1　尧曰："咨！尔舜！天之历数在尔躬，允执其中。四海困穷，天禄永终。"舜亦以命禹。曰："予小子履，敢用玄牡，敢昭告于皇皇后帝：有罪不敢赦。帝臣不蔽，简在帝心。朕躬有罪，无以万方；万方有罪，罪在朕躬。"周有大赉，善人是富。"虽有周亲，不如仁人。百姓有过，在予一人。"谨权量，审法度，修废官，四方之政行焉。兴灭国，继绝世，举逸民，天下之民归心焉。所重：民、食、丧、祭。宽则得众，信则民任焉，敏则有功，公则说。

【注解】

咨：叹辞。

历数：天命转移之节，即帝王相继之序。

尔躬：尔身。

允：信，切实。

天禄：天命，天子之位。

予小子履：汤之自称，商汤名履。

敢用玄牡：玄牡，黑公牛。汤用玄牡祭天。

皇皇：光明。

后：君，主。

帝：天。

帝臣不蔽，简在帝心：简，选择。此句有歧解。或谓夏桀作为帝臣有罪，无可隐蔽，唯天心所择；或谓汤不敢隐蔽贤臣为天所用，唯天心所择；或谓汤自白其心无可隐蔽，唯天心所鉴。

朕躬有罪，无以万方；万方有罪，罪在朕躬：朕，我。万方，天下之人。丁纪《论语读诠》："言我之放桀，若获罪于天，则是我一人之罪，无殃及万民，我亦不得领有天下，而若万民以桀之罪而各获罪，则我以一身而承天下人之罪，而万民得以复为清白无辜之民也。"①

周有大赉：赉，赏赐。周受天之赐。

善人是富：富，多。言周受天之赐，多仁德之士。

周亲：至亲。

百姓有过，在予一人：《尚书·泰誓》句。

权量：权，即秤，以秤称轻重；量，以容器量容积。

【广义】

本章内容极为丰富，主要表达了两方面的含义，其一是天命转移，以及圣王身受天命所作的政治表态，既是政统，也是道统；其二是政统与道统施之于行政所蕴含的政治内容与政治原则。

华夏文明以天为最高信仰。天是什么？在中国的历史长河中，天的含义有所变化，不过，对于中国传统社会而言，天虽然有多重面向，其含义大体是稳定的。即天蕴含万物之道，是一切秩序的规范性含义所在。人类社会秩序由天所奠基，天命天子以领天下，这就是中国古代政治文化中最根本的政治合法性。其意义也有赖于进一步的解释，即天依据什么而施其天命？正是在对这个问题的回答上，儒家天命观不同于宗教对至上神的信仰。在儒家的语境中，天不言，而天视自我民视，天听自我民听。天以天下苍生为命，天命即为天下苍生所降。因此，秉有天命者即能够拯救天下苍生者。因此，尧舜禹有圣德而安天下，是天之历数之所在，即天命之所在。汤武革命而救天下，亦是天命所在。反之，如若治天下不善，使四海穷困，则失天命，如桀纣的命运与下场。

这样的世界观设定赋予了中国政治的底层逻辑，即政治的一切意义在于对最高价值的追求与现实，即对天下苍生所负的责任，这就是

---

① 丁纪：《论语读诠》，巴蜀书社 2005 年版，第 528 页。

仁，谁能实现这样的仁，能定天下，能安天下苍生，其人即有天命，可为天子，而不问其出身。反之，如若不仁，不能安天下百姓，即便做了天子，也将因合法性的丧失而失去其君位。当然，这是政治的非常状态。在一般状态下，自尧舜之后，中国政统的传递由禅让转为世袭。其中，禅让是第一原则，世袭是第二原则。世袭是在一般政治状态下出于政治稳定性的需要而建构的礼法秩序。如若政治陷入非常状态，那么世袭的原则就将让路于禅让的原则，即天命由一家一姓转为新的天命所有者，即能安天下的新任天子，这就是革命。革命或是通过武力的方式重新实现天下统一，或是通过禅让的方式来完成天命转移。这样的天命观，实质上并不是人对神的神秘信仰，而是人对仁的价值的追求和对正义的追求。

圣王之政的具体内容是："谨权量，审法度，修废官，四方之政行焉。兴灭国，继绝世，举逸民，天下之民归心焉。所重：民、食、丧、祭。宽则得众，信则民任焉，敏则有功，公则说。"第一，天子的职责在于天下秩序的建构，谨权量、审法度、修废官即此之谓，建立国家政权与政府组织，然后才能行政于天下。中国传统政治所追求的大一统，虽然在秦汉才得以实现，仅就其理念而言，其实在先秦文献中就多有表达。如孔子曰："礼乐征伐自天子出。"（《论语·季氏》）《中庸》云："车同轨，书同文，行同伦。"以及这里"谨权量，审法度，修废官"，也是在表达追求天下大一统的理想。

第二，"兴灭国，继绝世"体现了封建制的政治理想。所封之国，所封之家，为人所灭者，应当予以恢复。至于郡县时代，则无所谓国与世了。

第三，"举逸民，天下之民归心焉"，举逸民其实是指举贤，只有公正的人才选拔机制，把正确的人放在正确的位置上，才是正义的，天下人才会心服。在《论语》中，孔子对人才选拔的制度设置没有作系统的论述，但我们从他的言论中可以发现，孔子既尊重世卿世禄这一故有的宗法制度，同时又主张官长之位的合法性基础在于德与才。如臧文仲不用柳下惠即为窃位。如果两相比较，孔子所主张的尊贤要压倒世卿世禄。臧文仲与柳下惠皆是鲁公室之戚，而孔子批评臧文仲不能举柳下惠，不是因为柳下惠为君公族的身份，而是因为柳下惠有贤德。

第四，民、食、丧、祭体现了社会生活的重要环节。孔子虽不多言神鬼之事，但非常重视丧祭之礼的社会组织功能，以及对人内在道德情感的培养。

第五，孔子提出为政四德，宽、信、敏、公。宽是对政治同僚与下属而言，信是对民而言，宽和信可以实现政治团结，使政治共同体组织在制度的基础上实现更润滑的运转。与此同时，孔子认为政治需要有事功的成就，此即"敏"。政治的设置最终要体现"公"的精神，立政为公，非为私也，为政者亦须有公心，不得营私利。

20.2　子张问于孔子曰："何如斯可以从政矣？"子曰："尊五美，屏四恶，斯可以从政矣。"子张曰："何谓五美？"子曰："君子惠而不费，劳而不怨，欲而不贪，泰而不骄，威而不猛。"子张曰："何谓惠而不费？"子曰："因民之所利而利之，斯不亦惠而不费乎？择可劳而劳之，又谁怨？欲仁而得仁，又焉贪？君子无众寡，无小大，无敢慢，斯不亦泰而不骄乎？君子正其衣冠，尊其瞻视，俨然人望而畏之，斯不亦威而不猛乎？"子张曰："何谓四恶？"子曰："不教而杀谓之虐；不戒视成谓之暴；慢令致期谓之贼；犹之与人也，出纳之吝，谓之有司。"

【注解】

费：耗费。

不戒视成：不事先告诫而临时责以成功。

慢令致期：令出怠慢而严责以期限。

犹之与人也，出纳之吝谓之有司：犹之，同样地；有司，这里指吏掌握具体的行政事务。这是说，同样是要把财物等给予人，如果出纳吝啬，就显得为政者小气，就像掌事的吏一样，有损为官的威信。

【广义】

本章较为系统地论述了行政的原则。君子在行政中既要有仁义内具于心，也要讲究行政的方式方法。总的原则是，站在民的角度来思考问题，多体察民情，不要做在民看来过分之事。在具体的行政事务中，行政者往往因为习惯了手中的权力和属下的顺从，从而导致欲望与自我的膨胀。孔子反复告诫勿费勿怨，勿贪勿骄勿猛，勿虐勿暴，勿贼勿吝。行政者本不事生产，却享有国家俸禄和超然的社会地位，时间一长，把人民所赋予的当作理所当然，忘却了自己与民之间本来的关系，易为暴为虐。宋太宗从五代蜀主孟昶的《戒石铭》中摘出"尔俸尔禄，民膏民脂；下民易虐，上天难欺"一句，更名为《戒石铭》而颁行于天下，为古代官衙之箴言，体现了儒家的政治伦理。[①]

20.3　孔子曰："不知命，无以为君子也。不知礼，无以立也。不知言，无以知人也。"

【广义】

君子要正确地理解天命和自己的使命，以礼立身，察言而知人。

---

① （宋）洪迈撰：《容斋随笔》卷七十四，清修明崇祯马元调刻本，第105页。

参考文献

（汉）班固撰，（唐）颜师古注：《汉书》，中华书局 2005 年版。

（汉）孔安国传，（唐）孔颖达正义，黄怀信整理：《尚书正义》，上海古籍出版社 2007 年版。

（汉）刘向撰，向宗鲁校证：《说苑校证》，中华书局 1987 年版。

（汉）司马迁撰：《史记》，中华书局 1982 年版。

（汉）许慎撰，（清）段玉裁注，许惟贤整理：《说文解字注》，凤凰出版社 2007 年版。

（汉）郑玄注，（唐）孔颖达正义，邵同麟点校：《礼记正义》，浙江大学出版社 2019 年版。

（汉）郑玄笺，（唐）孔颖达疏，朱杰人、李慧玲整理：《毛诗注疏》，上海古籍出版社 2013 年版。

（三国）何晏注，（宋）邢昺疏：《论语注疏》，中国致公出版社 2016 年版。

（三国吴）韦昭注，徐元诰集解，王树民、沈长云点校：《国语集解》，中华书局 2019 年版。

（唐）李延寿撰：《南史》，中华书局 1975 年版。

（宋）洪迈撰：《容斋随笔》卷七十四，清修明崇祯马元调刻本。

（宋）黎靖德编，王星贤点校：《朱子语类》，中华书局 1986 年版。

（宋）张载：《张载集》，中华书局 1978 年版。

（宋）朱熹撰：《四书章句集注》，中华书局 1983 年版。

（清）黄宗羲撰，沈芝盈点校：《明儒学案》，中华书局 1985 年版。

（清）陈立撰，吴则虞点校：《白虎通疏证》，中华书局 1994 年版。

（清）刘宝楠撰，高流水点校：《论语正义》，中华书局 1990 年版。

（清）苏舆撰，钟哲点校：《春秋繁露义证》，中华书局 1992 年版。

（清）王聘珍撰，王文锦点校：《大戴礼记解诂》，中华书局 1983
年版。

（清）王先谦撰，沈啸寰、王星贤点校：《荀子集解》，中华书局 2012
年版。

（清）严可均校辑：《全上古三代秦汉三国六朝文》，中华书局 1958
年版。

（清）张廷玉等撰：《明史》，中华书局 1974 年版。

杨伯峻编著：《春秋左传注》（修订本），中华书局 2016 年版。

程树德撰，程俊英、蒋见元点校：《论语集释》，中华书局 2014 年版。

徐望驾校注：《皇侃〈论语集解义疏〉》，江西人民出版社 2009 年版。

杨树达：《论语疏证》，江西人民出版社 2007 年版。

十三经注疏整理委员会整理：《尔雅注疏》，北京大学出版社 2000
年版。

陈壁生：《经学、制度与生活——〈论语〉"父子相隐"章疏证》，华
东师范大学出版社 2010 年版。

陈明：《儒家文明论稿》，中国文史出版社 2023 年版。

丁纪：《论语读诠》，巴蜀书社 2005 年版。

何宁：《淮南子集释》，中华书局 1998 年版。

黎翔凤撰，梁运华整理：《管子校注》，中华书局 2004 年版。

李健胜：《〈论语〉与春秋中后期的政治、学术与社会生活》，人民出
版社 2021 年版。

李竞恒：《论语新劄——自由孔学的历史世界》，福建教育出版社

2014 年版。

李守奎、洪玉琴：《扬子法言译注》，黑龙江人民出版社 2003 年版。

钱穆：《论语新解》，生活·读书·新知三联书店 2002 年版。

秦际明：《道德与 morality 之关系辨正》，《杭州师范大学学报》（社会
科学版）2020 年第 3 期。

沈顺福：《体用论与传统儒家形而上学》，《哲学研究》2016 年第
7 期。

唐文治著，张旭辉、刘朝霞整理：《四书大义·论语大义》，上海人民
出版社 2018 年版。

王汎森：《傅斯年：中国近代历史与政治中的个体生命》，生活·读
书·新知三联书店 2017 年版。

王友怀、魏全瑞主编：《昭明文选注析》，三秦出版社 2000 年版。

张汉东：《〈论语·八佾〉"文献"考释》，《古籍整理研究学刊》
2002 年第 1 期。

周振鹤：《中国地方行政制度史》，上海人民出版社 2014 年版。

［美］爱德华·希尔斯：《社会的构建》，杨竹山、张文浩、杨琴译，
南京大学出版社 2017 年版。